地方高校
服务区域经济建设研究
——以江西为例

DIFANG GAOXIAO FUWU QUYU JINGJI JIANSHE YANJIU

程肇基 著

人民出版社

责任编辑:张 立
封面设计:胡欣欣
责任校对:陈艳华

图书在版编目(CIP)数据

地方高校服务区域经济建设研究:以江西为例/程肇基 著.—北京:人民出版社,
2018.12
ISBN 978－7－01－018944－4

Ⅰ.①地… Ⅱ.①程… Ⅲ.①地方高校-作用-区域经济发展-研究-江西
Ⅳ.①F127.56

中国版本图书馆 CIP 数据核字(2018)第 281654 号

地方高校服务区域经济建设研究

DIFANG GAOXIAO FUWU QUYU JINGJI JIANSHE YANJIU

——以江西为例

程肇基 著

人民出版社 出版发行
(100706 北京市东城区隆福寺街 99 号)

北京新华印刷有限公司印刷 新华书店经销

2018 年 12 月第 1 版 2018 年 12 月北京第 1 次印刷
开本:710 毫米×1000 毫米 1/16 印张:16.5
字数:240 千字

ISBN 978－7－01－018944－4 定价:68.00 元

邮购地址 100706 北京市东城区隆福寺街 99 号
人民东方图书销售中心 电话 (010)65250042 65289539

序

　　程肇基同志是我在上饶挂职期间常联系的校友,其武汉大学博士论文要在人民出版社公开出版,请我作序,我想大概有两个原因:其一,我在上饶挂职的分管之一是教育,他是上饶师范学院科研与学科建设处处长,工作上多有联系;其二,肇基硕士毕业于华东师范大学,在上饶师范学院、上饶市人民政府与华东师范大学共建大数据科学研究院活动中,属于热心的"联络员"。

　　当今世界各地的高等教育均在以各自充满活力的动态进行变革,以适应并促进经济形态与技术文明的不断变化。作为我国高等教育体系的重要主体,地方高校在优化我国教育结构和协调经济社会发展过程中,扮演着极其关键的角色。地方高校对于地方经济社会发展具有拉动作用是毫无疑问的,但是现在也存在一些问题。我在上饶挂职期间主管教育,对于地方高校服务地方经济与社会建设发展,我想谈几点我的看法。

　　第一,地方高校与地方经济发展之间存在一些难点,特别是欠发达地区的比较薄弱的高校的发展困难就更多,主要表现在以下几个方面:(1)随着社会、经济的发展,地方政府和省级政府的官员主要精力还是集中在发展上,实际上对教育等的投入时有欠账,这些问题在欠发达地区还是存在的。一方面地方政府希望地方高校为地方经济与社会发展做出贡献,而事实上地方高校又得不到较大力度支持,因此,地方高校为地方政府做的贡献也自然不足。但实际上,地方高校的发展能带动地方经济与社会的发展,当然,地方经济与社会的发展也为地方高校的发展提供重要的基础,他们之间的关系是相互影响,相互促进的。因此,需要处理好地方高校服务社会经济发展能力与地方政府对地方高校经费投入的关系。(2)地方高校师资队伍建设发展缓慢,地方高校师资队伍中具有博士学位的教师往往不能满足学校的发展,但地方高校又要提高办学质量和办学规模,要升硕士点、博士点,又亟需具有博士学位的教师,而没有硕士点和博士点的地方高校又很难引进优秀人才。因此,地方高校发展要咬紧牙关,加大力度培养和引进优秀人才。(3)地方高校培养的毕业生能力要能符合地方经济社会发展的需求,同时,地方政府要为地方高校毕业生提供多元发展的机会。地方高校的发展应该要与地方经济与社会发展相吻合,而地方经济与社会发展又与当地的人口结构、产业结构相关,所以地方高校应该要明确自己的办学定位和目标,哪些学科是需要削减裁撤的,哪些学科是要优先发展的,进而更好地为地方社会经济发展服务。(4)省级教育主管部门与地方政府对地方高校的发展有时也存在一些盲点,都需要梳理与所辖区地方高校的关系。省级教育主管部门和地方政府对地方高校的发展应该形成更大合力,共同为地方高校的发展提供更多的支持和建议,以促进地方高校健康发展,提高为地方经济与社会发展服务的能力。

第二,地级市这一级的地方政府对地方高校的关注没有建立有效的体系,而实际上地方高校是能为地级市更好地服务的,处理好两者的关系就能形成良性循环。一方面,地方高校要始终坚持为地方经济与社会发展服务的理念,地方高校要主动对接地方政府,为地方经济与社会发展服务;另一方面,地方政府要树立地方高校对地方经济与社会发展服务具有重要作用的理念,要坚持与地方高校协同合作。因此,地方政府与地方高校要处理好关系,地方政府要多关注所辖区的高校,加大支持力度;同时,地方高校要加快转型发展,始终坚持服务地方经济与社会发展的战略需求,积极推进协同创新、产学研一体化。

第三,地方政府官员和高校管理者之间又存在相互"菲薄"的可能性,在沟通上会存在一些问题。特别是,欠发达地区在选拔官员时往往业务型、学术型干部的比例较低,比如主管教育的官员和大学的行政领导人,不少是从纯管理型岗位轮岗、转岗而来,这样导致了教育的专业性和大学的学术性受到了削弱。因此,建议从事教育工作的领导应该尽可能是懂业务的,以提高教育工作质量和能更好地深化教育改革。

肇基的这本著作既继承经典经济管理学注重制度分析的传统,又结合近年来社会转型、职能发展和教育改革的现实意识,理论把握全面,问题梳理清晰,较好地回应了地方高校转型如何应对其职能转变及服务区域经济发展等相关核心议题。此外,它是基于各种调查材料与实证案例的基础性研究:一方面,运用了经济管理学的理论和方法,以全国地方高校现状为背景、以江西省为特例而展开考察,从宏观视角对地方高校与地方区域经济之间的协作机制作了全面、系统和深入的测绘;另一方面,还通过地方高校人才资本对区域经济增长的贡献和科技创新绩效的实证性研究,细致分析了投入与产出相互关系产生的结果,论证地方高校发展与区域经济社会发展的高度融合、良性互动和共生共荣的嵌入互助关系。

当然,由于各种原因所限,同时加之肇基近年担任校科研处处长,常年忙碌于各种行政及管理事务,使得该书自然还存在一些未尽之处,如在资料对比、材料的充分使用上,还可作进一步的具体深入的分析与整体把握;对地方经济发展的文化产业部分还可作进一步的拓深和调研;对地方高校毕业生去向以及其对地方经济发展的贡献等情况作进一步分析调研。

但任何学术成果都难抵完美,留有遗憾,亦是一种鞭策。我期待肇基同志未来在学术上更加精进,也期待上饶的教育事业和上饶师范学院的发展越来越好。

是为序。

任友群

2018 年 10 月 26 日

(作者为华东师范大学党委常务副书记、副校长,2016 年

3 月—2018 年 3 月挂职上饶市委常委、副市长)

目 录

导　论

一、问题的提出

经济又好又快发展是区域经济建设的灵魂和旨归,区域经济建设的好坏不仅关系到广大群众的物质福利、生活水平的提高和社会文明程度的培育,而且关乎城乡经济一体化进程。因此,区域经济建设问题值得关注与探索。目前,我国区域经济建设取得了较大成就,但同时也遇到了许多问题。造成这种问题的原因固然是多方面的,但其中重要的一点,就是高校在服务区域经济建设上出现了某种程度的脱节。

众所周知,不管何种层次的高校都具备为社会提供服务的功能,特别是经济服务的功能,地方高校也不例外。地方高校处于地方区域,它与所处区域的关系密切相连,因此,二者理应呈现为良性的互动关系:区域为高校提供充分的物质基础和生源,高校为区域经济建设提供智力支持。也就是说,高校已经在事实上成为社会发展的动力源泉,特别是地方高校,无论其在本身数量还是容纳生源方面,都足以说明其更应成为区域经济建设的智囊。统计表明,地方高校在数量上占到全国高校的90%以上,大学生人数占比也逼近此数字。然而,地方高校对区域经济建设的贡献决不仅仅是这两项数字所能概括的,它几乎在所有的领域都潜在或显现地发挥着作用,这恰如威斯康星大学校长范海斯(Vanhise,1857-1918)认为的,大学是一个社会的瞭望台,在这个普及知识的时代,它将不惜一切代价,加强各种创造性的活动。范海斯认识到,大学和区域密切相连,区域需要大学服务,大学对区域负有特殊的责任。

从一定程度上看,我国的地方高校与美国的州立高校在性质和使命上高度相似。《中华人民共和国高等教育法》第三十一条明确规定:"高等学校应当以培养人才为中心,开展教学科学研究和社会服务"。不可否认,在现时代"大学是'象牙塔',需要保持独立与自主,以'烛照社会之方向',但同时大学也是'服务站',不能'遗世独立',否则就会被社会超越,也就无从提供高质量的社会服务"①。《国家中长期教育改革和发展规划纲要(2010—2020年)》告诫我们:"高校要牢固树立主动为社会服务的意识,全方位开展服务。推进产学研结合,加快科技成果转化,规范校办产业发展。为社会成员提供继续教育服务。开展科学普及工作,提高公众科学素质和人文素质。积极推进文化传播,弘扬优秀传统文化,发展先进文化。积极参与决策咨询,主动开展前瞻性、对策性研究,充分发挥智囊团、思想库作用。"②由此可见,地方高校应该主动地向社会靠拢,走进社会,服务区域,这已经成为地方高校获得持续发展的新要求和必要条件。然而,尽管我们有国家政策支持,不少高校也主动出击,积极推进高校服务社会,但高校在服务区域经济建设方面却并不尽如人意。

(一) 中国梦呼唤区域经济建设和发展深入跃迁

中国梦是党的十八大以来党的理论创新的重大成果,是实现中华民族伟大

---

① 应望江、李庆豪:《人文社科类大学的社会服务研究》,《国家教育行政学院学报》2007年第7期。

② 教育部:《国家中长期教育改革和发展规划纲要(2010—2020年)》,http://www.nioe.edu.cn/publicfiles/business/htmlfiles/moe/moe_838/201008/93704.html。

复兴的战略思想,是马克思主义中国化理论进程中的又一里程碑。它是在我国全面深化改革开放、全面建成小康社会实践进程中,立足我国实际和现实国情,顺应广大人民群众需求的背景下形成的理论成果。中国梦具有全面系统的理论构架,是一个由多层次、多维度、分系统交织而形成的理论和实践体系,涵括了中国特色社会主义经济、政治、文化、社会、生态文明、党的建设等多方面。习近平指出:"坚持发展是硬道理的战略思想,坚持以经济建设为中心,全面推进社会主义经济建设、政治建设、文化建设、社会建设、生态文明建设,深化改革开放,推动科学发展,不断夯实实现中国梦的物质文化基础。"①因而,中国梦势必要内涉经济富强之内涵。经济富强应是整体的经济富强,而整体的经济富强需要区域经济富强加以支撑,因此,没有区域经济态势的形成,就不可能有中国梦的实现,中国梦也是区域经济建设和发展之梦。只有区域经济建设得好,区域经济社会发展得好,中国梦方能真正实现。区域经济社会不仅要实现经济大发展与大繁荣之梦,而且还要实现社会和谐的梦想。从此意义上说,中国梦与区域经济建设之梦是互动互构的,没有中国梦的宏观设计与支持,就不可能实现区域经济建设之梦,而没有区域经济建设之梦的实现,也无法实现中国梦。中国梦赋予地方高校和区域经济建设话语以目标性内涵,而地方高校与区域经济社会互动为中国梦提供前进动力。以上诸种都需要我们在中国梦背景下,全面设计区域经济建设之梦,通过多种合理方式促进区域经济建设之梦的实现。

(二) 改革宏图需要区域经济建设深度契合

多年来,党和国家对区域经济建设的重视程度与日俱增,党的十六届五中全会作出了建设区域经济的重要战略决策。可以说,建设区域经济是中国共产党在新的历史条件下,全面深刻审视当代国内外形势,准确考量我国经济社会发展大趋势作出的一项重大举措。通过努力落实这些科学举措,区域经济建设取得了可喜的变化。然而,依然要看到区域经济建设的不平衡现实。值得欣慰的是,

---

① 习近平:《在第十二届全国人民代表大会第一次会议上的讲话》,《人民日报》2013年3月17日。

党的十八大和十八届三中全会都对区域经济建设提出了新的目标要求。党的十八大向全世界宣布:"以经济建设为中心是兴国之要,发展仍是解决我国所有问题的关键。只有推动经济持续健康发展,才能筑牢国家繁荣富强、人民幸福安康、社会和谐稳定的物质基础。"[①]同时,"改革开放是一个系统工程,必须坚持全面改革,在各项改革协同配合中推进。改革开放是一场深刻而全面的社会变革,每一项改革都会对其他改革产生重要影响,每一项改革又都需要其他改革协同配合。"[②]而任何改革都是在一定经济区域内进行的,也都是为了一定区域经济发展的,从此角度上看,改革是区域经济建设的动力,而区域经济建设又为改革提供了实验区。所以,我们要积极加大对区域经济建设的投入,不断推进城乡经济一体化建设,唯此,区域经济建设才能走向更为广阔的发展空间。

(三) 地方高校作为"中间人"需做出应有贡献

现时代,伴随着全球化的深入推进,知识与科学已经不可避免地成为经济发展的关键要素,单纯依靠传统的粗放型经济增长方式加快经济发展的时代已经一去不复返了,为此在总结改革开放的经验时,我们提出了要科学发展。这就决定了我们要大力发展社会主义先进生产力,创造比资本主义更高、更先进的生产力。生产力的大发展是必须的,因为,"没有这种发展,那就只会有贫穷、极端贫困的普遍化;而在极端贫困的情况下,必须重新开始争取必需品的斗争,全部陈腐污浊的东西又要死灰复燃。"[③]因此,必须一如既往地大力推进区域经济建设。而众所周知,科学发展观不仅仅是国家层面的理念设计,它的具体实现一定要放置到各个区域之中,区域已经被看作是一个国家总体发展和核心的竞争力量。而任何一个区域中的高校,在科学发展的落实中都必然会发挥这样或那样的作用。如果时代的发展把科学发展与区域经济联系在一起,那么,包括地方高校在

---

① 胡锦涛:《坚定不移沿着中国特色社会主义道路前进　为全面建成小康社会而奋斗——在中国共产党第十八次全国代表大会上的报告》,人民出版社 2012 年版,第 19 页。
② 《习近平谈治国理政》,外文出版社 2014 年版,第 68 页。
③ 《马克思恩格斯选集》第 1 卷,人民出版社 2012 年版,第 166 页。

内的高校,就是把科学发展与区域经济联系起来的"中间人"。故而,地方高校理应在区域经济建设和发展中做出应有贡献。此外,随着"第四种权力"——智库的出现,各国不同类型的高校几乎都参与到国家智库建设之中,地方高校也要参与到地方政府决策和发展之中。从此角度上看,地方高校理应担负起更重要的责任。

（四）地方高校在服务区域经济中实现自身发展

地方高校的"地方性"特点,决定了其在社会服务中的范围是固定且明确的。在新的历史时期,服务区域经济建设应当是地方高校的一项重要战略。区域经济与地方高校的发展相辅相成,表现在互动双赢上:

一是地方高校拥有服务区域经济建设的地缘优势。地方高校大多处于区域经济发展腹地,拥有服务区域经济社会的优越地理位置,与区域经济社会存在着密切的地缘、人缘和情缘关系。同时,地方高校获得发展的经费大多来自于地方财政收入,但我们知道,地方能否将资金拨付到位取决于其经济社会发展情况。当然,这和当地政府的优惠政策和良好的经济生活氛围也是密切相关的。

二是区域经济建设为地方高校的长足发展提供了难得的历史性机遇。约束地方高校持续发展的两大难题是"资金"与"人才",究其深层根源还是资金问题。而促进区域经济社会的发展是解决地方高校发展和经费筹措的一条极其重要的路径。

三是服务区域经济建设是地方高校理想且实际的选择。一般而言,地方高校是为促进区域经济建设、推进区域发展而设置的,这也决定了地方高校立足于地方服务的特殊性。在区域经济建设中提供智力支持,这不只是国家对地方高等教育发展的要求,而且也是地方高校加快本身发展的现实之路。一方面,地方高校要主动而积极地提升办学水平,必须充分利用学校所在区域的地方资源,融入到经济社会发展中去;另一方面,大力发挥地方高校在区域经济建设中的引领作用,这已成为地方政府支持地方高校办学的主要目的。因此,地方高校与区域经济的良性互动,有助于实现二者的互动双赢。

二、研究内容与目标

（一）研究内容

本研究以地方高校与区域经济建设二者发展关系阐述为重要基础,以内生经济增长理论、教育经济一体化理论、教育的服务属性论和嵌入性理论梳理为指导,以地方高校服务职能探讨为面向,阐述地方高校产生的历史背景、地方高校的基本功能、地方高校服务区域经济理念发展的演变,特别是对国内地方高校服务的发展理念着重了笔墨。

在对以上问题进行梳理以后,深入剖析地方高校在服务区域经济建设中存在的优势、劣势、机遇和挑战等问题。结合内生经济增长和教育经济一体化等相关理论,参照地方普通本科高校向应用技术型改革的现实诉求,以田野调查和实证考量的方法论,将地方高校、地方政府和地方企业作为一个关系链进行关注。

虽然在理论上地方高校与区域经济应是一体两面的,但一种实践主张经常可能会被另一种实践主张消融,以至于二者在运行中可能互不相容,从而导致管理者无法作出合理的选择,因此紧接下来,以几种理论和互动需求向度为背景,考察地方高校与区域经济的共生特征以及地方高校服务区域经济建设的条件、原则、目标和路径。通过对这些问题的深入阐述,建立区域经济建设与地方高校职能共生相容的理论基础。这样在一定程度上框定地方高校发展的实践向度。

而后,分析和总结国内外地方高校服务区域经济建设的经验,以其反观江西地方高校与区域经济建设之间的关系。随后,通过实证分析江西地方高校人才资本对经济增长的贡献,阐释江西地方高校科技创新绩效的评价,并结合"一带一路"倡议实施的大背景,提出江西高校服务区域经济建设的政策建议,即如何通过一定的方式,创新"高校—政府—企业"三方互利共赢机制,怎样提升地方高校服务区域经济建设的能力,以何种方式拓展地方高校服务区域经济建设的路径。最后,得出本研究的结论以及有待进一步探索的视域。

（二）研究目标

地方高校服务区域经济建设的基本目标,就是为了满足区域经济社会发展的需要。换言之,也就是满足区域经济社会发展的需要成为地方高校的时代使命。服务区域经济是区域社会发展对地方高校提出的时代要求,也是地方高校自身发展的现实需要。服务区域经济,既包含着地方高校对区域社会发展应尽的责任,也包含着地方高校促进自身发展应担当的使命。因此,区域化既是地方高校的基本特点,也是地方高校自身发展的立足点。在知识经济背景下,区域经济建设需要地方高校提供人才支持与科技服务,所以,服务区域经济建设是地方高校转型的本质属性。

从某种程度上讲,非均衡性是区域经济建设的基本特征,地方高校的发展是高等教育区域化的必然结果。为了促进区域经济建设,地方政府肩负着区域社会发展的重大责任,必然要求地方高校主动适应区域经济建设。地方高校服务区域的产生,是区域经济发展的必然结果,体现了区域经济发展对人才与科技的迫切需求。区域社会对地方高校的需求主要体现在三个方面:"对专业人才的需求、对知识的需求、对高等学校所能提供的社会服务的需求"①。可以说,地方高校与区域经济建设有着密切的联系。因此,地方高校必须依据基本目标调整办学职能,并在办学定位、学科专业、科学研究、服务机制等方面始终围绕"服务区域经济建设"的需要,以促进区域经济社会发展目标的实现。

三、研究意义

高等学校作为知识创新与应用的重要载体,直接服务于区域经济建设的功能日益凸显。作为高校主体部分的地方高校,如何更好地融入区域社会、服务区域经济,已成为地方高校和地方政府关注的热点和重点问题。因此,本研究具有十分重要的意义。

---

①　朱国仁:《高等学校职能论》,黑龙江教育出版社 1999 年版,第 136—147 页。

（一）理论意义

（1）从以人为本维度切入,以中国梦为目标引领,既秉持新异的材料又秉承传统的向度,在此基础上对江西这一区域经济建设问题进行全方位、多维度的解读与探讨,既有助于我们总结区域经济建设的经验,也有利于进一步对区域经济建设的理论进行创新和探索,从而为区域经济建设提供理论框架与文献支持。

（2）如果说地方高校在扮演高等教育大众化主力军角色,在服务区域经济建设中具有得天独厚的优势是正确的,那么,其在发展中面临诸多问题和挑战也是现实存在的。地方高校在事实上已经成为区域经济建设的引领者,而反过来看,区域经济建设对地方高校的生存和发展也起着至关重要的作用。然而,目前的关键是如何找寻地方高校与区域经济建设的结合点。对此社会各界都做出了一些探索,但是由于这些探索个性化、系统化程度缺失的现实,严重地束缚了高校真正地走向社会,似乎高校服务社会这一事实仅仅停留在初级阶段①。因此,从理论上深入探索地方高校与区域经济建设的衔接点,不仅有利于高校社会职能理论的持续创新与改造,而且能从理论上为高校服务社会的真实性正名。

（3）无论从何种角度上看,高校都在社会发展的理论创新方面扮演着重要角色,对中国梦等理论的诠释亦不例外。通过地方高校的地方诠释以及和地方经济建设理论的结合,能在不同层面上丰富中国梦及其理论内涵。

（二）实践意义

（1）区域经济建设是实现全面小康和实现中国梦的内在要求。在新时期改

---

① 有人对此不以为然。在他们看来,高校毕业生走向社会是高校服务社会的一种重要形式。的确,这是重要形式。但在目前高等教育大众化以及就业形势日趋紧张的情形下,我们发现,似乎毕业生仅仅是找到了一份工作,这份工作时而是缺失专业内涵的,时而是缺失人性关爱的。所以,这的确是高校在为社会服务,但其决不是真实意义上的服务,相反,其具备的更多是虚假的服务内涵。正是在此意义上说,我们才要加强高校与社会的联系,这是一个双向过程,是高校选择社会,也是社会选择高校的过程。比如,高校的专业调整,如果能够做到真正以社会需求为风向标,我们就没有必要担心毕业生的就业问题。而事实上,目前在专业设置上需要专业设置论证,其中一个重要的方面即是社会调研。扪心自问,真正有多少高校进行过专业的市场调研呢?所以,从此意义上说,高校服务社会确实要从源头上进行认真的梳理。

革发展的大背景下,进一步加强区域经济建设,有助于解决中国区域发展不平衡问题,缩小城乡差距,促进城乡经济一体化发展。

(2)系统思考区域经济建设的理论与现实问题,为积极应对区域经济建设的问题和挑战进行深入探索。本书是从江西实际出发,和谐构建赣鄱大地发展战略的深入探讨,也是对新形势下如何实现江西绿色崛起、实现新跨越的有益探索,从而为江西构建经济新常态以及全面深化改革开放等奠定基础。

(3)本研究发挥地方高校人才培养、科学研究的区位优势,促进区域经济建设,特别是引入了新型智库与学科联盟视域,以促进地方高校教育体系的创新和发展。这对丰富区域经济建设理论,推动地方高校的机制创新,开辟地方高校服务区域经济的路径,拓新地方高校办学的实践模式和教学形式,都具有重要的政策价值和实践意义。

四、文献综述

(一)国外文献综述

通过文献检索,关于地方高校服务区域经济建设的研究国外文献相对比较缺乏。但这并不意味着国外没有开展这方面的研究,只不过他们的研究依然局限于高校职能的论证方面。在我们看来,广义的高校职能其实已经包括为区域经济建设服务的内涵。因此,鉴于文献搜索的困难,笔者对国外高校职能进行初步论述的同时,仅对国外高校与地方经济建设之互动关系进行简要说明。

(1)高校社会职能研究的历史梳理

高校服务社会思想和实践在历史中已经显现,在1810年,洪堡创立了柏林大学,这所大学将传统的藩篱打碎,不仅主张大学要能够教学,而且大学也应具有科学研究的职能,所以,柏林大学首次提出了"教学与研究相统一",凸显了科学研究在大学生成长和发展中的作用。可以说,柏林大学的创建标志着大学具备了第二个社会职能——科学研究的职能。到了19世纪后期,那些致力于发展美国高等教育的学者专家,在秉承大学教学和科研双重职能的前提下,提出了高校服务社会的职能,这不仅使美国的高等教育回暖,也使世界的高等教育发展出现了难得的春天。

1862 年,美国总统林肯签署了著名的《莫里尔法案》,即政府赠予土地给各州创立大学的法令。从此以后,绝大多数州都按法案要求陆续地设立起农业和机械工程学院,也有其他的州把赠地用于州立大学的创立和发展,开展农业及机械教育。所有这些学院在美国历史上统称为"赠地学院"。从这以后,美国高校则侧重农业、工程与机械技术等实用性人才的培养,并将科学研究落实到农工商的各个领域。

1887 年美国通过《哈奇法案》,在"赠地学院"的基础上,建立了以农业为基础的推广型服务政策。在美国各个不同领域进行科学技术的推广和分层教育:第一,构建科学技术推广战略,为区域农业经济社会发展提供咨询。第二,设立科技工业园。从 20 世纪 50 年代硅谷的设立,到目前为止,已经围绕高校设立了大约 60 个高科技园区,极大地促进了工业的发展和创新,美国新经济因此获得了蓬勃生机。第三,与不同类型的企业签订了科研合同,促进校企合作。第四,设立高校与企业结合中心,等等。

(2)高校服务经济发展的动因研究

埃兹科威茨等人(Etzkowitz et al.,2000)曾论述过关于高等教育职能的进化,认为"高等教育或高校的演化,主要来自于内部和外部的综合影响,内部影响即指在发展的视角中,隶属于地区的第三层次的教育机构所能提供的区域经济增长"[1]。弗兰特(Forrant,2001)以利莫瑞克大学(University of Limeric,1972)为例认为,"利莫瑞克大学在经济和社会发展的直接利益贡献,对那时欧洲现有的大学概念来说无疑是一个质的飞跃"[2]。所以,埃兹科威茨等人认为,"来自内

---

[1] H.Etzkowitz & A.Webster & C.Gebhardt & BRC.Terra, *The future of the university and the university of the future: evolution of ivory tower to entrepreneurial paradigm*, Research Policy, 2000(29), pp. 313-330.

[2] R.Forrant, *Pulling Together in Lowell: The University and the Regional Development Process*, European Planning Studies, 2001, pp.613-628.

部和外部的综合影响,导致企业性大学和企业性的教育机构不断出现,这些大学的目标也随着经济的增长和区域、国际的经济发展而重新调整。随着大学服务社会经济发展的职能不断推进,企业主义精神在大学逐步兴起。这样的兴起反过来也促使大学开始角色转型"①。然而,对此并非没有批评,埃兹科威茨等认为,大学企业化将消解大学思想独立的价值体系。同样也有不同的争论认为,重新解读大学在传统教育中的角色,以顺应经济发展需要而重新调整目标。鉴于高校和教学机构的演化,洪俊选取了斯坦福大学为研究对象,在《斯坦福大学社会服务职能研究》一文中,他从社会服务职能发展、社会服务方式和社会服务流程等方面进行了研讨,并论述了高校为社会服务所带来的经济回报②。

(3)高校社会职能研究形式和路径研究

一些学者也对大学服务社会的形式进行了研究。弥都斯(J.C.Meadows)在《州立大学及其职能》中坚持认为大学必须同时进行教学、科研和社会服务,必须把三者有效结合起来。希利(R.S.K.Seely)在其名著《大学职能》(1948)中认为,高等学校是一个与社会密不可分的重要组成部分,它为广大公民提供了学习的平台,为人们获取知识提供了机会。克拉克·克尔(Clark Kerr)在《大学的功用》中认为,处于全球化时代的大学与中世纪的大学迥然不同,当然,它也与19世纪的大学有所区别,目前的大学可以称之为多元大学,这种大学的鲜明特征是与社会发生了广泛的联系。詹姆斯·杜德斯达(James Johnson Duderstadt)的《21世纪的大学》中认为,在当代,美国高等教育最具特色的方面是能够服务社会,并承担教育公民的责任。大卫·J.威尔茨(David J.Weerts)和萝莉丽尔·R.山德曼(Lorilee R.Sandmann)在《建立双向路径:研究型大学社区参与的挑战与机遇》中认为,在知识和社会发展的流变中,我们要把高校服务社会按照知识的

① H.Etzkowitz & A.Webster & C.Gebhardt & BRC.Terra, *The future of the university and the university of the future: evolution of ivory tower to entrepreneurial paradigm*, Research Policy, 2000(29), pp. 313-330.

② 洪俊:《斯坦福大学社会服务职能研究》,河北师范大学硕士学位论文2007年。

流动性界分为两种模式:第一种是单向度的模式,这一模式以课程的短期性、服务的拓展性为存在形式;第二种是双向互动参与模型,双方互建合作实体,相互依存和参与,最终成为一个合作整体。对此,美国夏威夷大学希洛分校校长爱德华·J.柯满迪(Edward J.Curmandy)认为,教学与研究是间接参与社会经济服务的两个主要途径:大学为社区培养经济社会发展所需的人才,科学研究在获取新知识的同时也能解决实际问题。库克里欧斯基(Kuklioski,2001)认为:"大学作为企业的重要性不仅仅在于大学是'母校',地方性大学为区域经济服务的途径,可以归纳为以下两个方面:一是为劳动力提供必要的知识、技能,二是促进区域创新,当地公司与当地大学的紧密联系可以提高这些公司在当地乃至全球的竞争力。"①

(4)高校与区域经济发展的关系探究

有些人士对高等教育与社会的关系进行了考察。约翰·布雷南(John Brennan)在《高等教育与社会变化》中深刻说明,高等教育与社会有着深度相容的关系:高等教育在创始以来不断地改变社会环境,高等教育与社会能够在不同层面上相互作用,高等教育对社会存在深刻的影响。本·琼布洛·乔治纳得斯·伊尔洛萨雷诺(Ben Jongbloe-Jurgen Enders-Carlo Salern)在《高等教育和它的社区:相互合作、相互独立研究议程》中说明,高等教育、公民社会、经济发展之间是相互联系的,但这种相互联系是以它们的相互独立作为前提的。贾亚库马尔(Uma M.Jaya-kumar)在《高等教育是否能满足社会的多样化和全球化》中指出,高等教育能够在非常不相同的方面,加强民族和种族的相互融合。英国学者约翰·亨利·纽曼(John Henry Newman)在其《大学的理想》中主张,大学的使命在于"培养良好的社会公民"并让这些培养的社会公民参与社会建构,从而促进社会的和谐发展。萨利·贝克(Sally Baker,2007)在"Rethinking Universities:The Social Functions of Higher Education"声明了高校角色向社会角色转变的重要性。阿内尔·艾莉森

---

① A.Kuklioski,*The Role of Universities in Stimulating Regional Development and Educating Global Elites*,Higher Education in Europe,2001(36).

(Anelle Allison)和朱莉·基恩(Julie Keane,2010)利用学习型模型,展示了高校与区域经济之间的关联,并认为高校不只是创造更多的就业机会和技术方面的支持,还提升了人力资本存量与科技创新。罗伯特·皮亚扎(R.Piazza)的文章以黄金海岸大学为案例研究,"从六个方面阐述了学校对区域经济发展的贡献,企业的发展、技术转移、资源供应链、技术研发、校企合作和社区参与"①。

很明显,国外学者的分析聚焦于高校服务社会职能的价值、重要性以及高等教育与社会的关系之上。通常他们把社会服务看作是高校职能中前两种职能的拓展,经常把高校的职能综合起来进行研究。然而,我们也明显地看到,很多研究都是以大学为整体性视域进行的,对单纯的公立大学或私立大学的研究比较少。

(5)高等教育服务职能研究新动向——智库研究

大多数学者认为,第一批现代意义上的智库,出现于20世纪初的美国和英国等国家。以美国罗素·赛奇(Russell Sage)基金会、市政研究局和布鲁金斯学会(Brookings Institution)为代表,其主旨是改善社会和生活状况,提高当地政府的工作效率。智库研究的资金由一些大型企业提供,包括当时的卡内基(Carnegie)、洛克菲勒(Rockefeller)和J.P.摩根(J.P.Morgan)等。全球经济大萧条后,美国政府开始重视由理工科学家和社会学家相结合的综合研究成果,第二次世界大战后出现了一大批以兰德公司为典型代表,与政府签订合同的智库。20世纪60年代后,保守派智库代表有传统基金会和卡托学会。20世纪90年代后,政治家后援型智库代表,有卡特中心和尼克松和平与自由中心。随之智库专题的研究开始启动,迪克森(Dickson,1971)的论著属于第一本介绍美国智库形成与发展状况的著作。20世纪90年代以来,美英两国学者发表了一系列关于智库研究的论文论著,运用历史研究方法,从不同侧面研究了智库的兴起过程(Rucci,1983;Cockett,1994;Denham & Garnett,1998)。

在智库的实证研究方面,麦甘恩(Mcgann)、斯通(Stone)、艾贝尔森

---

① Roberta Piazza,*The Learning Region between Pedagogy and Economy*,European Journal of Education,2010(3),pp.402–418.

(Abelson)等学者作出了开创性的贡献。1995 年,麦甘恩领导的研究小组率先运用定量分析方法,通过问卷调查获取智库的第一手数据,对七个美国智库的基本数据进行分析。斯通(1996)第一个从中观层面分析了智库在政策过程中的影响力,从而也奠定了运用实证方法研究智库的理论基础。艾贝尔森(2002)创新了实证分析方法,他用"观点被主要媒体的引用率"和"出席国会听证会的次数"来定量研究不同智库的影响力。里奇(Rich,2004)第一次运用回归分析的定量方法来研究智库。麦甘恩领导的研究小组"The Think Tanks and Civil Socie-ties Program"(2009,2011)发布的系列智库调查报告在全球范围产生了较大影响,该研究小组将智库分为五种类型:政策制定型智库、政党代言型智库、影子型智库、学者型智库、社会活动家型智库。多位学者运用国际比较研究方法开展了智库研究工作(Telgarsky & Ueno,1996;Mcgann & Weaver,2000;Stone & Denham,1998,2004;Stone,2000)。

(6)高等教育对经济发展具有的贡献

西方国家高等教育对经济社会发展贡献的研究非常之多,通过梳理,主要集中在舒尔茨(T.W.Schultz)的人力资本理论,丹尼森(Denison)的增长因素分析法及罗默(Roemer)、卢卡斯(Lukas)的内生经济增长理论。

这一探讨和研究肇始于 20 世纪 60 年代初期,当时,正在担任芝加哥大学教授的舒尔茨先生在对经济如何获得增长的因素考察中,意图确定经济增长余额中究竟有多少部分应归因于高等教育,以此来评估高等教育对经济发展的贡献度。特别是他在《教育的经济价值》(1962)中,对美国 1929—1957 年 20 多年的经济发展与教育发展的关系进行了数学意义上的解析。研究得出,"各级教育投资的平均收益率大概为 17.3%,教育投资增长的收益在劳动收入增长这个维度中高达70%,'教育资本'这一要素对经济增长的贡献率大约为 33%"①。与此同时,美国学者丹尼森也从不同侧面对经济社会发展的因素进行了考察,先后出版了《美国

---

① [美]舒尔茨:《教育的经济价值》,曹延亨译,吉林人民出版社 1982 年版,第 130—132 页。

经济增长的因素和我们的选择》(1962)、《为什么增长率不同——一战后九个西方国家的经济分析》(1967)等著作。通过考察,他较好地解决了用传统经典方法计量劳动和资本,对国民收入增长的作用所产生而无法用劳动和资本投入阐释的"残留"问题,非常精密地说明了美国在1929—1957年间的经济发展过程中,约有23%来自于美国教育的良性发展。丹尼森的这种方法被称为"丹尼森系数法"或"增长因素分析法"。与舒尔茨论证相比,此法更为严谨,因此,丹尼森获得了来自国际学术界的非凡评价。20世纪80年代以来,以罗默、卢卡斯为主要代表的内生经济增长理论相继生成,他们共同对内生经济增长模型进行了阐释。

20世纪90年代,伴随西方经济的飞速发展和增长,以知识创新为根本特征的知识经济模型不断获得人们的青睐,这样,有关教育对经济社会发展和增长价值的研究日渐丰富起来。虽然学者们在对这一因素进行疏解的时候存在惊人的差异,但其最终都强调知识积累和人力资本在经济发展中的作用。可见,高等教育在经济增长中的作用不言而喻。而后又有更多的学者把高等教育消费在经济发展中的作用作为一个指标进行了考察,特别是在高等教育成本担负、高等教育资源的利用,以及教育的收益等方面进行了更为广泛的涉猎,这些研究都具有重要的研究价值。

进入21世纪,国外学者更加关注高等教育对社会发展的贡献问题,经济合作与发展组织编写的《高等教育与区域:立足本地　制胜全球》一书中,收集了关于高校、区域和国家的战略、政策以及行动的信息,并基于此类信息来理解高校与区域合作的逻辑、发展舞台以及动力和障碍。在此过程中它提出了涉及各个领域的一系列问题。诸如:在国家与区域高等教育政策背景下,高校及其区域合作者要接受哪些方面的严格评估? 在为所在区域发展作出贡献方面,它们采取举措的效果如何? 它们的研究是如何对区域创新提供帮助的? 在人力资本开发中,教与学扮演了怎样的角色? 它们是如何对社会文化和环境发展作出贡献的? 在建设本区域参与竞争日益激烈的全球经济的能力上,高校又扮演了何种角色?[①] 等等,书中

[①]　经济合作与发展组织:《经济合作与发展组织:高等教育与区域:立足本地　制胜全球》,清华大学教育研究院译,教育科学出版社2012年版,第2页。

对以上问题都进行了深度的回答。美国作家菲利普·阿特巴赫(Philip Atbach,2007)等在《21世纪的美国高等教育:社会政治经济的挑战》中探讨、比较了世界参照中的美国高等教育和历史维度中的美国高等教育,分析了主要外部团体(联邦政府、州政府、司法系统和非政府因素)的作用。安东尼·史密斯(Anthony Smith,2014)的《后现代大学来临?》,围绕一个时期以来,高等教育职能变化等问题展开了深入的探讨,针对大学从精英、封闭模式,向开放与社会关系密切模式转变的历程。该论著还探讨了当前大学的变化,以何姿态去迎接这一变化的多元性和差异性,由此带来现代大学的特征,以及现代知识分子的性质、大学参与应用对策研究等一系列大学面临的关键问题。此外,南希·L.齐默菲尔(Nancy L.Zimpher,2012)等在"Universities and Colleges as Economic Drivers:Measuring Higher Education's Role in Economic Development"中进一步阐述了高等教育对区域经济建设的贡献。

（二）国内文献综述

（1）关于高校的社会职能

从历史角度上看,国内高校社会服务经历了从无到有、从单一到多种的服务格局。20世纪90年代以来,我国高等教育开始由"精英教育阶段"进入到"大众化教育阶段"。我们在推进科教兴国战略以来,高等教育的根基性、优越性价值和作用日益显现,其在社会经济发展的诸多方面日渐发挥着重要作用,与社会以及经济层面的联系越发紧密。与此同时,高校服务社会的范围不断拓宽,服务内容也日渐增加。

此时,高校职能的研究也越发地多了起来。代表性的有:启高岩的《论高等学校的两个基本职能——教学和科研》(1980),胡建华的《科技革命与高等学校职能的变化发展》(1985),潘懋元的《高等学校的社会职能》(1986),徐辉的《试析现代高等学校的六项基本职能》(1993),朱国仁的《高等学校职能论》(1999),曲振涛的《大学社会职能的历史演进》(2001)等。此外,一些学者对高校的职能与功能进行辨析,如:陈祖兴的《论高等学校职能与功能的关系》(1994),高耀明的《论高等教育功能与高等学校职能探析》(1996),梁德军《高等学校社会职能与高等教育社会功能的概念和关系之辩解》(2002),陈时见的《美国高校社会服务的历史发展、主

要形式与基本特征》(2006),董泽芳的《科学发展观与高等教育和谐发展》(2006),
周廷永的《西方大学使命的变迁及其历史效果》(2009),王洪才的《大学"新三大职
能"说的缘起与意蕴》(2010),张云霞的《教育功能的社会学研究》(2011),王爱民
的《大学社会职能的历史演变及启示》(2014),郭平的《地方高校服务地方的使命、
功能与推动策略》(2012),吴淑芳的《地方高校服务区域经济社会发展的实践思
考》(2010),张胜利的《地方高校服务地方经济社会的"道"与"行"》(2011),盛国
军的《高校社会服务职能评价体系研究》(2012),张永利的《地方高校服务地方经
济社会发展的现状与对策——以河北民族师范学院为例》(2013),陈晓阳的《地方
高校服务区域经济发展的战略选择及实践》(2013),秦惠民的《高职教育对现代大
学功能变革的影响——基于国际视角的新制度学解读》(2014),白宗颖的《共生理
论视域下的大学职能》(2014),陈新亮的《地方高校增强服务社会职能研究》
(2014),刘永的《把握重点学科内涵建设,推动实现高校职能》(2016),但峰的《大
学的内在逻辑探究》(2015),曾兰红的《加强地方高校社会服务职能的探索》
(2017),李婷的《借助通识教育提升地方高校社会服务能力》(2017),高菲的《地方
高校的社会服务职能阻滞与疏通策略》(2016),董莉荣的《发挥地方高校的社会服
务职能,服务地方经济社会发展》(2016),陈文武的《基于校地融合的地方高校社
会服务的思考》(2015),等等①。

　　苏竣、何晋秋(2009)在《大学与产业合作关系:中国大学知识创新及科技产
业研究》认为,大学的知识创新、科技成果转化及科技产业发展是政府有关部
门、高校、企业和社会十分关注的问题。在总结有关研究成果的基础上,从理论
和实证两个方面进行了系统深入的研究,对我国大学知识创新及科技产业发展
提出了具有针对性和战略性的政策建议②。

　　在上述研究中,学者主要是对高校功能与职能以及二者的区别进行了考察,

---

　　① 　白宗颖、彭爱辉:《共生理论视域下的大学职能》,《黑龙江高教研究》2014 年第 2 期。
　　② 　苏竣、何晋秋:《大学与产业合作关系:中国大学知识创新及科技产业研究》,中国人民大学
出版社 2009 年版。

并对大学功能的类型和内涵进行了梳理,对大学功能的错位和大学使命的价值进行了分析,对高等教育功能问题进行了考察。与此同时,不少学者对地方高校服务地方经济社会的现状、必要性以及举措等进行了说明。

在此期间,不少学者还对高校在经济社会发展中的经济职能进行了探析。杨延东、杨道宇(2015)认为,高校的经济功能应定位在对科技创新的促进、对创新型人才的培育和对产学研协同创新的促进上①。王军胜(2013)认为,大学能为区域经济建设提供人力资本支持,能够提供科技研发和科技转化服务,提升区域创新能力,能够缓解当前大学生就业难的现状,减少结构性失业和摩擦性失业②。而在对经济职能进行探索的过程中,随着智库理论与实践的发展,高校的智库功能日渐凸显。杨玉良(2012)认为,大学智库时代大学功能得到拓展,大学有多学科综合的优势,大学有学术研究与人才培养相结合的优势,大学有基础研究与应用研究相结合的优势,大学还有国际化的优势,因此大学理应发挥智库的优势③。高振强(2014)研究得出地方高校具有服务性特征、地方性特征、开放性特征、后发性特征。针对这些特征,地方高校在智库发展上应该采取差异化策略、本土化策略、多样化策略、品牌化策略④。王莉、吴文清(2013)对地方大学成为地方政府决策咨询智库的可能性、理论依据和天然优势以及建设途径等进行了考察⑤。王海艳等(2015)认为,地方高校教育智库要加强自身的专业化发展。"地方高校拥有不同学科的专家,他们中的许多人长期从事某个领域问题的研究,积累了大量的相关数据,展开趋势性分析与研究具有明显优势"⑥。涂成林、

---

① 杨延东、杨道宇:《五位一体的高校社会服务功能观——试论中国高等教育的功能创新》,《教育探索》2015 年第 6 期。

② 王军胜:《创业型大学服务区域社会经济的路径探析》,《教育发展研究》2013 年第 7 期。

③ 杨玉良:《大学智库的使命》,《复旦学报》2012 年第 1 期。

④ 高振强:《地方高校智库的属性及其发展策略》,《高教发展与评估》2014 年第 3 期。

⑤ 王莉、吴文清:《地方高校智库建设的逻辑分析——基于地方政府治理模式创新的探讨》,《清华大学教育研究》2013 年第 12 期。

⑥ 王海艳、曹丽英、邵喜武:《大数据时代下的地方高校教育智库建设研究》,《情报科学》2015 年第 6 期。

魏伟新(2011)认为,高校利用智库服务区域,要明确服务的方向定位,要理顺服务地方政府决策的工作思路,要进行服务地方政府决策的制度设计,要建立服务地方政府决策的支撑平台,要整合服务地方政府决策的人才资源,要确立服务地方政府决策的学科优势①。文少保(2015)在重点分析高校智库服务政府决策的现实难点中认为,国内还未形成思想市场,导致供需脱节,"高校智库内部管理体制封闭保守,开放程度较低,同时高校智库政策研究资金困难,研究经费资助渠道单一,高校智库研究成果转化缺乏经营理念,知识传播效果不理想"②。杨耀防(2014)从江西视角出发研究了智库在"昌九一体双核发展"中的价值和路径,他认为,高校应该有政策服务意识,为决策提供智力支撑和储备优秀人才。要聚焦区域经济建设战略和理论、实践问题,要担当起建言献策的重要使命③。

(2)关于地方高校服务区域经济建设的必然性探析

随着服务区域经济建设理念的提出,高校与区域经济的结合研究也随之兴起。国内学者首先对地方高校服务区域经济建设的必要性进行了探讨。

从市场经济层面说明高校服务区域经济的必要性,谢秀英(1999)以为,伴随着市场经济特别是社会主义市场经济的不断推进和良性发展,高等学校的空间坐标或区位不可避免地已由"点状集积"转向服务市场的区位指向,市场化、社区化等已经成为目前高等教育匹配市场经济社会的主要特质。如果要推进高校的区位指向,必须通过建立多元化的投资主体管理体制,在积极支持教学研究型大学基础上,应该重点建设、扶持企业、社区及职业技术培训等类型的高等学校,更好地为市场经济服务④。

---

① 涂成林、魏伟新:《高校智库服务地方政府决策的路径与对策——以广州大学广州发展研究院为例》,《广州大学学报》(社会科学版)2011 年第 12 期。

② 文少保:《高校智库服务政府决策的逻辑起点、难点与策略——国家治理能力现代化的视角》,《中国高教研究》2015 年第 1 期。

③ 杨耀防:《论"昌九一体双核发展"中的新型高校智库建设》,《九江学院学报》(自然科学版)2014 年第 2 期。

④ 谢秀英:《论市场化进程中高等学校的区位指向》,《陕西师范大学学报》1999 年第 4 期。

从教育分层视角进行考察,一般地说,所谓教育分层是指高等教育系统形成的立体多元层次的分化。赵炳起(2007)认为,在我国的高等教育层级中,虽然数量众多,但地方高校依然处于最低层级,因此,国家必须以社会需求为主要视域,适时调整战略定位和方向①。王立新(2007)提出,要从中国高等教育的全方位立体格局和宏观视角出发,以此为基础来发挥地方高校在区域经济以及社会发展中的价值,地方高校的显著优点也正在于其能为地方提供适时的服务②。

从办学定位层面上看,王旭东(2007)认为,深处区域的地方高校,它们必须把自身的建设和发展目标定位与部属院校相区隔,地方高校要体现地方特色,必须适应地方需要,考虑地方发展需要,因此,在人才培养上,必须以应用型为指向,在研究上也要以应用研究为重点,而不能一概地强调形而上的研究③。

从特色办学视角来看,我们知道,在高等教育大众化日益推进和深化拓展的历史进程中,存在着高校办学模式交叉、相似甚至趋同现象,这在快速发展的地方高校中表现尤为明显。郭连军(2005)认为,这一问题要得到科学的解决,重点是要寻找地方高校发展的区域化策略和地方化方针,比如说,地方高校需要结合地方的特点和区位优势、不同的资源优势、产业特征以及区域经济发展特点,在服务特色的地方中彰显特色④。

从高校与区域经济社会的关系看,如蔡袁强(2012)认为,地方高校服务区域经济建设,有效推进了高校与政府、知识与经济的有效融合。在应用型人才培养和产业科技创新等方面,地方高校是一支中坚力量,并已成为区域创新体系中非常重要的一环⑤。郭平(2012)认为,服务地方是高校与社会相互作用的需要,服务地方是高等教育地方化和时代化的客观需求,地方高校对区域经济建设具

---

① 赵炳起:《教育分层与地方高校的发展》,《教育评论》2007 年第 1 期。
② 王立新:《服务区域社会经济是地方高校的必然选择》,《中国高等教育》2007 年第 11 期。
③ 王旭东:《论地方高校社会服务职能的拓展》,《中国高教研究》2007 年第 8 期。
④ 郭连军:《地方普通高校发展的比较优势》,《辽宁教育研究》2005 年第 9 期。
⑤ 蔡袁强:《地方大学的使命:服务区域经济社会发展——以温州大学为例》,《教育研究》2012 年第 2 期。

有重要的推动作用①。

(3)关于地方高校服务区域经济建设存在的问题和原因

地方高校服务区域经济建设的实质,就是要促进区域经济增长方式的根本转变。多年来,地方高校虽然在不断促进区域经济社会的发展,但一直跟不上区域经济社会发展的速度,满足不了区域经济社会发展的需求,从而也影响了地方高校对区域经济建设的应有贡献。

高校服务区域经济建设的意识尚未完全形成。王旭东(2007)认为,虽然地方高校经过多年的发展,但其服务区域经济建设的意识尚未真正形成。比如,仍然没有逃脱以往的办学层次和模式,在人才培养和发展定位上一味地将规模效益和提升办学层次放在首位。与之相关,追求宏大的学科体系,试图将办学能力一般的高校发展成为一所综合性大学;在科学研究上,关注形而上的材料,注重课题的申报、论文的数量。同时,教育行政主管部门以及高校本身似乎并没有将高校服务区域经济纳入其框架,也没有作考核要求,于是就导致地方高校服务区域方面出现了种种不足②。

高等教育发展结构与区域经济社会发展结构的不匹配。高等教育发展结构关系着人才培养的专业、规格与质量。夏跃平(2005)认为,地方高校的教育发展结构与区域经济发展的产业结构产生了大量的抵牾和冲突。如地方高校:以传统学科为主,新兴学科相对较少,这与日新月异的新经济必然形成脱节,进而使高校对区域经济结构调整的影响力欠缺,无法为新经济的发展提供助推③。张真柱(2012)认为,高校专业设置不合理,服务地方意识不强,科技成果转化与应用差距大,这是地方高校服务区域落后的原因④。余文盛(2012)认为,地方高校

---

① 郭平:《地方高校服务地方的使命、功能与推动策略》,《求实》2012年第1期。
② 王旭东:《论地方高校社会服务职能的拓展》,《中国高教研究》2007年第8期。
③ 夏跃平:《地方高校的重要使命:服务区域经济》,《教育发展研究》2005年第9期。
④ 张真柱:《地方高校服务经济转型升级的困惑与对策——基于浙江省高校的实证研究》,《宁波大学学报》(教育科学版)2012年第7期。

服务区域经济建设的能力受到以下因素影响:学科建设起步晚,专业设置趋同;科研发展不平衡,成果转化率低;社会服务机构不健全,缺少有效沟通与协调;教师教学工作任务重,时间和精力投入受限;学校与地方经济社会关联度不够紧密,对地方经济社会的推动力小①。

科学技术的发展对区域经济建设提供支持的力度不大。高校有高新技术孵化基地的作用,很多重要的科技成果都是通过高校获得的。高校可以通过技术支撑、咨询服务、信息交流等功能来实现服务地方经济的需要。夏跃平(2005)指出,地方高校虽生长在地方,但其主动参加区域经济建设的程度非常不够,这尤其表现为高校科技成果转化率过低,无法为区域产业结构升级提供智力支撑②。

服务社会的体制和机制不是很健全。李先武(2005)认为,地方高校要想在区域经济中发挥作用,需要构建与之相应的体制和机制。然而,目前高校体制机制并不完善,导致高校服务方面存在不足,突出表现在管理机制欠流畅和投资体制未理顺上。还有,地方政府促进地方高校服务地方的调控机制需要理顺。具体地说,地方政府在区域经济发展中的调节不足、政策导向不明和法规制定与控制相对薄弱③。吴淑芳等(2010)认为,地方高校在参与区域经济社会发展中的直接性不强,仅仅是以间接性方面助推经济发展,因此,地方高校服务区域经济发展程度依然不够,尚未形成与地方政府和地方企业之间的合作机制,缺乏保障制度④。

(4)关于地方高校服务区域经济的模式与路径

增强服务区域经济建设的理念和意识。冯晓江等(2013)认为,地方高校要转变观念,增强服务区域经济建设的使命意识;加强高校的内涵建设,提升地方

① 余文盛:《地市高校服务区域经济社会能力的影响因素及策略选择》,《教育与职业》2012年第3期。
② 夏跃平:《地方高校的重要使命:服务区域经济》,《教育发展研究》2005年第9期。
③ 李先武:《湖北省区域高等教育与区域社会互动问题研究》,华中师范大学硕士学位论文2005年。
④ 吴淑芳、田伏虎:《地方高校服务区域经济社会发展的实践思考》,《延安大学学报》2010年第2期。

高校服务区域经济社会发展的能力;彰显办学特色,强化服务区域经济建设功能;与地方沟通协调,建立地方高校服务区域经济建设的合理运行机制①。张正义(2006)认为,地方高校需要进一步加强办学理念之服务意识的提升,科学把握和设计办学定位,要从根本上树立适应社会、发展社会的服务观念;加强人才培养、促进科技研究、服务社会等意识,树立全方位立体式服务观;树立区域化服务意识,主动对接和适应区域经济发展之需;强化经济社会效益意识,积极树立合作双赢理念;强化政策法规意识,树立可持续的服务观②。孔繁敏(2006)则以北京联合大学应用文理学院作为典型,对办好一所应用型大学的方方面面进行了实证性的研究。该研究既可对"什么是应用型大学"和"如何办好应用型大学"有一个比较全面系统的理论认识,又可获得具体的操作经验③。张胜利(2011)认为,地方高校在服务区域经济建设中要认清形势,提高认识,强化服务区域经济建设的意识;要科学定位,改革机制,明确服务区域经济建设的办学目标;要保障质量,凝练特色,打造服务区域经济建设的知名品牌;创新科研,构筑平台,建立校地、校企产学研合作模式;要深入调研,及时反馈,完善服务区域经济建设的协作机制④。秦其文(2009)认为,高校要想在区域经济中发挥作用,政府要为地方高校服务区域营造良好的环境,教育主管部门要加强高校服务区域经济建设评估体系的顶层设计,地方高校师生要更新观念,应结合新的形势重新定位,确立为区域经济发展服务的总方向⑤。尹庆民等(2012)对高校服务社会的形式特别是校企合作的不同模式进行了讨论⑥。华长慧(2013)在《高等教育

---

① 冯晓江、田伏虎:《地方高校服务区域经济社会发展的理论与实践——以延安大学为例》,《延安大学学报》2013年第12期。

② 张正义:《增强地方高校为社会服务的意识和能力》,《中国高等教育》2006年第6期。

③ 孔繁敏:《发展应用性教育的理论与实践探索》,《北京联合大学学报》(教育教学研究专辑)2006年第S1期。

④ 张胜利:《地方高校服务地方经济社会的"道"与"行"》,《湖南社会科学》2011年第6期。

⑤ 秦其文:《地方高校服务社会主义新农村建设研究》,《中国农业教育》2009年第4期。

⑥ 尹庆民、陈浩、裴一蕾等:《校企合作研究——基于应用型高校的模式及保障机制》,知识产权出版社2012年版,第12—15页。

服务经济社会的新视野——服务型区域教育体系的理论与实践研究》中,通过分析教育的服务属性论、高等教育的服务职能论、教育经济一体化理论,从纵向的历史梳理和横向的国际比较中,论证了教育就是服务的观点,设计了服务型区域教育体系的组织制度模型,构筑了服务型区域教育体系的内容框架,探讨了政府管理行为创新的议题①。

地方高校需要促进服务能力不断提高。王立新(2007)认为,地方高校要围绕区域服务的目标,根据区域经济建设需求,调整专业设置和课程教学安排,加强学生动手能力、实践能力的培养,加强学生知识能力向实践活动能力的转换,从而能够源源不断地为区域经济建设输送应用型人才②。王旭东(2007)认为,地方高校要根据社会需要积极面向社会开展教学、科研等服务,努力使其成为所在区域内关键的人才培训中心,特别是高校要在实用技术的培训、订单式培养、居民文化素质提高等方面取得突破③。黄宪伟(2007)认为,全面提升高校服务区域经济建设的能力,需要更新观念,加强领导,深化调研,全面推动地方高校服务区域经济建设④。姚成郡(2010)认为,高校社会服务需要把服务区域经济建设作为加强高校与社会联系的必要途径,在服务区域经济建设中促进高校自身发展,在服务中找好定位,在服务中强化办学特色⑤。潘懋元(2011)认为,在全国700多所大学中,除少数是研究型大学之外,绝大多数地方高校都应该办成应用型大学⑥。潘老的这一认识,对有针对性地解决目前办学定位不明、发展方向不清、办学模式趋同等问题,为区域经济建设培养应用型人才,具有重要的现实意义。徐元俊(2012)认为,高校服务区域经

---

① 华长慧:《高等教育服务经济社会的新视野——服务型区域教育体系的理论与实践》,高等教育出版社 2013 年版,概述部分。

② 王立新:《服务区域经济是地方高校的必然选择》,《中国高等教育》2007 年第 17 期。

③ 王旭东:《论地方高校社会服务职能的拓展》,《中国高教研究》2007 年第 8 期。

④ 黄宪伟:《地方高校服务新农村建设探析》,《浙江社会科学》2007 年第 2 期。

⑤ 姚成郡:《中国高校服务区域经济社会发展的思考》,《中国石油大学学报》(社会科学版) 2010 年第 4 期。

⑥ 潘懋元:《应用型人才培养的理论与实践》,厦门大学出版社 2011 年版,概述部分。

济建设需要构建地方高校服务社会的发展机制,建立政府牵头的校企合作战略联盟,高校要提升内涵彰显特色,树立主动服务理念;对接产业结构调整,转变社会服务方式;融入区域经济建设,拓宽区域服务领域①。黄达人(2015)对20所地方本科院校掌门人进行了采访,阐述了高校转型的意义、办学定位、理念、成就、应用型人才培养模式②。

　　地方高校为区域经济建设提供先进技术和先进文化的支持。赵怀礼、王志刚(2007)认为,地方高校要打破保守意识,向社会成员开放大学图书馆、体育馆等设施,与社会形成资源共享的格局;要多组织文化等方面的活动,开展文化传播活动,以此来扩大高校的社会影响,提升高校的社会影响力③。陈晓阳(2012)认为,地方高校服务区域经济建设以适应经济结构调整的需要,开展学科与专业建设,培养高素质人才;瞄准重大需求,开展科学研究,为区域经济建设提供智力支撑;加强与政府合作,提供高水平的区域经济建设规划与咨询④。吴文清(2013)从学科建设角度提出了地方高校服务区域经济建设的对策,在他看来,要围绕产业升级、民生工程、制度创新,调整学科结构;立足科技需求的多元化、综合性,推动学科组织的开放式发展;建立政府与高校联动机制,促进学科管理科学化⑤。柳国梁(2014)认为,相对于传统意义上的人才培养,服务型人才培养体系在人才培养理念上,更加注重服务意识;在人才培养主体上,更加注重企业、社会的参与;在人才培养机制上,更加注重面向市场、就业导向;在人才培养取向上,更加主张以能力为中心,多样化的培养方式⑥。田贵双(2009)认为,要站在科教兴国与可持

　　① 徐元俊:《地方高校服务地方经济建设的策略与途径探索》,《河北经贸大学学报》(综合版)2012年第9期。

　　② 黄达人:《大学的转型》,商务印书馆2015年版,概述部分。

　　③ 赵怀礼、王志刚:《举服务地方大旗　走特色发展之路》,《中国高等教育》2007年第5期。

　　④ 陈晓阳、姜峰:《地方高校服务区域经济发展的战略选择及实践》,《中国高等教育》2012年第15期。

　　⑤ 吴文清:《地方高校学科建设与区域经济转型适配性研究》,《清华大学教育研究》2013年第1期。

　　⑥ 柳国梁:《服务型区域教育体系的地方高校转型研究》,高等教育出版社2014年版,第5页。

续发展的高度,重新审视与研究区域经济和高等教育的关系,突破制约生产力发展的体制障碍,优选管理体制的切入点,实现区域经济与高校的协调、互动和可持续发展①。

努力形成有利于地方高校服务区域经济建设的长效体制和机制。王旭东(2007)认为,地方高校要真正在区域经济社会发展中发挥作用,必须成立为区域经济服务的专门工作机构,在条件成熟的时候,将服务工作整合到学校的计划当中,对高校教师履行必要的服务职责进行明确规定。同时,必须建立服务工作的激励机制,将服务工作情况列入考核体系,并结合专业特点和教学情况,组织形式多样、内容纷呈的服务活动,培养学生的服务意识和专业实践能力②。王楠(2011)认为,地方高校服务区域经济建设需要走出象牙塔,走出实验室,以服务区域经济建设为己任;改革人才培养模式和培养方法,协调教育结构与经济结构的关系;加大直接参与经济建设的力度;科学地制订地方高校发展战略规划;加快创新型办学体制建设,创新和发展特色专业③;周旭清(2011)认为,地方高校要建立适应区域经济建设的人才运行机制;建立适应区域经济建设的高校办学体制;建立适应区域经济发展的本科特色专业体系;建立适应区域经济发展的人才培养模式④。王东京(2008)认为,高校在区域经济建设中要积极推进科教兴农战略,构建服务区域经济建设的长效机制;要发挥科研优势,为区域经济建设直接提供科技服务;要发挥地方高校的文化传播和文化创新功能,促进城乡文化的交融与发展⑤。

① 田贵双:《高等教育与地方经济发展》,《新商务周刊》2017年第24期。
② 王旭东:《论地方高校社会服务职能的拓展》,《中国高教研究》2007年第8期。
③ 王楠:《地方高校服务区域经济的模式创新研究——基于燕山大学的案例》,《生产力研究》2011年第3期。
④ 周旭清:《地方高校服务区域经济发展的新思考》,《教育学术月刊》2011年第1期。
⑤ 王东京:《地方高校服务地方经济建设的对策》,《江苏高教》2008年第5期。

五、研究思路与方法

（一）研究思路(见图 0-1)

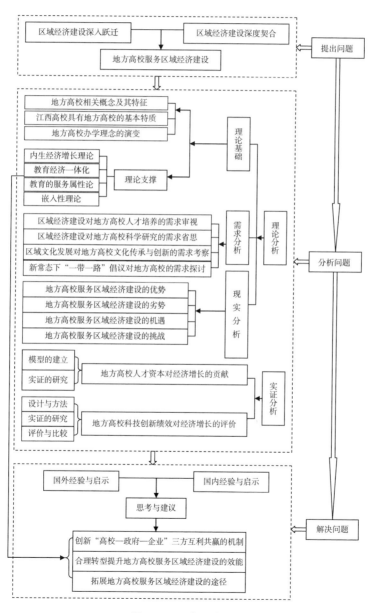

图 0-1　研究思路图

（二）研究方法

（1）文献研究法。采用文献研究方法对本书涉及的重要理论,如内生经济增长理论、教育经济一体化理论、嵌入性理论等进行解读与诠释,对相关重要范畴,如高校、地方高校、江西高校特质、区域经济、江西区域经济以及对高校与区域经济建设关系、未来融合趋势、相容路径等进行系统梳理。

（2）系统研究法。区域经济、地方高校服务区域经济建设等问题涉及的材料庞大,对在中国背景下考察以江西高校为代表的地方高校与区域经济建设的关系问题也应如此。因而,必须将这些问题置入整个经济社会发展的大系统,甚至更广阔的中国情景下考察才能得出可信的结论,所以,系统研究法不可或缺。

（3）实证分析法。地方高校服务区域经济建设问题不只是理论问题,更是实际操作问题。因此,充足的调研、实证、分析还是很有必要的。通过运用实证分析法对地方高校服务区域经济建设的人力资源、科技创新绩效、投入与产出等方面进行实证研究,从中发现规律性问题,提出思考和建议。

六、可能的创新与不足之处

（一）创新之处

（1）本研究一改以往研究多从"地方政府"视角出发的路径,而选择以"地方高校"为基础视角,从现实语境出发,结合"嵌入性理论"等相关理论资源,深入探讨地方高校在区域经济建设中的角色与作用,提出了二者结合的举措、条件、目标等一系列问题,弥补了以往同类研究中某些未尽之处。

（2）本研究重点以江西为参照,率先对江西地方高校与区域经济建设的关系,进行了系统的、完整的与深度的剖析,提出了协同创新"高校—政府—企业"三方合作机制。同时,结合国内众多高校向应用型改革的最新转向,并通过实证考察江西地方高校人才资本及科技创新绩效对经济增长的贡献,在总结国外高校实践经验的基础上,对江西地方高校服务区域经济建设提出了富有新意的思考与建议。

（3）本研究敏感把握到作为一个关键词的"智库"，在地方高校与区域经济建设中的重要作用。在探讨智库建设的基础上，提出了"校际学科优势联盟"构建这一具体方式，以鼓励促合作、以监管促沟通、以合作求创新，为地方高校服务区域经济建设提供了明示性协同创新方式。

（4）本研究在探寻地方高校服务区域经济建设的同时，大力倡导发展民办教育，还适时地强调江西地方"书院文化"与"丝绸文化"的重要意义，并提出通过做强做大这两大文化产业，来加快区域文化产业开发进程，从而不仅为未来地方高校提供了一种特色发展思路，也为江西地方高校融入"一带一路"倡议提供了某种理路。

（5）本研究把新常态下的"一带一路"倡议整合到成果的整体脉络之中。这一角度不仅在一定程度上拓宽了"一带一路"倡议的理论与实践视野，而且为区域经济与地方高校发展提供了国家政策框架支持。当然，研究成果决非仅在政治意义上考察了"一带一路"倡议问题，而是最终将其转化为具体的技术路线和实践层面。

（二）不足之处

地方高校为区域经济建设提供可持续服务是一个长期的探索过程，在这一过程中，地方政府和地方高校负有同等重要的责任。然而，由于种种限制性因素，本研究难免还存在一些不足之处。

（1）虽然研究对地方高校服务区域经济建设相结合的探讨内容比较丰富，但究竟二者如何在当代背景下有效相容还有进一步探讨的空间，江西区域经济建设与地方高校如何相容的模式还需要进一步深入挖掘，尤其是地方政府如何创造外部条件，为地方高校服务区域经济建设，提供可持续服务模式还需要进一步思索。

（2）地方高校能否主动把自身发展与服务区域经济建设相结合，由于成果引入了嵌入性理论进行支持，但究竟地方性高校如何与区域经济进行良性嵌入，还需要渗透典型的个案进行分析和思考。

（3）新常态下的"一带一路"倡议是一个崭新的课题，本研究借鉴理论与实践框架只是一个初步的设想，还有诸多隐藏于新常态、"一带一路"倡议、区域经济、地方高校发展之中的结合和抵牾问题需要考虑，这需要今后继续探寻。

第 一 章

地方高校服务区域经济建设的理论基础

　　教育与经济的关系问题,既是一个至关重要的理论课题,也是一个实际操作的实践问题。作为一种新的办学模式的构建,它总是以一定的理论作为支撑。地方高校服务区域经济建设的提出,是以内生经济增长理论、教育经济一体化理论、教育的服务属性论和嵌入性理论作为理论基础的。

第一节　地方高校的相关概念及其特征

　　概念是人们反映客观事物本质特征的思维方式,并在抽象概括提炼的基础上形成的。康德(Immanuel Kant,1724—1804)曾说:"一切知识都需要一个概念,哪怕这个概念是很不完备或者很不清楚。但是,这个概念,从形式上看,永远是个普遍的起规则作用的东西。"[①]地方高校、区域、服务、区域经济、服务区域经

---

　　①　北京大学哲学系外国哲学史教研室:《西方哲学原著选读》下卷,商务印书馆 1982 年版,第296 页。

济等几个概念,在本书中的使用频率很高。在某种程度上,基于不影响对有关问题的准确理解和正确把握,本研究拟采用观照、比较、论证结合等方法,对地方高校、江西地方高校特质、区域、服务、区域经济、服务区域经济等几个概念作一透视、梳理与辨析。

一、地方高校的概念和特征

(一) 地方高校的概念

根据体制结构和管理隶属关系,高等学校可分为中央管理和地方管理两级。地方高校,又称区域高校、地方大学、地方本科院校、新建本科院校、应用型本科院校等。

1949 年以来,关于高等教育的类型出现过多种描述方式。曹赛先认为,从1992 年开始国家对高等教育的管理方式,推行了由原来"条块分割"逐渐向"条块结合"过渡的新举措,从而使得部委所属高校的数量减少,地方高校的数量增多,初步形成了中央和地方政府两级办学的新格局①。

有的提出,地方高校是指隶属于地方,以地方政府投资建设与管理为主,立足区域经济社会发展办学的高等学校②;有的认为是指隶属于省级人民政府、位于地级中心城市并由省市共同投资建设的普通本科院校③;有的认为是指省(市、区)属高等院校和省辖市(地、州)属高等院校④;也有的认为特指驻于地市,并由地市拨款管理、主要为本地市服务的普通高校⑤;也有定义地方高校是位于地(市)级中心城市,行政上隶属省级或地(市)级政府,在办学上以师范类

① 曹赛先:《高等学校分类的理论与实践》,华中科技大学博士学位论文 2004 年,第 159 页。
② 中国高教学会高等教育管理研究会秘书处:《贯彻〈教育规划纲要〉传承大学精神 强化人才培养》,中国高教学会高等教育管理研究会 2010 年学术年会论文集,江苏大学出版社 2011 年版,第 401 页。
③ 张建东:《地方高校如何走出成人教育发展困境》,《中国成人教育》2005 年第 9 期。
④ 孔凡莉、于云海:《浅析地方高校的社会职责及区域分工》,《黑龙江高教研究》2000 年第2 期。
⑤ 徐同文:《区域大学的使命》,教育科学出版社 2004 年版,第 13 页。

为主,兼办其他非师范专业的普通高等院校,并认为这类高校大多近年才升为本科院校①,还有定义地方大学是指隶属省级人民政府,由省级、地市级人民政府主办或主管,主要为地方经济社会发展提供"智力支持和人才保障",为区域经济和社会发展培养亟需的应用型人才的普通本科院校②。

本研究所涉及的地方高校是指由地方政府投资和主管的地方所属的普通高等学校,亦即不含国家部委所属之外的所有普通高等学校。这些院校主要面向区域经济和社会经济发展,培养区域亟需的应用型专业人才,在我国高等教育体系中占据十分重要和特殊的地位。

地方高校发展定位,在类型上,应建立以教学为主或教学科研并重的"教学科研型"高校。在目标上,应为服务区域经济建设侧重培养应用型人才。在凝练特色上,形成适应区域经济建设需要的特色办学。地方高校要办出特色,应该突出为区域经济发展服务这一主旋律,也只有这样定位,才能使学校在生存中求发展,在发展中争取社会和政府的支持,从而形成区域经济与地方高校发展的互生共赢局面。

(二)地方高校的特征

从生态的角度来看,地方高校在高等教育系统的发展中,保持着它应有的"生态"位置。因此,从其特殊性出发,"地方性、应用性和服务性应成为地方高校办学理念的内涵特征"③。地方高校的发展必须立足于地方,必须与区域经济结构紧密结合,突出自身特点,发挥自身优势,并且对区域经济社会变化迅速作出反应,实现与区域经济建设的共生发展。区域经济的快速发展赋予地方高校发展以下特征:

---

① 傅文第:《历史的使命——21世纪中国教育的突破与创新》,黑龙江人民出版社2006年版,第6页。

② 马晓春、牛欣欣:《创业型大学:地方大学变革的新图景》,山东人民出版社2013年版,第41页。

③ 柳国梁:《服务型区域教育体系的地方高校转型研究》,高等教育出版社2014年版,第58页。

第一个特征是地方性。首先,随着城市化的建设进程和区域经济的快速发展,对高等教育特别是与区域经济结构相适应的各级各类专业人才的需求日益增大,因此,为促进区域经济快速发展,地方高校必须与区域的经济结构和产业结构相结合,需要因地制宜,突出地方性的特点。其次,由市场主导配置资源的经济形式,要求地方高校必须能够为区域经济社会提供多样化的人才资源,以满足当地就业市场的人才需求。最后,高等教育与经济发展之间呈高度的正相关性,区域不同的经济发展水平就决定了地方高校发展的模式选择。在知识经济时代,随着产业结构进行创新型战略性调整,这就必然要求地方高校的学科、专业与课程结构也要随之进行调整。作为地方高校的"地方性","地方高校必须担负起为区域经济、教育和社会各项事业发展提供人才支持和智力保障的重任,从学科结构、人才培养的层次和类型、人才培养的质量和规格等方面入手,解决区域经济社会发展中重大的科技、管理、政策等方面的问题"[1]。

第二个特征是应用性。地方高校发展必须培养适应区域经济建设所需要的各种类型的人才。地方高校的地方性与应用性,二者是密切联系的统一体,同一性体现在服务区域经济建设上。一方面,区域经济建设对人才类型的需求,不仅需要高层次人才,而且还需要中高级技术人才与应用型人才。由此,地方高校要紧贴区域社会发展的生产实践,培养适应区域经济发展需要的应用型人才。所以,地方高校的人才培养目标应根据区域经济建设对人才在知识、能力、技能的要求来确立,并且在业务方向、服务方向和人才类型等方面,都应适应本区域的需要,充分体现人才培养的地方性和应用性。也就是说,地方高校的基础学科专业应以培养应用型人才为主,培养生产和社会活动一线的人才为重点任务。另一方面,既然地方高校的主要任务之一是为区域经济建设培养大量应用型人才,那么其工作重心就必然回到以教学为重心上来,以教学带动科研,以科研促进教学,实现二者的相互促进,相互提高。所以,要紧密结合人才培养与区域经济建

---

[1] 张婕:《地方高校发展:现实与理想》,华中师范大学出版社 2010 年版,第 310 页。

设的需要,以应用科研为主,通过科研带动学科建设。从根本上讲,倡导科学研究同样是为了促进办学水平和服务质量的提高,但与教学相比,毕竟有长远、近期之分,间接、直接之别。我们所追求的,应当是两者和谐的互动共进,而不是有所偏废,甚至相互对立。

第三个特征是服务性。服务是教育的本质属性。"服务地方"是指地方高校以服务区域经济建设为目标,实现高校与区域共生发展的需要,为政府和企业提供服务。由于地方高校自身的特点,社会服务的职能得以凸显。这也是我们构建地方高校服务区域经济建设的一个理论支撑,在地方高校办学实际中,如果背离社会服务这一宗旨,地方高校也就脱离了区域社会的现实需要。尽管因区位或基础问题而有所不同,但地方高校所面临的教育格局与就业走向的现实却是相同的,较之国家部委所属的高校,地方高校一般都存在人才短缺、资金困难、师生比失调、基础条件差等矛盾。而要破解这些矛盾,重要方法和途径之一,就是立足地方,服务区域经济。因为,地方高校的发展需要条件;而改善条件更需要资金。地方高校谋求生存与发展,突破口应选择在区域经济建设这一主战场上,真正融入到区域经济建设的现实中去。

地方高校既缺乏名牌效应,又缺乏资金支持,特色办学、服务区域;既是地方高校在区域社会系统中的功能定位,也是快速增强区域社会认可度、支持度和竞争实力的制胜法宝。地方高校多以教学见长,对于科学研究既缺乏人才与能力,也缺乏资金和设备。由于区位优势具有不可替代性,地方高校与区域经济社会在科学研究、技术开发、人才培养等方面的合作空间很大。地方高校只有通过主动融入区域、服务区域,对区域社会所拥有的多种资源进行开发,才能获得区域社会的支持和地方民众的认同。同时,既需要地方高校有一个"主动适应"的积极投入过程,也需要激发地方政府发展地方高校的积极性、主动性和创造性,从而实现双向的良性循环。这既是地方高校与区域经济建设的结合点,也是地方高校争得外部环境支持的一个重要途径。

二、江西高校具有地方高校的基本特质

本研究的主标题是"地方高校服务区域经济建设研究",副标题是"以江西为例",后者做了限定,是特定的江西省——中部欠发达的个案省份。所以,在本节中笔者要做适当的说明,即江西高校应该具有地方高校的基本特质,具备一定的普遍性特点,才能代表全国的地方高校。

(一) 江西高校所处的区域分布特点

由于历史原因,我国各地的高等教育发展状况有着天壤之别。从省级区域高校在校生数、每百万人负担在校生数等指标,从区域高等教育发展分类来看,各区域高等教育发展状况不一,差别很大。每百万人口所拥有的普通高等院校数即 RA(Relative Abundance),可用 RA 来表示各区域高等院校的相对丰富程度。按我国高等教育发展状况,全国 32 个省、市、自治区(台湾和香港、澳门未纳入研究之列),大致可以分为三类[1]:

第一类:北京、上海、天津。这三个省域 RA 数比较高,即相对于其人口来说,高校分布比较丰富,而且每百万人口负担在校大学生数比较高,在校生数也较多。

第二类:青海、宁夏、西藏、海南。这四个省域 RA 数都比较低,每百万人口负担在校大学生数都比较低,在校生数都比较少。

第三类:其他省域包括江西省在内,高等教育发展状况介于第一类与第二类之间。

江西高校的教育规模在国内基本处于中等偏上水平。比如,2013 年江西省每 10 万人口高等学校平均在校生数为 2295 人,在全国排名第 13 位,在中部 6 省份中排名第三,低于湖北的 3078 人和山西的 2351 人,但高于安徽的 2101 人、湖南的 2087 人和河南的 2012 人[2]。

---

[1] 赵炳坤:《基于经济学视角的高等教育发展方式研究》,中国经济出版社 2012 年版,第 72 页。
[2] 中华人民共和国教育部:《每十万人口各级学校平均在校生数》,http://www.moe.gov.cn/s78/A03/moe_560/s84832/s8493/201412/t20141216_181726.html。

江西省位于我国的东南部,从经济区域划分来看,属于我国的中部地区。由于地理位置、历史文化诸多因素的影响,江西经济发展水平在全国处于欠发达的省份。江西没有一所"985 工程"高校,全部属于地方高校之列;根据每百万人口所拥有的普通高等院校数来分类,江西高校既不属于 RA 数比较高的省域,也非 RA 数比较低的省域,正是属于数量最多、区域跨度最大的第三类别高等院校。由此,以江西为例,选取江西高校作为地方高校代表进行研究,较第一类和第二类的省域高校来说,应该具有地方高校最一般的普遍性特征,即具备区域经济增长赋予地方高校地方性、应用性和服务性的三大特征。

（二）江西区域经济建设状况的迫切需要

由于江西高校全部为地方高校,并且江西省区域经济的结构特点、增长模式,都迫切需要江西高校人才资源和科技资源的支撑。

江西属于中部六省之一,人力资源丰富,劳动力供给充足,一方面是丰富的劳动力资源,另一方面是人口及就业人员受教育程度较低的现实。纵向比较,江西的总体经济发展水平虽然取得了巨大成绩,但从横向来看差距日益拉大,不必与东部沿海发达省份相比较,仅在中部六省中也未实现崛起之目标。2017 年江西省的 GDP 总量在全国排名第十七,在中部六省排名第五。再从中部省份的比较来看,近年来,在三大产业结构方面,江西省第一产业比重过高,第二产业比重偏低,产业结构不合理和结构层次低的问题较为突出[①]。在农业现代化综合能力方面,在中部排名也属第五[②]。在人才聚集效应方面综合评价最低,在科技发展、经济发展、产业环境、文化教育、生活环境等各个方面均需改善[③]。

江西区域经济发展水平不高,一方面,使得江西高校赖以生存和发展的基础

---

①　黄国华、涂海丽、赵园妹:《科技创新驱动江西省经济发展转型分析》,《老区建设》2017 年第 20 期。

②　徐挺、李成标:《中部六省农业现代化综合能力的评价与比较分析》,《湖北农业科学》2013 年第 22 期。

③　穆晓霞、牛冲槐:《基于灰色聚类的人才聚集效应评价研究——以我国中部六省为例》,《科技管理研究》2014 年第 1 期。

相对薄弱,致使江西高校发展中所需要的投入严重不足,也不利于其人才培养模式和科技创新机制等方面的改革,从而影响了服务区域经济建设的能力;另一方面,也制约了江西高校服务区域经济建设职能的充分发挥,导致人才大量外流,科研成果难以实现就地转化。总之,江西区域经济建设的现状,迫切需要高校人力资本支撑,但是江西高校自身能力偏低,产学研融合度低。纵观当下江西经济,虽然工业化程度不高,产品高科技含量偏低,但是江西拥有上百所高等院校,本可为区域经济建设提供科研成果,而实际情况往往不尽如人意,科研成果转化还面临着诸多挑战。

江西东有上海、浙江,南有广东,北有湖北,周边省经济都强于江西。由于江西为欠发达地区,许多高素质人才涌向沿海等发达地区。一是大学毕业生流向经济发达地区,二是每年考取全国重点大学的省内高中生,留在省内就读的少。因此,大量高学历、高素质人才流失,影响区域经济建设。可以说,江西的区域经济建设与江西高校二者之间存在着相互制约的问题,尚未形成互生共赢的良性关系,甚至二者在一定程度上还存在不平衡、不协调的发展状况。

内生经济增长理论认为,在经济增长到一定的程度后,促进经济增长最主要的因素,已不再只是一般的劳动力和资金资源,更重要的还靠掌握技术和知识的人才资本。在知识经济背景下,人才资本与科技进步是区域经济建设的两大支柱,特别是人才资本还是科技进步的必要条件。因此,人才资本是促进区域经济增长的基本要素。江西最大的特点是欠发达,最大的优势是"生态",这充分说明人才培养在区域经济建设中的重要价值,需要研究地方高校在区域经济尤其是生态经济中的特殊作用。

所以,江西区域经济建设对江西高校具有特殊的需求,这与全国其他地方高校所面临的情况相比,具有较强的代表性。因为东部沿海发达地区人才聚集,区域经济建设对人才、科技的需求没有欠发达区域迫切;欠发达地区的地方高校服务区域经济建设的成功经验,对西部等落后地区是良好的借鉴,具有较好的启示作用,值得在全国推广。

（三）江西高校满足区域经济建设的发展需要

江西的地方高校与全国其他的高校一样,都承担着为区域经济建设培养人才的重任,为区域经济建设提供充沛的人才资本,从而促进其他生产要素的收益递增。据教育部最新公布的 2018 年江西省 100 所普通高等院校中,没有一所"985 工程"院校,"211 工程"仅南昌大学一所,与邻省的湖南、湖北悬殊较大。对于江西少数具有一定办学水平的高校来说,能建成在国内有一定知名度的学科专业固然可嘉,但对于江西绝大部分地方高校而言,应该立足地方,挖掘学科特色,以培养服务区域经济建设的应用型人才为目标,不断加强内涵建设,提高办学水平。

当然,江西高校在培养人才促进区域经济建设中,也面临着本区域独有的特点与问题:如江西在历史上是一个以农业生产为主导的省份,工业经济的发展滞后,在新的形势下发展江西区域经济,迫切需要大量的有知识、懂技术的人才资本,能够实现技术转移、成果转化的科技资源。这将是一项地方高校自身发展的系统工程,江西高校与周边省份乃至全国其他省份的高校相比,其发展的层次较低,有着较大的发展空间,聚焦江西地方高校,其研究价值可能会高于对周边其他省份高校的研究。此外,较全国数据采集而言,以江西一个省的人才资本、科技创新绩效等有关数据为参数,其所得到的实证结论具有参照性和可信度,所以,选取的数据与区域经济建设的数据之间也具有代表性。

综上,选择江西地方高校与区域经济建设之间的研究具有一定的代表性。

三、其他核心概念

为了研究需要,我们有必要对本研究其他的核心概念进行阐释与界定。

（一）区域

区域的本义为土地的界限,亦指地区。通常情况下区域被看作是地理学上占有一定空间,并按一定特征划分的地理单元。按照自然和人文的要素,可以划分工业区、农业区、商业区、经济开发区、生态经济区、植被区和动物区等。

不同学科视角对区域一词有不同的理解与界定。地理学把区域看作是地球表面的地理单元,经济学把区域看作是在经济上相对完整的经济单元,社会学把区域看作是具有人类某种相同社会特征(语言、文化等)的聚居社区,而政治学往往把区域看作是国家实施行政管理的行政单元。在我国区域有如下划分方法和途径:根据国家行政区划分,如东北、华北、华东、华中、华南、西南、西北等各大区,以及省、市、县、乡各作为层次不同的区域类型;根据经济发展特征划分,如长江三角经济区、珠江三角经济区、经济特区、经济实验区等各类经济区;根据地理梯度划分,如东部区域、中部区域、西部区域。

经济区域的划分一般是从总体利益和地区经济优势的结合及区域经济发展的内在规律、地区经济专业化的规模和程度及综合发展的状况来考虑的,强调的是区域内在的经济联系,如中国的长三角经济区、珠三角经济区、环渤海经济带等经济区域①。本研究关注的主要是省级、市级行政边界内的教育和经济活动所表现的区域问题。所以,本研究所指的区域是一个特定的概念,特指省级、市级市区及其地理区域范围内的各县(市)。从本研究的角度所探讨的"区域",严格地说并非专指哪种区域类型,实际上是兼顾于经济区域和行政区域之间的地理区域概念。

(二) 区域经济

区域经济是指在一定区域内,经济活动的内部性与外部性相互作用而产生的生产综合体。可以认为,区域经济是综合性的地理概念,"既是中心城市发展到一定程度的必然产物,也是商品经济发展到一定阶段的必然产物"②。区域经济还是一种高效型、非均衡经济,是指一个区域主体的经济活动,对其他区域经济活动所造成的影响,这种影响表现为非市场化③。

---

① 毕乐强:《区域经济外部效应及对策研究》,东北财经大学博士学位论文2011年,第37—38页。

② 龚放:《大学教育的转型与变革》,中国海洋大学出版社2009年版,第120—121页。

③ 毕乐强:《区域经济外部效应及对策研究》,东北财经大学博士学位论文2011年,第37页。

区域经济活动是由区域主体的经济活动而产生的活动。因此,要确定区域经济的主体首先是确定区域的边界,因为不同的地区边界,区域经济主体的活动和影响程度相异。根据中国目前的区域边界的划分主要是两大类:一是以行政区划来确定;二是以经济区划来确定。区域是地方高校活动的基础,也是其赖以生存与发展的根基。在区域经济活动中,区域间的政府、高校、社会存在着相互依赖性,并且这种相互依赖是以双向或多向传递和相互影响而形成,彼此凭借在区域间资源、技术、资金、劳动力、地理位置等方面的某种优势,造成有利或不利的影响,从而获得相对的区域利益。

（三）服务

服务是指某一个体加之于另一个体的行为,抑或某一团体加之于另一团体或是某一个体加之于团体,以及某一团体加之于个体的行为①。它不是单纯某一个体或者单纯某一团体的行为。高校的社会服务职能有广义和狭义之分,广义的社会服务职能是指高校作为一个教育科研机构为社会做出的所有贡献;狭义的是指高校在保证人才培养任务的前提下,依托教学、科研、人才和知识等方面的优势向社会提供直接性的服务,以促进经济和社会发展的活动②。

地方高校必须紧密结合区域特色,积极为区域经济建设服务,尤其是高校对于社会的价值和服务意识。当然,服务在教育中的应用也还体现其本身的获益,只有强化服务职能,提升服务意识,教育才能获得发展的新动力。地方高校通过社会服务实现高校与区域互动,高校将其研究的成果应用于社会实践并在实践中得到检验,而社会又可以为高校的发展提供必要的经费支持。因此,社会服务的价值关系主客体双方,即教育服务不只是社会从服务中获益,而且还包括教育从社会服务中受益。

---

① 柳国梁:《服务型区域教育体系的地方高校转型研究》,高等教育出版社 2014 年版,第 6 页。

② 柳国梁:《服务型区域教育体系的地方高校转型研究》,高等教育出版社 2014 年版,第 60 页。

（四）服务区域经济

服务是地方高校的一项基本职能，时下服务区域经济建设是地方高校的时代使命。服务区域经济，其实质就是以学生就业、产业发展和企业需求为导向，以服务区域经济社会发展为目标，以一定区域范围内教育与经济社会之间的双向互动、可持续发展作为直接诉求的一种新型的教育战略①。

服务区域经济，这里的"服务"也指一种关系，强调教育与经济社会之间的关系。随着地方高校从外在指令型向内在需求型转变，地方高校的运行和发展必须面向市场，把服务学生、服务企业、服务社会等作为地方高校的立身之本②。服务转型是区域经济建设对地方高校提出的要求，也是地方高校自身发展的愿望。地方高等教育首先是区域化的，因为任何教育都与区域经济社会有着千丝万缕的联系。服务区域对地方高校而言，是一个集地缘、情感、特色、优势于一体的系统工程。

高等学校自身的特点与性质，决定了它的社会服务有其特定的方式与内容。地方高校服务区域经济建设，主要采取一种综合性、多科性、智能型和较高层次的方式，如果进行那种简单的劳务型、低层次的服务，则有悖高校服务区域建设的本意③。此外，服务区域经济建设，也主要是根据所在区域和整个国家的需要，根据自身的条件与可能，提供相应的智能、技术、咨询等服务，而决非包揽一切。

第二节　地方高校服务区域经济建设办学理念的演变

1999 年扩招以来，我国高校在规模上突飞猛进，目前已步入了大众化阶段。在此背景下，地方高校面对竞争格局，需要立足地方，把服务区域经济建设作为

---

① 柳国梁：《服务型区域教育体系的地方高校转型研究》，高等教育出版社 2014 年版，第 19 页。

② 柳国梁：《服务型区域教育体系的地方高校转型研究》，高等教育出版社 2014 年版，第 23 页。

③ 龚放：《大学教育的转型与变革》，中国海洋大学出版社 2009 年版，第 9 页。

办学理念,突出其地方性、应用性和服务性。这一办学理念,不仅是区域经济建设的客观要求,也是高校生存与发展的必由之路和高等教育办学多样化的必然结果①。地方高校应通过强化服务意识,改革人才培养模式和培养方法,协调教育结构与经济结构的关系,加大加快创新型特色性学科专业体系建设等途径,实现自身与区域经济发展的良性互动②。

一、国外地方高校服务区域经济的起源及发展

高等教育的任何一个发展阶段,都拥有自身的时代特点。地方高校的崛起与壮大,都是随着区域经济社会发展对人才的需求而发展,并发生了巨大的变化。在大学发展的历史长河中,大学办学理念与办学定位,都是在特定宏观理念的指导下进行的,其变迁的轨迹与特色表明,社会历史和经济文化的发展需求,对高校的办学定位和办学理念都起到直接的指导作用。

大学起源于欧洲中世纪,在9—13世纪经济中兴的背景下发展起来的。中世纪的欧洲,城市形成、商贸恢复以及宗教复兴,使欧洲一些国家获得了较快的发展。对此,社会的发展需要受过良好训练的"神、法、医、文"等方面的人才,诸如,英国的牛津大学、剑桥大学,意大利的博洛尼亚大学、萨莱诺大学,法国的巴黎大学等,都是在这一社会发展的需求下应运而生,成为欧洲最古老的几所大学之一,同时也成为培养应用型本科生的几所大学,主要以培养医师、牧师、律师等绅士阶层人士为主。

在当时,不管是以学生为主(即由学生自愿组织)的博洛尼亚大学,还是以教师为主(即由教师自愿组织)的巴黎大学,都是在社会需求的推动下而产生的。诚然,中世纪大学的职能只是传播与保存文化,只是教与学的机构,在地方社会活动中并未体现出什么重要的作用。待进入14世纪以来,大学在世俗王权

---

① 周旭清、王思民:《地方高校服务区域经济发展的新思考》,《教育学术月刊》2011年第1期。

② 王楠、毛清华、冯斌:《地方高校服务区域经济的模式创新研究——基于燕山大学的案例》,《生产力研究》2011年第3期。

和教会势力的冲突中,发挥出越来越大的社会作用。随后,"德国的虔敬派向大学传统发起了挑战,张扬科学、理性精神,强调自由思考、独立研究以提出了新的见解"①。尽管如此,但这一时期的大学,"主要任务还是开展纯理论的基础研究,仍然是一个相对远离社会的'象牙之塔'"②。

发展地方性高校,一直是英国不同历史时期大学规模增长的主要途径。据文献记载,世界上最早把办学目标定位为服务地方的国家是英国,并在实践中将大学与地方经济建设直接联系起来。16世纪末以来,随着资本主义的建立及其迅速发展,英国凭借其优越的地理位置,逐渐成为世界经济强国。在社会新发展和人才新需求的背景下,代表着新兴势力的实用型教育则突破了固守传统的大学系统,建立起实用新型高校。比如,为培养适应社会实际需要的实用型人才,1596年成立的格雷山姆学院就是最早的实用新型高校③。为适应工业发展的需要,英国许多著名的工业城市都创办了具有地方特色的大学,如埃克塞特大学、曼彻斯特欧文斯学院等,这些实用型高校紧紧围绕当地的工业项目进行革新研究,吸引并回报工业界的支持,如煤气取暖器、煤矿抽水机、乳酪肥皂、啤酒、四冲程发动机等,高校在其中发挥了应有的作用。培养实用型人才的大学之所以能与地方企业建立密切联系,主要原因还来自于大学外部的动力。当然,这也是大学为地方经济服务的最初缘由和雏形。

19世纪以来,如果说英国的新大学运动是由新兴势力的实用教育突破传统的大学系统,为适应地方经济发展的需要,吸引产业界的支持,主动为地方工业发展服务,拉开了高等教育改革的序幕,那么美国服务地方的高等教育,一直是在政府资助下重点发展起来的。

毋庸置疑,"促使现代大学最终迈出'象牙塔',率先将培养人才、科学研究

---

① 龚放:《大学教育的转型与变革》,中国海洋大学出版社2009年版,第3页。

② [美]菲利普·G.阿特巴赫:《比较高等教育》,符娟明、陈树清译,文化教育出版社1986年版,第45页。

③ 柳国梁:《服务型区域教育体系的地方高校转型研究》,高等教育出版社2014年版,第58页。

同服务地方职能'三位一体'的,还是美国的高等教育"①。高等学校的社会服务职能,首先在美国确立起来并为人们所公认。

19世纪后期美国从本国的实际出发,一开始便以法律的形式,规定了赠地学院(又称"授地学院")的合法地位,并将社会服务作为高校的重要职能,使美国成为社会服务这一高等学校第三职能发明者的故乡②。1862年,亚伯拉罕·林肯(Abraham Lincoln,1809-1865)总统批准了国会通过的《莫雷尔法案》,为美国地方大学的发展增添了巨大的动力。据统计,自1862年法案实施到1922年阿拉斯加大学建立,美国共建立了69所赠地学院③。其中威斯康星大学首次明确地将"公共服务"作为大学的第三项职能,并付诸实践,堪称地方大学为地方提供直接服务的典范。

美国记者斯特文斯曾这样评价说,在威斯康星州,大学就像猪栏或农具存放室那样贴近勤劳农民的生活。大学实验室被视为能工巧匠生产机器的一部分④。当那些研究型大学赶超一流的时候,威斯康星大学却和大量的州立大学、社区学院一道十分坦然地为当地的经济和社会发展服务,把满足当地的经济和社会发展与自身的生存和发展联系在一起……威斯康星大学及众多的社区学院,并没有因为自己没有成为世界一流大学而苦恼,相反,它们因为自己的办学理念的明确和办学定位的准确而得到社会的尊重⑤。由此,地方大学服务地方经济的办学理念最终得以确立。

20世纪90年代以后,美国大学为地方经济发展服务所发挥的作用和功能,被认为是工业和经济发展的一个重要组成部分。2003年麻省州政府发布的消息中说,波士顿的8所研究性大学每年为区域经济贡献74亿美元;提供了

---

①　龚放:《大学教育的转型与变革》,中国海洋大学出版社2009年版,第4页。

②　秦国柱:《中国新大学运动》,福建教育出版社1996年版,第31页。

③　滕大春:《美国教育史》,人民教育出版社1994年版,第402页。

④　别敦荣:《美国何以成为20世纪世界高等教育强国》,《华中师范大学学报》(人文社会科学版)2013年第4期。

⑤　赵玥:《推进高水平教学科技研究型综合性大学建设》,《东方教育》2017年第3期。

48750 个大学工作岗位和 37000 个其他工作岗位;他们向联邦政府每年贡献近千万美元的税金;每年提供各类毕业生 31900 名;还使 25000 人受到各类非学历业余教育①。有学者预言,21 世纪大学将走进社会的中心,成为左右社会经济发展的重要力量②。更有学者在此提出了二次学术革命之命题,即把经济发展作为学术使命引入大学。

地方高校服务区域经济的办学理念,因为与各国迫切希望经济社会发展的要求相吻合,由此迅速引起了国际社会的高度重视。在法国,高等教育系统也分为高校与非高校两部分。1984 年出台《高等教育法》,将职业化确定为高等教育的总目标之一,要求高校更多地与企业合作,提高对外开放程度。在德国,高等教育主要也由高校与高等技术专科学校两部分构成,其中后者的"高专"要以职业教育为方向。1985 年,德国颁布的《高等教育法》明确要求,高等学校必须参与地方经济建设,主动为地方经济发展服务。还有荷兰也将高等教育系统分为高校和高等职业教育两类。不仅北美与西欧发达国家如此,澳大利亚、亚洲部分国家乃至一些非洲国家也出台了高校服务地方的相应举措。

纵观国外高等教育发展史,高等教育具有服务社会的职能由来已久。自从威斯康星校长范海斯提出了"威斯康星计划"之后,"州立大学服务于所在州人民"的理念得到了普遍的认同。特别是 19 世纪洪堡创立柏林大学以来,教学、科研和服务构成了高等教育的三大社会职能,至今仍在社会政治、经济、文化教育等方面发挥着越来越大的作用③。

综上所述,高校的职能并非一成不变,从单一的教学发展为教育、科研并重,进而提出第三职能,高校自身随着社会的发展而变化④。这种变化既包括性质、职能和作用的演变,也体现办学理念的调整与创新。19 世纪以来,受社会经济

① 杨福家:《中国当代教育家文存:杨福家卷》,华东师范大学出版社 2006 年版,第 29 页。
② 夏美武:《应用型高校联盟的生成逻辑及价值意蕴——基于地方普通本科高校转型发展的分析视角》,《现代大学教育》2015 年第 6 期。
③ 汪泓:《中国产学合作教育的崛起》,清华大学出版社 2013 年版,第 6 页。
④ 龚放:《大学教育的转型与变革》,中国海洋大学出版社 2009 年版,第 5 页。

发展的驱动,以解决如何为地方经济服务为核心任务,英、美两国发起的具有里程碑意义的高等教育改革,为世界高等教育服务区域经济建设指明了新方向,不仅发展了高校服务职能,而且也将世界高等教育带入了一个崭新的历史时期。20世纪以来,高校与区域的联系日益紧密,许多高校成为地方或区域的品牌,高校也因此获得认可与肯定,从中不断发展壮大;地方或城市也因高校的存在与发展在品位上得到提升。总之,地方高校依托地方而产生,随地方发展而发展,而地方也因地方高校而变得富有名气与活力。

二、国内地方高校的产生背景及发展轨迹

中西方高等教育管理体制的发展与变化,是一定历史时期政治、经济、社会价值等诸种合力作用的结果。很长一个时期以来,地方政府在相当的程度和意义上成为中央政府的地方代理人和分治机构①,从而使地方政府"具有明显的受控制性、依附性和被动性"②。

改革开放以来,我国高等教育管理体制逐步增加了地方分权的作用,呈现出混合制的管理体制格局,可以说这种体制较为适应国情,也更有利于高等教育事业的发展③。办学理念是基于对"办何学校"和"怎么办学校"深层思考的结果,从某种程度上讲,办学理念是学校生存、发展与壮大的有机构成。

国内地方高校经历了从无到有、从小到大的过程。这一过程伴随着中国高等教育的发展,见证着中国的兴衰。接下来笔者简单梳理一下地方高校的发展轨迹,以便更清晰地了解地方高校的发展历程。

我国自夏商周时期就有教育机构的记载,从西周时代以来就已有了完整的学校教育体系。春秋战国时期,孔子(公元前551—前479)首创私学,各家各派虽纷繁复杂,也都设馆收徒。自隋朝后期开始设立科举制度以来,逐步催生了大

---

① 杨凤春:《中国政府概要》,北京大学出版社2002年版,第333页。
② 沈亚平、吴志成:《当代西方公共行政》,天津大学出版社2004年版,第280页。
③ 左清:《高等教育教学质量省级监控研究》,教育科学出版社2007年版,第38页。

量的官学与私学等学堂。这里的"官学",就是中国古代高等教育的前身。诚然,这种把教育与政府和国家联系起来的趋势,是中国高等教育的发展基础。我国自古就有比较发达的高等教育,古代最早的"大学",产生于公元前十五、十六世纪殷商时代的"右学"。据《礼记·王制》记载,"殷人养国老于右学,养庶老于左学。"郑玄注:"右学为大学,在王城西郊;左学为小学,在城内王宫之东。"其实,早在西周就有大学建制。西周的大学一般分为三种类型,第一类是天子设立的大学——"辟雍",主要培养上至天子下至士大夫的执政者,可谓是国立大学的开端,这也奠定了长期以来"学在官府"的基础;第二类是为诸侯建立的大学——"伴宫",主要培养各级政务官员,可以说这是地方高校的前身;第三类是天子王宫中的"畴学",负责水利、建筑、制造等各种技术相传的教育形式,主要培养技术事务官员,相当于今天的私立大学。

自秦、汉至清中叶,大学教育可归纳为书院、家学、太学和中央专科学校四种形式。书院以培养学术人才为宗旨;家学即私人授徒,以传递经学和文化艺术为主;太学即中央官学,以培养国家官吏为使命;而中央专科学校则以训练法律、科技和艺术专门人才为任务。太学和中央专科学校,可谓是国立大学的前身,而书院和家学则是地方办学的一种形式,是现在地方高校的滥觞。

近代的高等教育是在古代大学教育的基础上发展起来的。近代最早的中央官办大学成立于 1898 年的"京师大学堂"(现北京大学的前身)。为了抵御西方列强的侵略,洋务派运动者积极兴办教育,创办了如天津西学堂(现天津大学)等一批高等实业学堂,为当时的地方经济服务。1929 年,当时的南京政府颁发了《大学组织法》与《专科学校组织法》。第一次提出了地方高校与国立高校之分,明确了专科学校和大学的归属。到 1949 年,全国共建有 205 所高等院校,其中公立 124 所,私立 81 所,学生 11.7 万人,另外还有 6 所医学院和 1 所兵工学院归军委管辖①。

---

① 张云等:《中共党史十讲》,东方出版中心 2011 年版,第 298—299 页。

新中国成立以后,我国的高等教育管理体制随着国家的政治经济形势和政治经济体制而几经变化,历程如下:

1949年—1956年,为了适应当时集中计划体制,国家对旧中国高等教育进行了接受与改造,实行中央集中统一领导,即对高等教育实行"集中管理、统一领导"①,并于1950年通过了《关于高等学校领导关系的决定》。通过调整改革,我国高等教育事业获得较快发展。1951年,所有教会大学收为国有,到1952年调整结束,私立高校全部改为公立,实行"中央政府办学体制"。全国共有高校182所。其中,综合大学14所,工业院校38所,师范院校31所,农林院校29所,医药院校29所,财经院校6所,政治院校4所,语言、艺术、体育、少数民族等院校31所②。再到1955年底,全国隶属于高教部门和中央有关业务部门的高等学校有227所。

1956年—1961年,中央权力下放,地方政府可以自主创办和管理大学。1956年,中央开始逐步下放办学权力,到1958年,把187所高校下放地方政府管理,占全国229所高校的81%③。1958年至1960年是我国"大跃进"时期,也是我国高等教育发展史上的盲目冒进时期,全国全日制高校由229所猛增到1289所。该时期,地方办学积极性高涨,各省(市、区)相继创办了一批为本地方服务的高等学校。但与此同时,国家并没有进行宏观指导,加之"大跃进"的影响,从1958年到1961年,全国高等学校数量激增,严重违背了教育发展规律,影响了教育质量。

1961年—1965年,实行中央统一领导,地方分级管理。1961年,中央开始着手调整、整顿,到1965年,全国高校数量锐减为434所,其中34所由高教部直接管理,149所归中央业务部门管理,251所隶属省、市、自治区管理,至此我国高

① 姚启和:《90年代中国教育改革大潮丛书:高等教育卷》,北京师范大学出版社2002年版,第55—57页。

② 邵维正:《中国共产党90年创新实录(1921—2011)》,解放军出版社2011年版,第323—325页。

③ 左清:《高等教育教学质量省级监控研究》,教育科学出版社2007年版,第37页。

等教育由中央部门(条)、地方政府(块)分别办学、分级管理的格局和模式基本形成①,较好地调动了中央、业务部门和地方办学的积极性。

1966年—1976年,"文化大革命"期间,高等教育管理呈现混乱无序状态。

1977年—1984年,属于恢复期间,由中央统一领导与地方分级管理相结合。到1978年,全国高校598所,其中教育部所属38所,其他部委所属217所,省级地方政府所属343所。党的十一届三中全会以后,高等教育管理体制得以恢复,管理体制的改革也在发展中进行。1979年,中共中央再次重申了1963年发布的《关于加强高等学校统一领导、分级管理的决定(试行草案)》,逐步恢复了由中央统一领导、地方分级管理的模式。

1985年—1992年,统一领导分级管理,高校办学自主权逐步扩大。从1985年到1992年,我国高等教育进行了管理体制改革。从1985年到1986年,国务院相继发布了《中共中央关于教育体制改革的决定》和《高等教育管理职责暂行规定》,1992年,国家教委部署开展高等教育管理体制的改革。这些改革措施扩大了地方政府对高校的管理权限,强调中央业务部门要与地方联合办学,既为本部门培养所需人才,同时也要为其他部门和地方培养人才。

1993年—1998年,进一步明确分级管理、分级负责的管理体制。1994年,"全国高等教育体制改革座谈会"在上海召开,会上明确提出,"条块分割"的管理体制,是进一步深化高教体制改革的重点和难点。1995年,国家教育委员会下发专门针对高校体制改革的决定:《关于深化高等教育体制改革的若干意见》。这一决定,不仅推动了高校合并和高校之间的合作办学,而且推动了中央与地方共管、共建高校的进程。1998年,国务院再次作出了《关于调整撤并部门所属学校管理体制的决定》,对国务院九部委所属的高校进行重大调整,将其所属的165所高校中的156所全部下放地方,以地方政府为办学主体并进行管理。

---

① 姚启和:《90年代中国教育改革大潮丛书:高等教育卷》,北京师范大学出版社2002年版,第55页。

只留下北京科技大学等 10 所学校归入中央办学体制,以教育部为主管。至此,全国 400 多所高校,形成了"共建、调整、合作、合并"四种主要办学形式。

1999 年至今,基本形成了中央与地方两级管理、以省管为主的新体制。1998 年,国务院开始实施机构改革,全国高等教育管理体制改革逐步深化,布局结构得到根本性的调整。1999 年,国务院又作出重大决定,将 25 所隶属于航天、航空等 5 个军工总公司的普通高校和高等职业学校,都实行中央与地方共建。其中 18 所高校全部以地方管理为主。北京航空航天大学等 7 所学校,其重大事项以国防科工委管理为主,日常管理以地方为主。同年,还决定除教育部、外交部、中科院、国防科工委、公安部、民航总局、海关总署等部门和单位继续管理所属高校外,国务院其他部门和单位不再直接管理高校。2000 年,国家对 49 个部门所属 258 所高校的布局结构和办学管理体制实施了调整。原国务院部委管理的 400 余所高校绝大部分划归省级政府管理,少部分划归教育部。加大了省级人民政府管理本地区教育的权力及统筹力度。截止到 2017 年,教育部批准的高校统计数据,全国共有普通本、专科高等学校 2631 所,其中,中央部委所属院校 115 所,地方所属高等学校 2516 所。详细情况如下①:

(1)本科院校 1243 所,其中:1)公办院校 817 所,民办院校(不包括独立学院)152 所(满 10 年的仅 30 所);2)大学 384 所,学院 493 所(大多为近几年高职专或中专升格而来);3)部委院校(不包括新疆生产建设兵团)115 所,地方院校 1128 所;4)"985 工程"院校 39 所,"211 工程"院校 112 所,"双一流"院校 42 所。

(2)高职专院校 1388 所,其中:1)公办院校 1068 所,民办院校 320 所;2)大学 6 所,专科学校 133 所,职业技术学院 658 所,职业大学 10 所,学院 6 所;3)部委院校(不包括新疆生产建设兵团)3 所,地方院校 1318 所;4)"高职专 211"(即:国家示范性高等职业院校)98 所,"高职专 211 培育"8 所,"扶持"1 所;

① 数据来源:本科、高职和独立学院中的数据全部来自教育部官网数据自行整理所得。

5)教育部高职高专教育专业教学改革试点建设项目共 415 个,涉及近 300 所院校。

(3)独立学院 265 所。

1998 年—2000 年,我国高等教育体制改革取得了质的突破,基本实现了中央和省级政府统一办学、以省级统筹为主的高等教育管理体制框架,彻底改变了中央和地方独立办学、分割管理的模式和格局。表 1-1 是全国高等学校所属关系变化情况。

表 1-1　1949 年—2017 年全国高等学校所属变化情况①

年份	普通高等学校数(所)		
	总数(所)	中央部委所属(所)	地方所属(所)
1949	205		
1953	181	181	
1958	229	42	187
1965	434	183	251
1978	598	255	343
1981	704	264	440
1985	1016	303	713
1990	1075	354	721
1994	1080	367	713
1996	1032	346	686
1998	1022	263	759
1999	1071	248	823
2000	1041	145	896
2001	1225	111	1114
2002	1396	111	1285
2003	1552	111	1441
2004	1731	111	1620

① 资料来源:根据历年《中国教育年鉴》和《中国教育事业发展统计公报》自行整理所得。

续表

年份	普通高等学校数（所）		
	总数（所）	中央部委所属（所）	地方所属（所）
2006	1867	111	1756
2008	2263	111	2152
2009	2305	111	2194
2010	2358	111	2247
2011	2409	111	2298
2012	2442	113	2329
2013	2490	113	2377
2014	2542	113	2429
2015	2553	111	2442
2016	2595	118	2477
2017	2631	115	2516

三、国内地方高校服务区域经济办学理念的发展

相比较国外高校而言,国内地方高校服务区域经济办学理念的形成和发展都较为滞后。当然,厘清国内地方高校社会服务职能的演进轨迹,对于理解国内地方高校在服务区域经济建设中的现实基础和发展路径都是十分必要的。

（一）地方高校服务区域经济办学理念的蒙昧阶段

我国的高等教育可以认为萌芽于古代的"官学",但其主要目标仅是为封建统治者培养统治人才,而非真正为社会服务。唐宋以来出现的"私学",即书院。书院可以视为我国地方高校的雏形,虽然其在教育理念及方法上都有别于"官学",只是强调修身、齐家、治国、平天下,却将科学技术视作"奇技淫巧",远没有服务社会的意识。

1898年清朝开展的"洋务运动"中,设立的"京师大学堂"标志着我国近代高等教育的发端。当时其他各省的27所学堂下设的127所专门学堂,可以视作

现今的地方高校。其时洋务派提倡"端正趋向,造就通才"的办学宗旨,将外语、科技和军事学习纳入了学堂的日常教学,这对当时培养实用人才、促进科技进步,作出了一定的贡献。但这些学堂的设立,究其根本是为了挽救岌岌可危的封建统治,而非真正为社会发展服务,自然也不可能产生服务社会的思想。因此,在几千年的漫长封建社会中,我国虽有类似于高等教育的各种办学形式,但却从未真正产生社会服务的职能理念。

(二) 地方高校服务区域经济办学理念的萌芽阶段

民国初期,进行了一场具有强烈反封建色彩的资产阶级教育改革。1912 年颁布的《专门学校法令》与《大学令》,强调高等教育必须培养"专门人才"、以适应"国家需要"为宗旨。这可谓是我国高校社会服务职能的萌芽。1929 年颁布的《中华民国教育宗旨及其实施方针》中,则进一步要求高等教育必须注重实用科研,务实学科专业内容,培养专业技能人才。

民国时期,许多著名教育家都对高校的社会服务职能给予了高度的重视,提出了各自的社会服务思想并力行实践。如民国首任教育总长、北大校长蔡元培先生提倡学校与社会、求学与服务要紧密联系,主张专业设置、课程和教学内容应根据社会需要而确定。提出要加强实利主义教育,"以人民生计为普通教育之中坚"。陶行知先生认为应高度重视师范教育,同时还创办了以生活教育理论为支撑的"晓庄试验乡村师范"。江苏南通大学的创办人张謇先生则提出了"父实业而母教育"和"学必期于用,用必适于地"的社会服务思想。虽然其时尚未形成高校社会服务职能的思想体系,但已经开始出现了社会服务思想,高校一定程度上具备了社会服务意识。

(三) 地方高校服务区域经济办学理念的探索阶段

新中国伊始,我国教育部门提出教育必须为国家建设服务,学校必须为工农兵服务。1950 年,教育部通过《关于实施高等学校课程改革的决定》,要求高等学校应与政府部门及其企事业单位建立密切联系。这一决定要求,推动我国高校开始逐步将社会服务纳入日常工作范畴。

1953 年,为改变旧中国高校过于集中沿海大城市的局面,我国进行了全国范围的院系调整,新建了一大批新院校和地方高校。当时的地方高校"主要去工厂和农村进行体力劳动,以及进行生产知识运用型的服务,希望通过这样的社会服务参加到当地的社会主义建设当中去"①。

1958 年,全国掀起了"大跃进"运动,高校师生经常下乡进行工农业劳动生产,正常教学工作受到干扰,社会服务职能也违背了应有的性质和初衷。而在之后的"文化大革命"时期,高校发展陷入了停滞,一些地方高校的社会服务活动,异化为对知识分子进行劳动改造的阶级斗争工具。

在这一时期,由于受到计划经济体制的束缚,地方高校只能被动接受上级的指令,在社会服务过程中暴露出服务意识不强、服务形式单一、服务范围狭窄和服务保障欠缺等诸多缺点,可以说地方高校远未形成主动服务社会的意识、能力和机制,只是处于初期的摸索阶段。

(四) 地方高校服务区域经济办学理念的发展阶段

改革开放以来,随着经济社会的快速发展、市场经济体制的建立和完善、高等教育体制改革的不断深入等因素的影响,地方高校必须不断强化其社会服务职能,这既是区域经济建设对地方高校提供人才、技术和文化支撑的现实要求,也是地方高校适应市场竞争实现自身发展的内在需要。正因如此,地方高校开始积极开展形式多样的社会服务,社会服务职能日益凸显。

1978 年后,为了满足改革开放和区域经济建设的需要,各级政府开始鼓励高校积极参与社会经济建设,并支持高校开展第三产业。我国部分地方高校与社会的联系日益密切,开展了形式多样的社会服务活动,特别是开办了函授、夜大、电大、自考等各种形式的校外成人教育服务,甚至通过开办校办企业直接参与经济建设过程。当然,由于初期存在企业产权关系不清、市场竞争能力不强和脱离教学科研等问题,校办企业这种形式并未很好地实现社会服务职能。到 20

---

① 柳絮:《我国地方高校社会服务职能的嬗变与改革》,《惠州学院学报》(社会科学版)2012年第 8 期。

世纪 80 年代后期,我国地方高校的社会服务活动已经相当活跃,高校的社会服务职能也日渐清晰。

20 世纪 90 年代以来,随着我国高等教育体制改革的不断深入,地方高校的条块管理关系逐步理顺,地方高校与区域经济社会的结合日趋紧密,地方高校的社会服务职能不断强化。尤其是在 1999 年后的短短几年,我国新建本科地方高校数量急剧扩大,地方高校已经成为我国高等教育的主力军,同时也成为推动区域经济建设的重要力量,社会服务的形式和途径也不断得以拓展。

(五) 地方高校服务区域经济办学理念的深化阶段

随着知识经济时代的到来和高等教育从精英教育向大众教育的转变,同时由于前些年盲目扩招带来的生存压力,地方高校如何适应时代变化,更好地服务区域经济建设和实现自身良性发展,成为我国高等教育领域的重大课题。

在此背景下,2013 年,在教育部的指导下,部分地方高校发起成立应用技术大学的学科联盟,以组织联盟成员单位推进教育改革创新,推动建立产教融合和协同创新机制,推动地方高校更好地服务区域经济建设。2014 年 1 月,教育部部长在全国教育工作会议和《教育部 2014 年工作要点》中都明确提出:教育部将引导地方高校转型发展,要求地方普通本科高校在办学思路模式、方法手段上,向应用技术大学转变。2014 年 3 月,教育部副部长鲁昕在中国发展高峰论坛上发表讲话,提出要引导部分地方本科院校向应用技术类型高校转型,从根本上缓解高校毕业生就业难问题。2014 年 4 月,178 所联盟高校以产教融合发展为主题,深入探讨"地方高校转型发展"和"应用技术大学建设之路",最后形成共识,共同发布了《驻马店共识》。

近年来,地方高校转型发展举措的推进,不仅将对众多地方高校的生存和发展产生重要的影响,还可能从根本上改变国内高等教育的职能理念,地方高校的社会服务职能将得到前所未有的关注和强化,地方高校也将真正走出"象牙塔",更好地贴近和融入社会,成为促进区域经济建设的重要力量。

第三节　地方高校服务区域经济建设的理论支撑

一、内生经济增长理论

（一）内生经济增长理论产生背景

随着知识经济时代的到来,随着发达国家从工业化社会向后工业化知识社会的转变,知识在现代经济中的地位日益重要,经济中更多的有形投资流向高技术商品和服务,在教育与培训、研究与开发等方面的无形投资,显得更加重要。而传统的新古典增长理论已经无法解释一些重要的经济增长事实,一些经济学家开始修正传统的生产函数,并将知识直接纳入生产函数之中,以说明经济增长的特征,说明知识对经济长期增长的影响。在索洛之后,阿罗(Arrow,1962)提出了一个叫"知识积累的内生理论",并以此解释技术进步现象。阿罗认为,知识的获得是"经验的产物",企业在投资和生产的过程中,将会逐步积累起有效的生产知识,而这些生产知识反过来又会提高企业的生产效率,所以知识的再创造是投资的"副产品",即生产过程中存在的"边干边学"效应①。

无论是借助索洛新古典经济增长模型关于教育对经济增长贡献的研究,还是基于丹尼森在核算教育对经济增长的因素分析法,对于生产过程来说,都把技术变革看作是外生的影响因素,这些研究结果的理论基础都属于外生经济增长理论。20世纪80年代后期以来,一些经济学家提出生产技术进步被人力资本内生所决定,通过技术进步来提高生产效率,最终达到促进经济增长的目的。在此背景下,内生经济增长理论应运而生。

1986年,保罗·罗默(Paul M.Romer,1955)对阿罗的"边干边学"效应作了修改,用"知识"替代了"资本"。通常以保罗·罗默1984年发表的题为"递增收

---

① 李文利:《从稀缺走向充足——高等教育的需求与供给研究》,教育科学出版社2008年版,第244页。

益与长期增长"和1990年题为"内生技术变革"的论文,以及卢卡斯(Robert.E. Lucas.Jr,1937)1988年题为"论经济发展机制"的论文发表为标志,创立了新的内生经济增长模型以解释经济增长现象①。把技术变革与进步看作是内生的经济增长理论,被称为"内生经济增长理论"。内生经济增长理论,又称"新增长理论",是产生于20世纪80年代中期的一个西方宏观经济理论分支。自从20世纪80年代内生经济增长理论创立以来,人们开始把技术进步、政府支出、研究与开发和人力资本(包括教育投入)当作内生变量纳入经济增长模型中。

(二) 内生经济增长理论主要观点

(1)经济增长取决于技术进步。以罗默为代表的内生经济增长理论认为,经济增长率取决于人力资本水平,人力资本水平越高,经济增长率就越高②。罗默把知识分解为一般性知识和专业化知识,前者产生规模效应,后者产生要素递增收益,二者结合不仅可以形成递增收益,而且还能使劳动要素投入和资本一样也带来递增收益,从而促使整个经济规模收益递增。

该理论还认为,知识积累与经济增长是循环互动、相互作用的过程。知识积累既是经济增长的原因,也是经济增长的结果。"知识积累有四种方式,即物化为技术的知识积累,存在于劳动者的知识(人力资本)积累,随劳动分工演进而积累的知识,以及蕴含于制度变迁的知识积累。"③这四种知识积累方式是一个有机联系体,技术进步依赖于人力资本,人力资本依赖于劳动分工,劳动分工又依赖于制度变迁。因此,经济增长就是一个以知识积累为基础,在人力资本积累、技术进步、制度变迁以及劳动分工等诸多因素共同作用下的社会过程。因此,该理论认为,经济增长的最终结果是由技术进步所决定的,还是由内生的技

① 孙雅娜:《外商直接投资与中国经济增长基于技术外溢效应的研究》,经济管理出版社2009年版,第44页。
② 李文利:《从稀缺走向充足——高等教育的需求与供给研究》,教育科学出版社2008年版,第245页。
③ 陆立军、王祖强:《新政治经济学》,浙江人民出版社2004年版,第375页。

术变革所决定的。

(2)溢出效应来自于人力资本的投资。内生经济增长理论的代表人物还有舒尔茨和卢卡斯。舒尔茨认为,经济增长理论的核心概念是投资的收益率,人力资本可以产生递增的收益,因此,人力资本投资是决定经济增长率的一个关键性的投资变量①,但他没能提出以人力资本为核心的增长模式。卢卡斯将人力资本因素引入经济增长模型,强调人力资本的内生化与溢出效应,认为溢出效应来自于人力资本的投资。卢卡斯不仅提出了专业化人力资本积累是经济增长的真正源泉,而且还提出了增加专业化人力资本的途径。

(3)增加"教育部门"使内生增长成为可能。罗默将经济分为研究开发、中间产品生产和最终产品生产三个部门的模型。该模型包含着两个关键的假设,其一,劳动力供给与人口数是不变的;其二,经济过程中人力资本总量也是不变的。这样,就使得"三部门模型"不是真正意义上的内生增长模型。对此,卢静修正了罗默的模型,在"三部门模型"的基础上,增加了一个"教育部门"。由此,打破了人力资本总量由外生给定的假设。卢静最后得出结论,在经济增长达到最优均衡状态时,发展中国家投入教育的资本量应该要高于发达国家。

内生经济增长理论专家们根据基本假设的差别,创建了各种经济增长模型,着重考察技术进步得以实现的各种机制,考察技术进步的各种表现形式。经济增长模型主要有内生技术进步的增长模型、人力资本积累的增长模型、劳动分工演进的增长模型和制度变迁的经济增长模型。在这四种经济增长模型中,内生技术进步的增长模型以及人力资本积累模型已经成为现代经济增长理论的一个重要组成部分。

(三) 内生经济增长理论对服务区域经济的指导

(1)地方高校要以服务区域为职能,找到服务区域经济建设的结合点。以罗默为代表的内生经济增长理论认为,知识积累与经济增长是循环互动、相

---

① [美]西奥多·W.舒尔茨:《论人力资本投资》,吴珠华等译,北京经济学院出版社1990年版,第1—18页。

互作用的过程,知识积累既是经济增长的原因,也是经济增长的结果。该理论把知识分解为一般性知识和专业化知识,前者产生规模效应,后者产生要素递增收益,二者结合不仅可以形成递增收益,而且还能使劳动要素的投入和资本一样也带来递增收益,从而促使整个经济规模收益递增。罗默认为知识积累是现代经济增长的新源泉,特殊的知识及其专业化的人力资本是经济增长的主要因素。该理论还揭示,知识是区域经济增长的决定性内生变量,现代经济比以往任何时候都依赖于知识,知识将取代物质资本成为经济发展中最重要的生产要素。

内生经济增长理论认为,在经济增长到一定的程度后,促进经济增长最主要的因素,已不再只是一般的劳动力和资金资源,更重要的还是掌握技术和知识的人才资本。地方高校不同于部属高校,它主要服务于区域,担负着服务区域经济建设的重任,这既是高校自身职能扩展的必然结果,也是区域经济发展的必然要求①。地方高校是文化、知识和人才的聚集地,其生存与发展的基础,就在于能为区域经济建设提供人才支持和科技服务,以增强地方高校与区域经济建设的适应性。因此,地方高校要以服务区域为职能,找到服务区域经济建设的结合点与着力点,促使区域经济建设朝着务实、理性和可持续的方向发展。

(2)提升地方高校人力资本生产效能,满足区域经济建设的实际需要。卢卡斯的人力资本溢出模型把经济增长中的技术进步因素具体化为人力资本。卢卡斯将人力资本因素引入经济增长模型,强调溢出效应来自于人力资本的投资。由此延伸推广,每一个单位部门人力资本的增加,除了增加产出外,还会推动社会平均人力资本水平的提高,最终又使每个企业和个人从中受益。因此,人力资本积累的溢出效应是积极保持持续增长的关键因素。人力资本好比经济增长的发动机,因此,对区域经济建设而言,一个十分关键的人力资本生产部门就是地

---

① 王守法:《高等教育与区域经济发展研究》,经济科学出版社 2006 年版,第 13 页。

方高校。由于人力资本的溢出效应可以解释为向他人学习或相互学习①,那么地方高校承担着为区域经济建设培养人才的重任,这样可以为区域经济建设提供充沛的人力资本,进而促进其他生产要素的收益递增。地方高校只有做好人力资本的"生产部门",优化人力资本,才能提升服务区域经济建设的效能,产生人力资本的溢出效应。

卢卡斯将人力资本划分为:一般知识与个性化两种类型、学校教育和生产实践两种途径。从中我们得到启发:地方高校要根据自身的办学条件和区域经济建设的需求,针对性地进行多种形式的学历或非学历培训,为区域经济建设培养应用型的技术人才,以满足各类人员接受继续教育和终身教育的需要。一方面,通过正规或非正规学校教育,使经济活动中个体的智力和技能得到提高,从而提高劳动生产率,它体现在高的人才资本可以产生收益递增并获得高收入;另一方面,则通过生产实践而非学校教育获得经验,在边学边干中提高劳动者技能。这样形成的人力资本表现为资本和其他要素的收益都递增。

(3)加大欠发达地区投入教育的资本量,提升人力资本优化空间。卢静修正了罗默的模型,增加了一个"教育部门",打破了人力资本总量由外生给定的假设,并认为,在经济增长达到最优均衡状态时,发展中国家投入教育的资本量,应该要高于发达国家。由此卢静对内生经济增长理论做出了应有贡献,尤其对经济欠发达地区的人才培养,具有十分重要的现实指导意义。

服务区域经济建设关键是人才,而人才的价值在于对区域经济的贡献。区域化既是地方高校的基本特点,也是地方高校转型的立足点。在市场经济深入发展的今天,服务区域经济是地方高校的时代使命。人力资本的开发与培育有赖于教育事业的推动,高校作为人才培育最重要的阵地,对人才的培养选择具有非常重要的意义。由于江西最大的特点是欠发达,人力资源丰富,人口及就业人员受教育程度较低。这说明江西区域经济建设过程中,人力资本

---

① 何维达、冯梅:《经济学教程》,科学出版社 2013 年版,第 356 页。

还有待进一步优化,江西地方高校在今后培养的人才层次和质量上还有很大的提升空间。内生技术进步的增长模型把知识和人力资本内生化,强调其对经济增长的决定性影响。因此,卢静认为发展中国家投入教育的资本量,应该要高于发达国家的理论,对今天地方高校服务欠发达区域经济建设具有更为重要的指导价值。

二、教育经济一体化理论

人力资本理论、合作教育理论、三螺旋理论,它既是对教育经济一体化的深刻揭示,也是对教育服务职能的一种理论表征。

在上文所述的内生经济增长理论的代表人物之一的卢卡斯和舒尔茨,也都是人力资本积累模型的代表。卢卡斯将人力资本因素引入经济增长模型,并使之内生化。舒尔茨认为,人力资本可以产生递增的收益。这里的"教育经济一体化理论"则侧重对"三螺旋理论"与"合作教育理论"进行阐述。

(一)教育经济一体化理论的产生背景

(1)人力资源是指劳动力数量和质量,当我们把人力资源赋予了经济价值,并以其产生的资本价值来衡量的时候,人力资源就转化成了人力资本[1]。人力资本理论出现前,人们致力于探索经济增长源泉的研究工作。大家都想知道,教育到底对经济增长带来多大的贡献?教育是通过什么方式以什么途径作出了贡献?20世纪60年代兴起的人力资本理论认为,人的能力形成与发展应当视为经济过程投入的一种产出。在研究教育对经济增长的贡献过程中,经济学家们还发展出宏观与微观两种研究方法。人力资本在生产诸要素之间发挥着越来越重要的作用,它已经成为推动经济增长与发展的决定性因素。因此,教育经济学正是诞生于教育的人力资本投资的经济价值。舒尔茨也因提出了人力资本理论而获1979年诺贝尔经济学奖。

---

① 李文利:《从稀缺走向充足——高等教育的需求与供给研究》,教育科学出版社2008年版,第242页。

但是,在诸多理论中,筛选假设对人力资本理论提出了最强有力的挑战。强筛选理论认为,受教育程度高的劳动者获得了较高的个人收入,其原因并不是教育提高了劳动者的劳动生产率,而是教育系统有一种筛选机制。这种筛选机制把较高学习能力的学生和先赋资源好的学生,从人群中筛选了出来。诺贝尔经济学奖得主斯宾塞(Michael Spence)认为,较强学习能力的人会觉得学习相对比较轻松,因此更容易获得较高的文凭。筛选假设虽然质疑教育提高劳动生产率的作用,但是承认教育对个人收益的积极作用。

(2)企业的优势在于它最接近市场,高校的优势在于它积聚了较强的科研资源和人才资源。20世纪初发端于英国和美国的合作教育,今天已被世界各国广泛运用。但目前理论界对其研究还不够全面深入,多侧重于培养实践性、应用型人才的研究,而此研究也多数停留在描述性分析的层面,如对合作动因、影响因素等进行探析,未能触及知识在异质组织间如何流动、分享与创造这样的机理和模式的深层研究,校企合作培养创新人才的理论研究尚未取得实质性的突破。

(3)三螺旋创新理论被公认为创新研究的新范式之一。三螺旋是古代米索不达米亚人发明的从低处向高处提水的三螺旋状提水工具,三螺旋模式是生物学上DNA的双螺旋分子结构特征和分子生物学、结晶学中的三螺旋结构而衍生出的创新结构理论。1996年,美国学者亨利·埃茨科威兹等人在继承前人创新思想和理论的基础上,把这种物理学或生物学的概念首次用在社会创新上,形成了一种创新模式,用以解释大学、企业和政府三者之间在知识经济时代的新关系。

20世纪90年代之前,人们主要关注的是"大学—产业"双螺旋关系的研究。1992年,在意大利召开了"大学—产业"关系国际研讨会,1993年、1994年又分别在墨西哥和美国的纽约召开了此类研讨会。1996年,这一系列会议的发起者与组织者亨利·埃茨科维兹和洛埃特·雷迭斯多夫教授,在阿姆斯特丹组织召开了第一届国际三螺旋研讨会。此后,每两年召开一次。如2005年5月,在意大利的托里诺(都灵)/米兰召开的第五届国际三螺旋大会就吸引了来自世界 30 多个国家和地区的 500 多人参加,其中产业和政府界的代表明显增多,我国学者首次参会并在会上作了重要发言。从 1996 年开始截至目前,已经举办了 7 届三螺旋会议。这类连续召开的会议为该领域的专家学者提供了交流与合作的重要场所,尤其对三螺旋理论、研究方法等方面展开了热烈的探讨,从一定程度上推动了三螺旋理论的发展。

(二) 教育经济一体化理论的主要观点

(1)所谓人力资本,就是指通过教育蕴含于人自身中的各种知识与技能的存量总和。舒尔茨(Schultz,1963)指出,人们拥有的经济能力绝大部分不是与生俱来的,也不是进入校门之时就已经具备的。他认为,学校教育在提升人的生产能力上意义重大,人通过教育获得的能力甚至改变了工资结构、劳动和财产收入的相对数额。其主要结论是,教育通过提高人的生产能力从而提高了劳动生产率,促进了经济增长,同时也实现了个人收入的增加①。

(2)所谓合作教育,2001 年世界合作教育协会(World Association for Cooperative Education)是这样解释的:合作教育将课堂上的学习与工作中的学习结合起来,学生将理论知识应用于与之相关的、为真实的雇主效力且通常能够获取报酬的工作实际中,然后将工作中遇到的挑战和增长的见识带回课堂,帮助他们在学习中进一步分析和思考②。在科技含量越来越高的区域经济建设中,教育及其合作所提供给人们的知识和技能,以及这些知识和技能对区域经济建设所起的作用,都体现在合作教育的实践过程中。大学与企业建立密切而广泛的合作关系,体现了教育与经济的关联度。在中国,合作教育在实践中的体现,主要是校企合作与产学研合作。校企合作作为人才培养的重要方式,越来越受到各国

---

① 李文利:《从稀缺走向充足——高等教育的需求与供给研究》,教育科学出版社 2008 年版,第 242 页。
② 柳国梁:《服务型区域教育体系的地方高校转型研究》,高等教育出版社 2014 年版,第 4 页。

教育界和经济界的推崇。

（3）三螺旋模式是指政府、企业、大学三者在创新过程中密切合作、相互作用，但又保持了各自的独立身份，并且存在角色与功能上的交叉。埃茨科维兹专门撰写了《三螺旋》一书，系统阐述这一创新理论。

埃茨科维兹提出区域创新的三螺旋空间的概念，这一概念具有重要的实践意义。三螺旋空间由知识空间、趋同空间和创新空间三个空间组成。知识空间要求有一定规模、一定层次的大学或研究机构，它们为区域发展提供技术开发的原材料和知识源泉。当知识积累到临界点时就会溢出，转化为现实生产力，从而实现知识的资本化。趋同空间的主要作用在于形成战略共识。它是政府、大学、产业三方，通过制定战略规划、进行可行性论证分析等活动达成共识的过程。趋同空间的目的就是要让参与者把可利用资源组织在一起，同心协力，共同实现战略目标。创新空间高度依赖大学、企业与政府之间的相互作用，它是开展创新活动的空间。许多新兴组织在这个空间中被创造出来，包括组织的创建和改进，目的是实现在趋同空间拟定的战略。

三螺旋理论不是从传统经济学的角度来研究创新，而更多地从社会学的视角来研究创新。埃茨科维兹认为，"大学—产业—政府"之间相互作用，在各种各样的结合中，每个机构范围保持传统作用和独特身份，同时又起着其他机构范围作用的三螺旋模式，是组织创造的兴奋剂①。三螺旋理论把"大学—企业—政府"三方都看作是创新的组织者、主体和参与者，不强调谁是创新主体。政府也不再是"高高在上"的角色，而是充当着在大学和生产性部门关系中的干预主义的行动者角色。参与者各自都具有很强的"互动自反"（reflexive sub-dynamics），具有独立意识和主观倾向，因而创新的焦点在于各主体之间的沟通与期望的网络重叠，正是这些沟通和期望重塑了大学、产业和政府机构之间的制度安排。三螺旋的核心是文化与制度的碰撞，在这个过程中，三方各自独立但又相互作用、

① ［美］亨利·埃茨科维兹:《三螺旋》,周春彦译,东方出版社 2005 年版,第 6 页。

共同发展。无论以哪一方为主,最终都是推动各种创新活动深入开展,形成动态三螺旋。

(三) 教育经济一体化理论对服务区域经济的指导

(1)地方高等教育是最大的人力资本投资。人力资本的创始人是舒尔茨,他认为,教育通过提高人的生产能力提高了劳动生产率,促进了经济增长,同时也实现了个人收入的增加[①]。该理论强调经济价值,认为人力资本对经济增长起着决定性作用,人力资本投资对经济增长的贡献比物质资本和劳动力数量的增加更为重要。其核心观点是,知识是经济增长的内生发展变量和因子,对经济增长和发展能够起到决定作用的并不是可以看得见的物质资本,而是知识资本和人力资本,而知识的类聚取决于研究与开发,取决于培训和在教育方面的投资。毫无疑问,决定人力资本质量高低的是教育,经济对于教育的依赖从根本上说也在于此。

人力资本理论启发我们,对于服务区域经济建设的作用,主要表现在:一是技术进步,它是能动性的载体,具有收益递增的重要功能;二是人力资本投资有多种形式,诸如教育培训、医疗、卫生、保健等,但学校教育尤其地方高等教育是最大的人力资本投资。因为,人力资本存量越大,劳动力质量就越高,相同条件下将创造出更多的物质财富与精神财富。内生经济增长理论还告诉我们,资本、非技术劳动、人力资本和新思想都是生产要素,其中人力资本和新思想具有特别重要的作用。

人力资本的开发与培育有赖于教育事业的推动,由于地方高校服务区域经济建设职能明确,地方高校又是一个区域人才、知识、信息资源的聚集地,有着推动区域人力资本培育和提升的优势和潜力。因此,地方政府在今后的区域经济建设过程中,可以从地方高校科研人才队伍建设、科研经费投入以及加强校企合作等方面加大对人才资本的投资力度,地方高校必定成为人才培育最重要的

---

① 李文利:《从稀缺走向充足——高等教育的需求与供给研究》,教育科学出版社2008年版,第242页。

阵地。

（2）加强校企多方合作以实现双方互利互赢。合作教育追求的是学校与企业的合作，包括学校教育与生产劳动的合作、理论与实践的合作、课堂教学与生产实践的合作。处理好企业与高校之间的关系，将共同促进技术创新作为一个重要的课题。相关研究指出，科技成果转化率不高是一个比较普遍存在的问题。欠发达区域产学研合作，现阶段也还存在着诸如合作层次较低、缺乏完善金融支持体系等问题。

合作教育理论为我们从不同侧面解释了教育和经济的合作关系，这就为我们深入考察校企合作教育、知识分享和创造力之间的关系，为学校调动企业参与校企合作的积极性，改变目前校企合作中高校或企业单向度的局面提供理论支持，为校企合作教育培养人才提供了理论指导。我们将分别从企业与高校的角度出发，加强与完善在区域经济建设中产学研合作双方的合作内容与合作模式，发挥学校与企业在人才培养方面的优势，将理论教学与生产实训有机结合，形成学生职业能力与企业岗位要求相对接的人才培养模式。总之，在合作内容上扩大共同关注点，在合作模式上寻找共同结合点，在合作进程中强调阶段有序可持续性发展。

（3）构建政府、企业与高校三方合作运行机制。三螺旋创新理论实质上是一个政府依托大学与企业互动，实现区域自主创新的当代主题。高校服务区域经济建设的行为必然与政府、企业的制度和运行机制发生密切关联，嵌入其经济以及非经济的制度，创新"高校—政府—企业"三方合作机制，使三者合作规范化、制度化，并由此产生相对统一的价值观和激励机制，必须以创新"高校—政府—企业"三方之间的合作机制作为前提条件。因此，探讨高校、政府与企业之间如何通过机制创新，达到三方之间的良性互动，建设新的组织机构，促进地方社会、经济、文化的发展，是地方高校服务区域经济建设课题必须解决的重要问题。

A. 大学已由社会次要机构上升为社会主要机构。（见图1-1）

三螺旋理论极其重视大学在创新系统中的重要性，认为知识的可获得性和

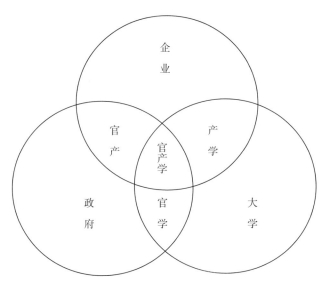

图 1-1　三螺旋模式构成

可用性是创新的关键资源,大学在知识经济时代和在以知识为基础的社会中,会发挥更加重要的角色。

　　我们可以把以上模式拆分成七大板块:大学独立创新、政府独立创新、企业独立创新、官学合作创新、官产合作创新、产学合作创新、官产学合作创新。这七大板块共生共存,共同发展。而在这七大板块中,"大学—企业—政府"各自都占有四个板块。可见,现代大学增加了科学研究和社会服务的重要使命,大学已成为与企业、政府同样重要的社会机构,大学已由社会次要机构上升为社会主要机构,它的地位与作用已经发生了根本性的变化。

　　在区域创新系统中,大学是知识库,是创新的源泉,负责技术的开发、相关学科的研究、知识的创新与传播。大学主要承担大部分的基础研究和应用基础研究,因为这些知识不能马上产生经济绩效,但企业的创新活动却又依赖于此。大学既能为企业提供技术创新知识和科研成果,又能为企业输送各类人才。大学还能将自身的科技成果产业化,创办相应的高新技术企业。所以大学在区域创新中相当重要。而"地方区域经济作为一个相对完整的有机系统,其内部之间的联系十分紧密,表现为区域内的教育、科技、经济、文化的有机结合与协调发展。不同的区域经济在发展并形成自身经济特色时,需要高等教育与之配合、为之服务,形成一个与区域经济发展相适应的高等教育系统。"①

B."创业型"大学是未来大学变革的新方向。

三螺旋理论认为,"创业"应该成为研究型大学的一项新职能和使命,"创业型大学"是三螺旋的运作核心与推进器,"创业型大学"应该成为未来大学变革的新方向。因为,理论研究和科技创新是大学得天独厚的优势,在技术实践和发展商业化方面,在未来区域经济与社会发展中,大学应当成为创新系统的领先性机构,在创办高技术公司、催生新兴产业、加速原创性科技成果的转化和孵化、推动大学与产业之间的联系等方面扮演重要角色。

"创业型"大学赋予大学新的内容和使命,它要求大学既要秉承传统使命,又要在"与时俱进"中,纳入"创业"的新内容。如在教学上更多参加实习或参与合作研究,在科研上更多地强调基础研究与应用研究的结合,强调科技资源的利用与成果转化,为地方服务等。如何做到传统与创新两者兼得且相得益彰,这对新时期地方高校而言是一个崭新的课题。

三、教育的服务属性理论

(一) 教育的服务属性理论的产生背景

现代意义上的大学源于中世纪的欧洲。教育作为一种特殊的社会现象,从它产生之初的简单教育活动发展到今天专门化的现代教育,始终围绕着人的发展而展开,并与社会发展保持着紧密的联系,最终成为社会延续和发展的需要。西方教育的发展大致经过了"古希腊的人性教育——教会神学教育——文艺复兴时期的人文主义教育——资本主义时期的现代科学教育"等几个主要发展阶段,最终完成了两个重大的转变:一是从单纯的塑造人本身到加强人与社会的联

---

① 王新刚、刘晶玉:《高等教育在推动区域经济发展中的作用探析》,《经济问题》2002 年第12 期。

系;二是教育的功能与结构日趋完善,从依附于社会到推动社会全面发展①。

中国教育的发展也大抵如此。由私塾到近代大学的建立,从以人文道德教育为主到全面分科教育,从对教育属于经济基础与上层建筑的争论到教育为社会主义现代化建设服务,由注重意识形态和思想政治教育到全面推进素质教育,最终完成了由传统教育向现代教育的过渡,并确立了教育在兴国、强国、促进社会发展中的战略地位。中西方教育尽管在其不同的发展时期有着不同的表现形态,但它们都经过了由服务人的发展走向服务人和社会经济互动发展的过程,服务是教育与生俱来的本质属性,这是不言而喻的。

（二）教育的服务属性理论的主要观点

在教育的社会服务属性日益显现过程中,经济社会对于教育也提出了更高的要求。一方面,教育的规模要与经济社会和生产力的发展水平相适应,与经济结构和产业结构的调整要求相适应,有与之相匹配的人才类型;另一方面,如果从保证社会综合发展、长远发展的深层诉求这一层面考虑,比如,随着我国高等教育大众化进程的推进,越来越多的高学历人才走向社会,他们将成为推动社会全面进步的重要力量,这些人是否具有社会责任感,能否具有充分的人文关怀,是否知晓现代科技知识,能否适应社会对人才的需求,对社会的发展至关重要。教育应对社会这种要求的过程,也是教育必须发挥其服务的本质属性的过程。以高等教育为例,大学为社会服务属性的实现主要是通过教学、科研和直接为社会服务来完成的。就是要为社会经济和文化发展培养高素质人才、提供高水平科技成果,提供思想传播、技术咨询、文化交融等全方位的服务。

（三）教育的服务属性理论对服务区域经济的指导

大学自产生以后,服务区域经济就不可避免地成为大学发展的一部分。高等教育服务职能的产生和存在已成客观事实。高等教育的服务职能之所以定位在人才培养和科学研究两个主要方面,是基于大学的管理体制、办学体制、投资

---

① 柳国梁:《服务型区域教育体系的地方高校转型研究》,高等教育出版社2014年版,第1页。

体制等变更而出现的职能分化。教育服务属性的凸显,是构建服务区域经济建设的一个理论支撑,在今天的教育实践中,如果偏离了服务这一方向,教育也就脱离了区域经济建设的现实需要,成了无源之水和无本之木。服务职能的产生是高等教育适应社会发展的表现,它体现着社会发展和教育发展的必然规律,也是地方高校服务区域经济建设的现实选择。

区域经济建设与地方高校发展的关系是互利共生的关系,并不是单向给予性的。地方高校要寻求生存、发展与壮大,需要把握地方性、应用性和服务性这一办学理念,并不断践行与区域经济发展的契合点,实现与区域经济的共同发展。

(1)区域经济发展对地方高校发展起决定性作用。首先,区域经济综合实力是地方高校发展的先决条件和物质基础。区域经济实力决定着地方高校教育需要的资金支付能力,经济发展的水平决定了高等教育发展的水平。因此,地方高校的生存需要地方财政的大力支持;地方高校的发展,不仅需要地方政府优惠的政策支持,更需要地方政府强大的经济帮扶与促进。其次,区域产业结构和发展水平决定地方高校人才培养方向。由于经济发展水平不同,产业结构和经济发展的重点不同,不同区域、不同时期对人才的需求也具有不同的特点。因此,地方高校的人才培养应根据区域经济的战略部署进行调整。最后,地方政府发展战略决定地方高校专业设置和学科建设思路。地方高校应围绕地方政府发展战略,及时设置和调整与市场匹配的专业,明确学科建设思路,实现自我与市场、与区域经济的对接。

(2)地方高校对区域经济建设动力源的需要。内生经济增长理论告诉我们,决定经济增长的主要因素是知识、信息和人力资源,它们对区域发展起主导作用。可见,加强服务区域经济,是地方高校服务区域经济的重要手段,也是地方高校转型必须考虑的首要目标。这是地方高校争取资金支持的一个重要来源,也是地方高校与区域经济社会的结合点。第一,地方高校为区域经济发展提供人才资源。地方高校要满足区域经济发展的需要,只有针对性地培养适合当地的高层次人才,尤其是应用型人才,从而进一步满足区域经济发展的需求。第二,地方高校为区域经济发展提供技术支持。技术创新是知识转化为生产力的中介,区域经济建设需要依托地方高校的技术支持与创新来促进,如区域产业结构的调整、企业项目的建设与开发等。第三,地方高校为区域经济发展提供支柱产业。工业企业既是国民经济的支柱,也是中小城市生存和发展的命脉,还是科技与经济的交汇点。

(3)服务区域经济建设要合理转型并拓展途径。合理转型就是要使地方高校的运行发展与教育的服务属性相结合。服务是教育的天性,也是其与生俱来的本质属性,更是区域高等教育尤其是地方高校的一项基本职能。随着我国高等教育体制改革,地方高校基本"下放"地方管理,这一转变势必推动地方高校从被动适应型向主动服务型的合理转型。地方高校服务转型包括办学理念、学科专业设置、人才培养模式、师资队伍建设以及学校内部管理体制机制转型等,我们可以从明确服务方向、优化人力资本、专业市场对接、促进成果转化、发展民办教育方面入手,做好转型服务工作。服务区域经济建设是地方高校的固有属性,结合教育的服务属性论的启示,地方高校服务区域经济建设还需要从以下方面拓展服务途径。一是抓住新型智库建设的发展机遇,发挥人才、学科和智力等优势资源服务途径;二是推进区域校际学科优势联盟,促进区域学科资源效益最大化实现途径;三是发挥区域文化软实力,加快区域文化产业开发进程。

总之,地方高校发展与区域经济建设是相互依托、互动共赢的关系。在这个过程中,高校、企业、政府三者主体要协同创新,区域三螺旋相互作用,才能最大限度实现利益共赢。

四、嵌入性理论

(一)嵌入性理论的产生背景

从字面上看,嵌入是指一事物镶嵌于它事物的事实,它假定了事物之间存在着裂隙,而这种裂隙是可以被弥合的。换言之,所谓嵌入即表明一事物与它事物之间的联系以及联系的程度。制度经济学讨论了制度的生成、起源和变化以及与供需间的关系,但他们遭至最大诟病的是没有考察这一社会制度生成和发展中的具体的社会环境与结构,似乎只是在经验与经验的比较中对制度的生成进行了预设。由于对社会结构的忽略,制度经济学似乎找不到更好的出路,而嵌入性理论却为此提供了完善和修补的机会。

（二）嵌入性理论的主要观点

波兰尼(Polani)在《大转型:我们时代的政治与经济起源》中首次使用了"嵌入性"这一概念,但仅提及两次,并未深入研究。直到 13 年后的 1957 年,波兰尼才对这一概念进行了认真阐述。这一概念是波兰尼用来识别人类历史发展进程中,经济以及市场在社会框架之中位阶变动的分析性范畴,是其整体主义立场的非常重要的基础。在沉寂了多年以后的 1985 年,马克·格兰诺维特(Mark Granovit)发表《经济行动与社会机构:嵌入问题》一文,进一步推进了波兰尼的思想。可以说,格兰诺维特在很大程度上对嵌入的概念进行了重新挖掘,并对此进行了扩展。正是基于此,嵌入性概念成为新经济社会学家的核心范畴之一。

嵌入性理论的主要观点如下:

(1)经济行为是社会程式或社会运行方式共同发挥作用的结果。波兰尼认为经济运行的规范化和制度化与某一个社会的结构机制以及运行过程密切相关。在这个运行过程中会自然产生一种结构,这种结构必然具有设定社会,给社会进行定义的功能,由此会产生相应的价值观、激励条件以及政治框架。正是在此种密切关联的作用过程中,经济行为被制度化。同时,也由于此,经济事实和行为必然嵌入经济以及非经济制度的始终。

波兰尼主张经济行动对非经济框架的依靠,而这一点,恰恰是以往经济学所欠缺的。波兰尼认为,经济紧紧地依托社会正是经济行为的本性所在,而在此中,市场臣服于这种社会建制不仅在历史上而且在先前依然是普遍规则,并且,其在资本主义社会表现得尤其明显。市场中存在的交易模式与家庭生产、互利机制以及社会再分配都是相似的,它不过是经济运行因子中一个分子,或者是一个制度的规范之一。对此观点,即使对波兰尼理论持激烈反对态度的布罗代尔(Brodale)也给予了肯定评价。而且值得一提的是,布罗代尔对 15 世纪到 18 世纪人类的经济社会生活进行了细致入微的考察,考察的结果惊人地与波兰尼理论契合。

(2)人际互动是经济嵌入社会网络的重要机制。格兰诺维特(Granovit)等从新经济社会学的立场出发,对经济行为的非独立性进行了探索。他们以为,作为人类经常性从事的经济行为是纷繁的社会行为中的一种形式,一种特定的经济运行规范和制度是它所属的那个社会的重要构成。对此格兰诺维特指出,社会结构的核心是生存于社会生活中的社会网络,而信任是经济嵌入社会网络的重要机制。"从根本上说,在人们的经济生活或经济行为中,不是什么制度安排或普遍道德使人们相互间产生有效率的社会互动,而是由于人们被置于特定的网络之中,并由此产生了相互之间的信任,在这个基础上,我们才可能产生有效率的互动。"[①]详细地看,在对人类的经济活动进行展开时,"互动""关系之网""信息相传"是格兰诺维特的主要关注焦点。

一方面,经济活动更多的是人际之间互动的过程。在波兰尼那里,经济行动是一种涵摄制度化的社会进程,而格兰诺维特则认为,经济活动更多的是人际之间互动的过程。以此为推演,格兰诺维特认为,不仅仅是经济行动,任何一种社会化活动都是互动的结果,米德(Meader)的"主我"与"客我"之自我理论揭示的也正是这一点。"自我是某种不断发展的东西;它并不是与生俱来的,而是在社会经验过程和社会活动过程中出现的。"[②]这样看来,所谓嵌入性就是指一个社会化的主体所从事的相异性质活动时存在的内部关联,它们涉及的是一个主体

---

① 庄西真:《地方政府教育治理模式改革分析:嵌入性理论的视角》,《教育发展研究》2008 年第 21 期。

② [美]乔治·赫伯特·米德:《自我、心灵和社会》,霍桂恒译,译林出版社 2012 年版,第 149 页。

的两个不同方面的性质,嵌入必然发生在两种相异性质或者多种性质事物之间。

另一方面,人际之间是一种相互间的网络构成。行动主体的行为不可避免地和社会网络发生关联,并受制于社会之网的约束。"我们应该过什么样的生活,并且认为值得过的生活优于满足我们偏好的生活,一旦我们严肃对待这样的问题,我们必须承认塑造我们生活的工具包括许多由社会提供的资源和形式:在它们当中,最显而易见的是语言,但还有数不清的其他私人机构和公共机构。不过,被证明尤其麻烦的是考虑那些我们现在称之为认同的社会形式的努力……认同会提出伦理要求。"[1]同理,其他行动一样也是在社会之网中生成的,并受社会之网的影响和约束。此外,"信息传递"是嵌入性理论的重要承诺。格兰诺维特提出了一个著名概念——"弱连带优势",这一范畴的提出为人际互动行为提供了新的分析维度。在格兰诺维特看来,一个团体内人与人之间的联系更为紧密,比如说一个伦理共同体或者一个读书会,这时的信息传递相对也是容易的。

(3)多维度探究使嵌入性理论获得了丰富拓展。格兰诺维特的考察主要聚焦于经济行为与社会间的嵌入性关联,但除了经济行为以外的其他行为也都是嵌入社会关系背景中的,对此,格兰诺维特之后的学者不断地深入研究和探讨,使嵌入性理论获得了丰富的拓展。后来的研究者明显感受到,嵌入性理论完全可以作为一种分析问题的方法而存在,它能够解释许多的社会行为。于是,这些研究人员分别从不同的角度对嵌入性进行了多维度的划分,详见表1-2[2]:

---

[1]　[美]夸梅·安东尼·阿皮亚:《认同伦理学》,张容南译,译林出版社 2013 年版,第 7 页。

[2]　此表依据以下几个文献整理:a. 兰建平:《集群嵌入性对企业合作创新绩效的影响研究》,浙江大学出版社 2008 年版。b. 王家宝:《关系嵌入性对服务创新绩效的影响关系研究》,上海交通大学出版社 2011 年版。c. 刘雪锋:《网络嵌入性与差异化战略及企业绩效关系研究》,浙江大学出版社 2007 年版。

表 1-2　嵌入性理论多维度划分类型表

探讨者	划分类型	主要观点
格兰诺维特（Granovit）	关系嵌入（relational embeddedness）	基于互益预期而产生的双向互动关系
	结构嵌入（structural embeddedness）	网络参加人之间互相之间的多维度结构
祖京（Zukin）迪马吉奥（Dimaggio）	结构嵌入（structural embeddedness）	行动主体的活动受制于网络结构的约束和影响
	认知嵌入（cognitive embeddedness）	行动主体在面临选择之时接受外在环境以及固化思维的限制
	文化嵌入（cultural embeddedness）	行动主体在开展经济等活动时接受以往传统观念、规范、宗教、区域文化等的影响
	政治嵌入（political embeddedness）	行动主体的行动接受其处于的政治环境、政治结构、权力体制等制约
哈哥多（Hagedoorn）	环境嵌入（environmental embeddedness）	组织行动接受国家运行特征和产业特征的影响
	组织间嵌入（interorganizational embeddedness）	组织行为接受网络复杂环境、关系媒介、合作空间的影响
	双边性嵌入（dyadlc embeddedness）	组织行为受对方合作组织日趋重复的关系影响
海里（Halinen）托恩卢斯（Tornroos）	垂直嵌入（vertical embeddedness）	网络之中相异层级之间的关系或联系
	水平嵌入（horizontal embeddedness）	某一个特定网络环节中的成员之间的关系

（三）嵌入性理论对服务区域经济的指导

格兰诺维特聚焦于经济行为与社会间的嵌入性关联,使我们明显感受到,嵌入性理论完全可以作为一种分析问题的方法而存在,它能够指导和启发许多的地方高校的社会服务行为。"嵌入的可能性是基于嵌入物之间的共性,嵌入的现实性是基于被嵌入物的稳定性,嵌入的目的性是嵌入方要借助被嵌入物的结构和路径以实现自身或共同体的融合发展。"①可以说,嵌入性理论已由开始的简单框架走向具有普遍指导意义的方法论。地方高校服务区域经济建设嵌入的对象是其所处的外在环境,包括社会环境、政治环境、经济环境以及文化环境等,也正因为高等教育嵌入受到外部环境的影响和制约,我们才要更加关注高等教育运行与社会、政治、经济等各环境因素间的关系。因此,嵌入性理论不仅影响到人们的思维方式,而且对地方高校服务区域经济建设的行为走向具有开创性的指导作用。

首先,高等教育在国家政治层面的嵌入呈现为高等教育制度及政策为高等教育的持续发展提供制度性捍卫,为高等教育活动展开提供规范性与制约性导引。地方高校的发展与区域经济建设的人才、科技、文化等息息相关,而一个地区的发展进程,是经济等硬实力和思想文化等软实力共同提高的进程。新时期,地方高校智库的作用越来越受到重视。依据嵌入性理论要求,高校智库应当发挥战略研究、政策建言、人才培养、舆论引导、公共外交的嵌入性功能,为地方政府与企业科学决策提供高水平智力支持。

其次,高等教育在经济维度的嵌入以其二者的相互作用为表征。一方面,经济的发展为高等教育推进提供资源性准备,经济发展水平与高等教育发展水平呈梯度正比关系;另一方面,高等教育水平的提高又可为经济发展提供人力支援。地方高校发展与区域经济社会发展是高度融合、良性互动和共生共荣的嵌入关系,构建了政府、高校、企业三方合作机制,受嵌入性原理启发为区域经济建设服务,可以提供科学的指导作用。聚焦于经济行为与文化传承间的嵌入性关联,地方高校在传承创新古老的丝绸文化方面大有可为。比如,江西地方高校应借助"一带一路"倡议中国文化对外输出的"天时",借助自身丝绸文化资源丰富的"地利",乘势而为,推进跨国文化交流,收获产业经济利益及其所带来的文化

① 金奇:《思想政治教育的嵌入式存在——基于嵌入理论的视角》,《现代教育科学》2012 年第 11 期。

价值,为区域经济建设增强软实力。

最后,高等教育在社会方面的嵌入表现在高等教育的"结构性嵌入",也即施教者与受教者等主体之间结合后构成的高等教育与社会结构。嵌入性理论认为,人际之间是一种相互间的网络构成,而内生经济增长理论告诉我们,资本、非技术劳动、人力资本和新思想都是生产要素,其要素间都不可避免地和社会网络发生关联,并受制于社会之网的约束。对此,地方高校服务区域经济过程中,要处理好一个巨大的系统工程,包括办学理念、学科专业设置、人才培养模式、师资队伍建设以及学校内部管理体制机制转型等,它需要借助于"桥"方能实现,就是说,巨大的系统工程之间的联系需要以一个团体内的个体与另一个团体内的个体的联系为前提,如果没有这种关联,这个联系就可能是薄弱的,即格兰诺维特提出的"弱连带"。"弱连带"越丰富,信息传递也就越快。区域经济团体和高校团体之间的"弱连带"越多,嵌入性就越紧密,其服务区域经济的能力就越强。

从上述三个方面看,高等教育本身与社会以及国家存在深度的嵌入关系,不过现实是,高校与区域经济在发展中经常性地出现脱嵌现象,即高校没有真正融入区域社会发展运行之中,区域经济建设也没有能真正镶嵌到高校发展之中,二者在运行中出现了脱节,尚未形成无缝对接关系。本来,高校就是区域经济建设的一个重要组成部分,但其往往脱离了社会运行规律而"孤立"地成长。于是,运用嵌入性理论有利于高校真正地回归区域经济,同时促进经济社会发展。

小　结

基于对有关问题的准确理解和正确把握,本章采用观照、比较、论证结合等方法,对地方高校、江西地方高校特质、区域经济、服务区域经济等几个核心概念作梳理、辨析与界定,并对江西高校具有地方高校的特质以及地方高校地位、作用与特征进行了阐述。

接着探寻了地方高校的发展轨迹,梳理了地方高校服务区域经济建设办学理念的发展脉络。认为地方高校依托地方而产生,随地方发展而发展,而地方也因地方高校而变得富有名气和活力。在大学发展的历史长河中,大学办学理念与办学定位,都是在特定宏观理念的指导下进行的,尤其社会历史和经济文化的发展需求,对学校的定位和办学理念起到直接的指导作用。同时地方高校的崛起与壮大,也都是随着区域经济建设对人才的需求而发展,并发生了巨大的变化。高校都承担着人才培养、科学研究和社会服务等基本职能,但不能机械地理解这些职能及相互间的关系,认为服务区域应该是地方高校的重要职能。高校职能的变化既包括性质、职能和作用的演变,也体现办学理念的调整与创新。

　　地方高校服务区域经济建设的提出,是以内生经济增长理论、教育经济一体化理论、教育的服务属性论和嵌入性理论作为理论基础的。本章重点回顾了地方高校服务区域经济建设的四大支撑理论:内生经济增长理论、教育经济一体化理论、教育的服务属性论和嵌入性理论,详细介绍了各自产生背景、主要观点、理论流派、影响因素,并重点聚焦理论对实践的指导作用。

第 二 章

区域经济建设对地方高校的需求分析

当前,我国经济增长方式和区域经济建设模式正处于转型时期,与之相对应的地方高校也处于新的发展阶段。在这一背景下,地方高校与区域经济建设的关系越来越紧密。地方高校的发展与区域经济社会的人才、科技、文化等息息相关,促进区域经济社会发展,必将成为地方高校转型与发展的重要动力。这也是地方高校与区域建设相互促进、相互制约的客观规律。

第一节　区域经济建设对地方高校
人才培养的需求审视

一、新型智库建设需要地方高校智力支撑

服务区域经济建设是地方高校的重大责任与使命,地方高校以其相对独立性成为区域新型智库建设的重要基地。"智库"(Think Tank)一词源于西方,也

称智囊、思想库,是指通过对政治、经济、社会等方面进行调查研究与分析论证,为决策者或决策部门提供最佳策略选择的研究机构。若以主体来划分,"智库"可分为官方智库、高校智库和民间智库三类,而区域新型智库应该是三类智库的集合体。在此结构中,高校智库应当是最重要的。以美国为例,在现有的1828家智库中,高校智库占75%,在全球智库排名前50位中,高校智库也占有一定的比例①。

新时期,高校智库的作用越来越受到国家重视。2014年2月教育部施行《中国特色新型高校智库建设推进计划》,明确要求高校智库应当发挥战略研究、政策建言、人才培养、舆论引导、公共外交的重要功能,应有计划地推进中国特色新型高校智库建设,为党和政府科学决策提供高水平智力支持②。2015年1月20日,中华人民共和国中央人民政府门户网站公布中共中央办公厅、国务院办公厅印发的《关于加强中国特色新型智库建设的意见》。该《意见》对各级各类智库建设的重大意义、思想原则等方面作出清晰规划,对高校智库建设也提出了具体要求,推动了高校智库的发展完善。发挥高校学科齐全、人才密集和对外交流广泛的优势,深入实施中国特色新型高校智库建设推进计划,推动高校智力服务能力整体提升。深化高校智库管理体制改革,创新组织形式,整合优质资源,着力打造一批党和政府信得过、用得上的新型智库,建设一批社会科学专题数据库和实验室、软科学研究基地。实施高校哲学社会科学走出去计划,重点建设一批全球和区域问题研究基地、海外中国学术研究中心③。这就为地方高校的智库建设指明了方向。

(一) 区域新型智库建设的重要意义

一个地区的发展过程,是经济等硬实力和思想文化等软实力共同提高的进

---

① 杨静、陈赞畅:《协同创新理念下高校新型智库建设研究》,《科技进步与对策》2015年第7期。

② 教育部:关于印发《中国特色新型高校智库建设推进计划》的通知,http://www.moe.gov.cn/publicfiles/business/htmlfiles/moe/s7061/201402/164598.html。

③ 中共中央办公厅、国务院办公厅印发的《关于加强中国特色新型智库建设的意见》,http://www.gov.cn/xinwen/2015-01/20/content_2807126.htm。

程。具有地方特色的区域新型智库是地区软实力的重要组成部分,并逐渐成为区域竞争力的重要因素。区域新型智库不仅是区域治理能力的重要体现,在区域治理中发挥着越来越重要的作用,而且在公共外交和文化互鉴中也发挥着重要作用。树立区域良好形象,不仅需要发挥区域特色新型智库在区域治理中的重要作用,而且还需要发挥区域新型智库在推动区域文化对外交往中的重要作用,不断增强区域在全国乃至国际的影响力。

(二) 地方高校在智库建设中的优势特色

智力资源是一个国家、一个民族最宝贵的资源。在服务于党和政府决策中,地方高校应该为推动地方的改革开放和现代化建设作出重要贡献。因为,地方高校在智库建设中具有得天独厚的优势条件。

一是高校人才资源丰富。人才是建设知名的、一流智库的核心。高校是建设中国特色新型智库的重要力量,聚集了各学科的人才。从事哲学社会科学的研究人员80%以上来自高校,高校拥有极高比例的硕士、博士人才以及相关方面的专家学者,他们具有专业化的突出优势,是区域新型智库的重要成员。其智库建设的人才支撑是其他机构或部门难以比拟的。尤其是既具有学术功底又了解熟悉当下情况的复合型人才,在区域经济建设中更要发挥其应有作用。二是高校学科门类齐全,自然科学与社会科学多有交叉。高校可发挥学科优势,开展跨学科、跨专业的综合研究,围绕区域经济建设所面临的重大现实问题,提出具有针对性的政策建议,设计行之有效的解决方案。三是高校设施完备,基础理论研究实力雄厚。高校可发挥这一优势,加强事关区域长远发展的基础理论研究,为地方政府和企业科学决策提供理论支撑。四是高校可发挥文化高地的优势,把握正确的社会舆论导向,引领区域文化向善、向上。最后,高校对外交流广泛,易于形成全国乃至全球化学术网络,可以推动公共外交。

(三) 地方高校在智库建设中潜力巨大

据教育部资料显示,截至2017年,我国共有普通高等院校2631所,其中地方高校 2516 所,部委所属高校 115 所。地方高校虽然在数量上有一定优势,但是向社会提供服务的整体影响力有待提升,有数据显示,中西部高校进入综合影响力前 30 名的智库数为 0[①]。

纵观国内现有的各级各类智库,仍然存在着缺乏整体规划、资源配置不够科学、组织形式有待创新等不足,与智库发展相适应的人才培养、经费保障以及薪酬制度等尚未建立健全。《关于加强中国特色新型智库建设的意见》中明确指出:"各级党委和政府要把人才队伍作为智库建设重点,实施中国特色新型智库高端人才培养规划。推动党政机关与智库之间人才有序流动,推荐智库专家到党政部门挂职任职。深化智库人才岗位聘用、职称评定等人事管理制度改革,完善以品德、能力和贡献为导向的人才评价机制和激励政策。探索有利于智库人才发挥作用的多种分配方式,建立健全与岗位职责、工作业绩、实际贡献紧密联系的薪酬制度。加强智库专家职业精神、职业道德建设,引导其自觉践行社会主义核心价值观,增强社会责任感和诚信意识,牢固树立国家安全意识、信息安全意识、保密纪律意识,积极主动为地方党和政府决策贡献聪明才智。"[②]高校党委、政府要以此意见为导向,以智库建设为重点,实施区域特色新型智库高端人才的培养与输出,构建反应快、有创新、跨学科的智库。通过智库团队的优化组合,提升人才使用效率,为区域经济和文化建设聚好才、用好才。

二、应用型人才需要地方高校侧重培养

地方高校拥有服务区域经济建设的优越地理位置,区位优势是地方高校生存和发展的根本所在,也是地方高校提升影响力与竞争力的基础。地方高校具

---

① 杨静、陈赞畅:《协同创新理念下高校新型智库建设研究》,《科技进步与对策》2015 年第 7 期。

② 中共中央办公厅、国务院办公厅印发的《关于加强中国特色新型智库建设的意见》,http://www.gov.cn/xinwen/2015-01/20/content_2807126.htm。

有服务区域经济建设的人才优势,利用人才优势为区域经济建设服务,这是任何一所高校都不能偏离的方向和职能①。地方高校的设立有赖于区域经济社会的发展,它们担负着为区域经济建设提供充足和适用的人才资源的重任。

(一) 应用型人才培养由地方高校办学模式所决定

地方高校培养目标的定位,实质上就是培养社会需要的有用人才。对于具体区域经济建设来说,有用人才也就是从事实际工作的专业性人才和操作技能型人才,无论专业性人才,还是操作技能型人才,都有别于学术型的人才,即应用型人才。地方高校为什么要"侧重"培养应用型人才,这是由历史原因和具体实力等因素所决定的。相对于部属高校而言,地方高校在办学层次、学科建设、科学研究等方面比较薄弱②,但从人才培养来看,可以找准区域经济建设的特殊需要,作为制定人才培养目标的现实依据。

一方面,由于历史原因,地方高校在办学传统、学科建设、师资力量、生源层次、培养水平等方面,主要是依据区域经济或者产业结构的某些学科,培养了部分学术型人才,但从数量上或整体上看,还难以培养基础性强、综合水平高的学术性人才,来带动其他新兴应用学科的整体发展。因此,地方高校应该以应用型人才培养为主,或"侧重"培养应用型人才。

另一方面,地方高校的生源主要来自于所在区域,学生毕业后的就业也主要走向所在区域经济建设岗位。应用型人才主要从事非学术研究工作的实际操作者,其主要任务是进行社会性操作运用,将理论知识应用于实践。由于地方高校区域性特点,只有注重理论与实践相结合,与区域经济建设的要求相对接,才可以对各种应用型人才需求进行细化培养。所以,地方高校在人才培养模式上,应依据区域和层次来明确定位,找准区域经济建设人才的现实需要。

---

① 参见《以学科建设为龙头 提升核心竞争力——郑州大学"十五""211工程"建设巡礼》,《中国教育报》2006年6月29日。

② 柳国梁:《服务型区域教育体系的地方高校转型研究》,高等教育出版社2014年版,第99页。

（二）应用型人才培养是区域经济建设的现实需要

地方高校生存与发展的基础,就在于能为区域经济建设培养出适应性人才,以增强地方高校与区域经济建设的适应性。随着经济发展的日趋区域化和高等教育体制转轨进程的加快,培养应用型人才、服务区域经济建设已成为人们的共识。但与快速发展的区域经济相比,目前劳动力市场存在应用型人才,尤其是技能型人才短缺的严重问题。拿学历与技能相比,技能对企业的作用更甚。国内外实践经验证明,要生产出一流的产品,仅有一流的设计师是不够的,还需要有一流的操作技工。技能人才所占比重大的国家和地区,其经济发展的步伐也就愈快愈稳健。所以,在转型升级、应对人才短缺危机的当下,加快技能型人才队伍建设尤为紧迫。因此,地方高校应根据区域经济的发展需要,拓展紧缺技能人才的培养与培训领域,调整专业方向和教学内容,抓好紧缺技能人才培训示范基地建设,加快应用型人才的培养步伐。

此外,区域企业人才的继续教育,也需要地方高校大力支持。从高校实际情况来看,在与企业开展的合作中,为"企业人员培训"项目所占比重较低,这说明地方高校对企业的真实贡献率并不高。应该说,地方高校拥有高层次专家和学者,具有较为先进的教学资源和设备,完全可以利用自身的设备优势、人才优势、信息优势和区位优势,为企业提供继续教育的有利条件。与此同时,地方高校在成为区域企事业单位培训基地的同时,也获得更多合作共赢的机会。

第二节　区域经济建设对地方高校
科学研究的需求省思

知识经济时代,虽然基础研究与实际应用之间的关系越来越密切,其边界走向也越来越模糊。但是,它们所承担的研究任务不同,研究目标也各异。区域经济建设为地方高校提供了技术支持的发展空间,成为地方高校促进成果转化的有利时机。地方高校的区位优势,表现在能够及时掌握区域经济建设的动态,这也是形成地方高校科研特色以及促进成果转化的重要途径。

一、促进成果转化需要地方高校技术支持

科学研究是高校又一重要职能,但是地方高校的科学研究有别于部委所属高校的不同特点。该特点主要表现在,地方高校科研主要面向区域的现实问题,根据区域经济建设的需要进行选题合作,将重点投入实际应用领域,为促进成果转化提供技术支持。区域经济建设对地方高校科学研究的需求,不止于地方高校异于部委高校的科研分工,也是地方高校办学理念的具体呈现,还是地方高校获得区域社会支持的重要抓手。如果说,基础研究不考虑应用的纯科学探究,是对普遍知识和基本规律的理解;那么,应用性研究则是明确以创造或研发新产品、新技术、新方法等为目标,有目的地解决一些实际问题而提供技术方法的研究。

纯粹科学探究的训练,能深刻地影响我们的思维方式,而应用科学研究则深刻地影响我们的行为走势。从高等教育实际出发,由于部委所属高校基础学科齐全,科研实力雄厚,能在基础学科研究领域产生重大的科研成果;而地方高校起步较晚,学科基础比较薄弱,要承担重大基础研究项目显然力不从心。但由于地方高校区域服务范围明确,与地方政府和区域经济联系便利,在学科、专业等方面设置灵活,合作机会多,互惠共赢可能性大,因此,服务区域经济的优势明显①。地方高校是一个区域内人才、知识、信息资源的聚集地,有着推动区域经济建设的技术优势和技术潜力。因此,一方面,地方高校应将科研主要内容和科学研究重点放在服务区域经济建设的应用性领域;另一方面,地方高校应积极主动承接部委高校的研究成果,并将其转化为区域经济建设的应用成果。

二、产学研合作需要地方高校协同推进

所谓产学研合作,就是高校、科研机构、地方政府及企业按照"全面合作、资

---

① 程肇基:《地方高校与区域经济共生发展的理论探索》,《教师教育研究》2013年第5期。

源共享、互惠互利、共同发展"的原则,进行科学技术、人才培养、经济建设等方面的合作,是技术创新上、中、下游的对接与耦合,符合社会生产力发展和技术创新的规律①。何为"协同",《现代汉语词典》中的解释是:各方面相互配合或甲方协助乙方做某事②。协同学理论认为,协同是指元素对元素的相干能力,表现了元素在整体发展运行过程中协调与合作的性质,结构元素各自之间的协调协作形成拉动效应,推动事物共同前进,对事物双方或多方而言,协同的结果使个体获益,整体加强,共同发展导致事物间属性互相增强,向积极方向发展的相干性即为协同性③。

与区域经济融合是地方高校先天具备的优势。由于立足地方,了解区域经济发展的需求,又经过较长时间的发展,地方高校往往建立起了与区域经济相融合的科研团队,在某些领域形成了自身的特色,具备了服务区域经济的能力。地方高校不仅具有一定的科研实力,能够利用自身科研优势为企业服务,还可以为企业提供源源不断的科技人才,为企业培训各类人员,提高员工劳动素质。科技创新和成果转化的有效途径是产学研合作。走产学研合作的道路,对地方高校科技创新有着重要的作用。地方高校把学术性知识转化为产业性知识,不仅推动了区域经济建设,而且也可以解决科研经费问题。

产学研活动有利于实现科技研发资源和科技创新人才的合作与共享。首先,产学研需要地方高校之间进行深度融合,提升协同创新能力。如通过强化优势学科之间的融合,建立优势科研平台,共享网络体系。其次,产学研需要地方高校进一步加强与科研院所、企业之间的融合,进行协同创新。如开展多主体、多层次、跨学科的联合技术攻关,实施产业集群与学科集群的对接。再次,产学研需要地方高校加强与其所属行业直接相关的地方政府的深度融合。针对产学

①　柳国梁:《服务型区域教育体系的地方高校转型研究》,高等教育出版社 2014 年版,第 14 页。
②　中国社会科学院语言研究所:《现代汉语词典》,商务印书馆 2012 年版,第 1440 页。
③　李兴华:《协同创新是提高自主创新能力和效率的最佳形式和途径》,《科技日报》2011 年 9 月 22 日。

研合作过程中遇到的诸如信息不畅、资金短缺等问题,充分发挥地方政府引领扶持作用。

第三节 区域文化发展对地方高校文化
传承与创新的需求考察

　　地方高校往往是区域文化交流的窗口,是区域文明的辐射源,因此深受地方政府的重视,备受社会各界的关注。在服务区域经济建设过程中,地方高校以服务区域经济建设为导向,力争成为传承、创新、引领地方文化的思想库、构建地方先进文化的推动者、服务区域终身学习的主力军。地方先进文化的传承、创新与引领,需要相应的载体,而地方高校所承担的基本职能,决定了其能够成为这一载体。在区域经济建设要求下,地方高校不仅要为区域经济服务,更要承担起传承、创新与引领地方先进文化发展的重任,这也是时代赋予地方高校新的历史使命①。地方高校作为传承与创新地方文化的重要载体,一定要变被动为主动,彰显自身价值,成为推动地方先进文化的中坚力量。

一、区域文化产业发展需要地方高校文化传承与创新

　　地方高校已经成为区域经济建设的主阵地,同时也是衡量地方文化高度的重要基准之一。地方高校与其他类型高校相比,不仅生源、师资以及校园文化所表现出来的地方特色更加鲜明,而且作为区域文化发展传承与创新机构,发展区域文化产业具有独特的区位优势。地方高校与所在区域的文化资源联系最为紧密,比如江西,独具特色与魅力的赣文化和书院文化,为区域经济建设提供了丰厚的文化资源。书院是我国古代特有的一种文化教育组织,书院文化是中华民族优秀传统文化的重要组成部分。江西是我国书院最为发达的省份,据不完全

---

① 柳国梁:《服务型区域教育体系的地方高校转型研究》,高等教育出版社 2014 年版,第 70—71 页。

统计,自唐代以来江西书院有 1027 所,为全国之最。深入开展书院文化的保护、传承与利用,既是传承与创新区域优秀传统文化,也是促进文化与旅游产业融合发展、助推区域经济建设的重要抓手。

首先,不断汲取新思想和新理念来传承与创新区域文化。当前,地方高校与区域经济社会互动发展已成为一个主要趋势,并且在知识经济时代,地方高校对区域经济社会发展的作用进一步加强,知识、知识型人才、文化等无形资产是知识经济的核心生产要素,这也正是地方高校生产这些要素的集聚地与辐射源。在长期的办学过程中,地方高校不断地汲取地方文化的精华,不断创新为区域社会提供新的文化要素,引领区域文化的发展①。固然,地方高校在传承文化的基础上必须创新文化,并努力守望时代的前沿,不断汲取新思想、新理念和新理论。也只有这样,才能在文化创新的基础上,培养既具有创新精神和创新能力,又有专业技术的人才,从而成为区域文化建设的中坚力量,引导区域经济社会向前发展。

其次,以发展区域自然资源产品来传承与创新区域文化。尤其在自然科学的学科建设方面,地方高校要积极开展具有区域特色的科学研究,充分开发区域独有的自然资源产品,使学科建设具有一定的区域品牌特色。地方高校在开展区域自然资源特色的学科研究方面,具有较强的独特性和不可替代性。无论在调整农业结构,优化产品结构,提高产品品质,发展特色经济方面,还是在利用优良的自然条件,发展无公害农产品,抓好农产品标准化生产,打造"区域品牌"上都具有很强的竞争力和生命力②。

最后,以研究区域文化产业来传承与创新区域文化。区域经济建设是地方高校科学研究的宏观调控因素。受地利、人和之便,地方高校培养人才的出路和教师课题研究的来源主体是地方部门,而区域经济的发展必须依托人才和科技创新这两个核心。因此,区域经济的发展状况直接关系到地方高校学科建设的

---

① 杨秀祖:《论地方高校在区域内的文化引领》,《辽宁教育研究》2007 年第 12 期。
② 姚亚平:《欠发达地区建设新农村的现实选择》,《人民日报》2006 年 5 月 31 日。

需求。由于受制于自然资源、交通资源、人文资源的差异,不同区域形成了各自不同的经济活动,各地的文化产业也各具特色,而特色鲜明的文化产业是区域经济的重要组成部分。所以,在学科建设中,地方高校要充分利用区域文化产业这一重要的学科建设资源,开展区域文化产业研究,促进区域经济建设。

开展区域文化产业研究,输出新知识、新技术,打造区域文化品牌,引领文化产品的生产和管理,提升区域文化生产力,为区域文化服务提供优质战略决策和技术人才保障。比如,江西省有 31 个高校人文社会科学研究基地,各高校可以根据自身区域、专业特色,对区域的庐山文化、陶瓷文化、红色文化、农耕文化、宗教文化、江右商帮文化等展开文化研究。加大对区域文化的研究力度,既可以促进文化本身的繁荣,形成文化产业;又可以为其他产业的发展注入文化因子,提高其他产业产品的附加值,降低单位产值的资源消耗量。

二、区域文化消费需要地方高校文化传承与创新

在这个"文化教化"和"文化化人"过程中,地方高校应当立足地方,密切联系区域群众,并与地方政府积极配合,建立多样化的文化消费基地,传承与创新地方特色文化。诚然,传承与创新区域文化离不开文化消费,文化消费是地方高校传承与创新文化的基础,由此,地方高校可以根据自身的办学理念、校园文化的积淀对区域文化进行传承与创新。

首先,地方高校在消费文化环境下传承与创新区域文化。进入中国区域看发展战略,不仅是经济与经济之间的竞争,更是文化与文化之间的竞争。尤其是中国进入城市群建设和区域一体化发展新格局阶段,文化消费往往是体现一个地区竞争力的重要因素。推动区域经济建设,既需要有现代化的农业,也需要有现代化的工业,更需要加强文化消费的建设。地方高校在服务区域经济建设中,应主动投身到文化消费与文化产业的传承与创新中去。理念是创新的内在动力。正由于高校包括地方高校在内,文化消费氛围营造了文化传承与文化创新的良好环境,因此,地方高校可以在文化消费的环境下,依据自身的价值观适当

植入新的文化和理念,对区域文化和文化产业进行重新整合与创新。

其次,地方高校要承担起促进区域文化消费的重任。地方高校以人才培养、科学研究、社会服务、文化传承创新为纽带,既是其基本职能要求,也是其内在发展的需要。高等教育是文化高地,区域文化消费需要地方高校的主导与引领。一方面,在区域经济建设过程中,地方高校肩负着不可推卸的地方文化传承与创新的历史责任,地方高校作为我国高等教育新的增长点,拥有人才、科研、信息等方面的先天优势,可以让区域文化消费朝着更加先进的方向发展;另一方面,地方高校也要转变观念,充分认识到只有在主导文化产业消费的过程中,才能拓展自己的生存和发展空间。

三、区域文化交流需要地方高校文化传承与创新

一个区域有什么层次的文化交流,也是衡量区域文化高度的重要因素。区域文化是一个动态发展的过程,反映当地群众的利益和要求,体现着区域社会对真善美的诉求。在学科建设、专业培育、课程设置以及校园文化交流过程中,都能够较好地嵌入与融进区域内的优秀文化品质、人文关怀等文化元素,并同时利用区域内的人才资源、知识资源和信息资源,挖掘与培育区域性的新知识、新思想和新文化。

首先,以研究区域文化特色进行区域文化交流。科学研究离不开文化交流,地方高校所处的区域文化氛围,有利于地方高校建设特色学科。区域文化特色是宝贵的区域文化资源,利用区域文化特色创设特色学科,开展特色学科研究,不仅可以提高地方高校在学科建设方面的竞争力,还可以促进区域特色文化的传承与创新。

其次,在人才的文化性上进行区域文化交流。一方面,地方高校的师资也来自五湖四海,生源基本上来自全国或者全国大部分省份,不同的地方、区域的观念、习俗、文化存在着较大的差异,区域人才在这样的氛围环境中,势必形成独特的文化特性。区域人才的聚集既有利于文化的相互交流与整合,又有利于对人

才培养体系的改革与创新。另一方面,由于地方高校所在区域特点和经济结构等差异,区域人才的文化性差异也十分明显。也正因为拥有这种文化性差异,所以,在对区域社会和文化产业的研究中,可以直接创造形成新文化的各种元素。因此,地方高校在人才培养上特别是地方课程和校本课程的开发,既要考量区域人才的文化包容性,又要植入新的文化理念与价值观,通过培养文化人才来发挥人才的辐射作用,促进区域文化的交流。

最后,吸纳健康有益的文化进行区域文化交流。将区域健康有益的文化纳入到教学与科研活动中去,从中获得营养和力量,促进校园文化与区域文化的高度融合,实现区域文化的内生转化。地方高校应发挥其文化辐射作用,不断输出新思想、新理论,发挥高校高道德水准和高文化品位的人才优势,促进先进文化的影响力,提高地方百姓的文化素养和精神文明。对此,刘理认为,引领社会是大学的新职能,提出大学是传承、创新、引导文化的基地,其不朽的生命力在于弘扬和引导社会先进文化,通过对文化的批判和创新激发全民族的文化创造力,不断引导社会文化的进步。大学引领社会不仅仅是社会服务职能的延伸,引导社会文化软实力的提升将发展为当代大学的一项专门性社会责任,并对社会发展做出重大贡献①。

第四节　新常态下"一带一路"倡议
对地方高校的需求探讨

2013 年 12 月,中央经济工作会议提出推进丝绸之路经济带建设,抓紧制定规划,加强基础设施互联互通建设;建设 21 世纪海上丝绸之路,加强海上通道互联互通建设,拉紧相互利益纽带。"一带一路"建设已成为当前我国构筑全方位开放格局的重要支点,它实际上是我国新常态下统筹改革开放的全新倡议,是对

---

① 刘理:《谈引领社会的大学职能》,《大学》(学术版)2010 年第 5 期。

外开放的"龙头"部署,将成为我国未来 10 年的重大政策红利。

全国 31 个省市自治区积极响应,都提出了积极对接"一带一路"倡议的诉求。面对"一带一路"倡议,高等院校尤其地方高校,要有主动融入的意识,要主动参与,主动作为,抢占发展良机。如何结合国家战略,发展壮大自身实力,并为区域经济建设做出更大贡献,这是新时期需要地方院校着重思考和予以解答的重要课题。作为智力输出的源头和智库的诞生地,高等学校理应承担基础性、先导性的工作,为国家战略发展提供学术研究和智库支撑。

一、"一带一路"倡议需要地方高校加大急需的人力资本存量

推进"一带一路"倡议,关键的是人才。"一带一路"的实现,关键在于培养好"三通"人才。

一是"通路"之才。"丝绸之路首先得要有路,有路才能人畅其行、物畅其流。"习近平特别强调了"路"对于互联互通的作用,铁路、公路项目将在推进"一带一路"建设中优先部署。因此,铁路国际化人才的培养,高铁市场人才的培养和储备,需要高校的大力支持。尤其是与巴基斯坦、孟加拉国、缅甸、老挝、柬埔寨、蒙古国、塔吉克斯坦等国处于相邻地带的职业技术学院,更应为"通路"人才的培养和输送承担更多的责任和义务。

二是"通话"之才。语言,即思想之舟舆,"一带一路"需要语言铺路。"粗略统计,'一带一路'建设涉及国家的国语或国家通用语有近 50 种,再算上这一区域民族或部族语言,重要者不下 200 种。这 50 种或者 200 种语言,乃是表情、通心之语,应当列入'一带一路'语言规划的项目单中。"[1]改革开放以来,我国外语学习不断升温,公民外语水平大有提高,但学习的语种较为单一,主要集中在英语等大语种上,目前的外语市场无法满足"一带一路"经济形势下语言多元

---

① 李宇明:《"一带一路"需要语言铺路》,《人民日报》2015 年 9 月 22 日。

化、多语种、多层次的迫切需求,能"表情、通心"的语言人才十分缺乏。地方高校尤其沿线地区的民族院校理应在语言人才培养方面加大力度,为各国政府、企业、社会机构及家庭、个人等提供包括语言规划、语言咨询、语言教育、语言翻译、语言技术支撑等各种语言服务。

三是"通业"之才。这个"通业"之才应当包括"通业之专才"与"跨业之通才"。培养高层次的顶尖专业人才和具有国际视野、具有开拓精神的领军人才,这一使命应该更多地由综合性大学来承担,而地方高校的主要任务则是培养更多的专业技能型人才,如中高级技工、研发设计人员等。以制造业为例,我国虽拥有一支庞大的制造业队伍,但从业者受教育程度普遍偏低,初级技术工人所占比例过重、中高级技工短缺;生产加工人员多、研发设计人员少。由于人力资本存量不足,造成核心技术欠缺、人均创造产值偏低。"一带一路"建设,需要大量具备灵活性和变通性的产业工人,需要众多支撑经贸往来的制造业人才。为了有效提升人才供给的匹配性和适用性,助推"一带一路"进程,地方高校需要设计全新的人才培养方案,采取一系列有效措施,拓宽人才培养路径,加快人才储备建设,为"一带一路"提供人才保障。

二、"一带一路"倡议需要地方高校科技研发助推"中国制造"

我国对"一带一路"沿线国家的投资行业,主要集中在农业综合开发、基础设施建设、资源勘探、劳动密集型制造业和服务业等几大行业,其中制造业是对外经济贸易的物质基础,是国民经济的主体,是"一带一路"发展规划的重要支撑产业。一方面,"一带一路"倡议要求"中国制造"的产品能够满足沿线国家和地区的消费需求;另一方面,"一带一路"倡议要求制造业技术能够满足当地企业的生产需求,服务区域建设与发展。在国家大力推动高铁、工程承包"走出去"的背景下,各地方高校尤其是工科院校,如哈尔滨工业大学、河南理工大学、大连理工大学、西安建筑科技大学等,还有各地职业院校,应整合自身的优势专业,如土木工程、机械制造、轨道交通等,应加大对出口产品的研发力度,开展有针对性的设计,以更好地满足不同民族、不同国度的消费需求,为中国企业抢占国际市场提供人才和技术保障,从而使中国制造赢得国际竞争力,最终赢得国际市场。

而作为农业大国,农业同样是国家"走出去"战略的重要组成部分,农产品的中国制造同样在"一带一路"倡议中发挥着举足轻重的作用。当前世界经济复苏缓慢,欧美等发达国家吸收外资的愿望强烈,这是我国农业企业"走出去"进行农业开发的大好时机。广大发展中国家,尤其是非洲等欠发达国家,改善民生和吸收外资进行农业开发的意愿强烈,为我国农业走进广大发展中国家提供了良好的机遇。我国是一个具有悠久历史的传统农业大国,在人才、技术和产业方面都占据比较大的优势,而高等农林院校担负着培养农业科技人才的重要使命,肩负着农业科技成果研究者和推广者的双重身份,在助推我国农业融入"一带一路"倡议中扮演着重要角色。对此,农业高校应发挥人才和技术的传统优势,助推我国农企"走出去"。

三、"一带一路"倡议需要地方高校传承与创新古老的丝绸文化

"一带一路"倡议的意义不仅在经济方面,更是在文化方面,通过文化连接带动经济发展。"一带一路"建设借用丝绸之路这一历史资源,与沿线各国发展合作伙伴关系,共同打造经济融合、政治互信、文化包容的利益共同体、责任共同体和命运共同体。古老的"丝绸之路"不仅历史绵长,其物理距离、空间跨度同样绵长,许多城市、村落尤其是民族地区,与之命运相关、渊源深厚,即便是内陆腹地的不少地区也与之结下了不解之缘。就拿江西来说,江西的丝绸文化历史悠久,特色鲜明,贡献巨大。以陶瓷为例,自隋唐以来,景德镇的陶瓷就是海上丝绸之路上最大宗的商品。2007 年,我国在南海打捞上来的"南海一号"沉船上,发现了大量的景德镇瓷器,而这艘被整体打捞上来的沉船是南宋时期的远洋贸

易商船。近年来,东亚、东南亚、南亚、非洲等地的出土文物中都发现了景德镇瓷器,日本、韩国、朝鲜、埃及等国共有 70 多处出土了景德镇瓷器。再看陆路,土耳其伊斯坦布尔的托普卡帕宫收藏的景德镇瓷器达 1.2 万件,其中元代青花瓷占据其馆藏数量的世界第一。而地处丝绸要道的新疆伊犁,在 1976 年出土了元代的青花碗和青花瓷片。这充分证明了江西也是古代陆上丝绸之路的重要货源地。

中国茶叶与"一带一路"也有着密切的关系,江西的茶叶也是"一带一路"的主要贸易货物。从明代末年到民国二十二年(1933 年)这相当长的一个历史时期,江西茶叶对"海上丝绸之路"作出过重要贡献,在中外文化交流中发挥过重要作用。万里茶道是历史上中国通往俄罗斯及其中亚国际贸易商道,江西铅山县境内的河口镇地处铅山河和信江交汇处,闽浙赣皖四省茶叶汇集河口,由河口顺信江进入鄱阳湖再溯赣江到大庾岭,然后到广州外销,河口镇因此又赢得了"万里茶道第一镇"和"海上茶路第一镇"称号。而作为长江黄金水道十大港口之一、又是中国三大茶市(九江、福州、汉口)之一的九江,因其特殊的地理气候,成就了著名的庐山云雾茶,成为中国十大名茶之一,宋代被列为"贡茶"。自1863 年正式开关后,九江对赣皖两省的茶叶出口也起了重要作用。

地方高校是研究区域文化的主要阵地,古老的丝绸文化要复兴,"一带一路"的文化要输出,都离不开地方高校的支持。江西的地方高校,如景德镇陶瓷学院、景德镇学院、上饶师范学院、上饶职业技术学院、九江学院、江西农业大学等,不仅要将深厚的陶瓷文化、茶文化历史底蕴挖掘出来,宣传出去,还要创新文化产业,以地方特色文化最大范围地吸引各地各国人民,形成最丰厚的文化产业收入,满足未来区域长久的最有活力的产业经济发展需要。

小　结

本章主要就区域经济建设对地方高校的需求作分析。地方高校是区域经济建设的主要力量和主体要素,当前,我国经济增长方式和区域社会发展模式正处于转型时期,与之相对应的地方高校也处于新的发展阶段。在新的发展背景下,推动地方高校的成功转型,促进区域经济社会的迅速发展,实现地方高校与区域经济建设的有效对接。地方高校与区域经济建设的关系密切,在经济、科技、人才和文化等方面息息相关,也是区域经济与地方高校相互促进、相互制约的必然体现。新常态下"一带一路"倡议的实施、区域文化发展战略,都离不开地方高校的融入与支持,尤其在新型智库建设、应用型人才培养、科技研发和区域文化传承与创新方面的需求更为突出,促进区域经济建设必将成为地方高校办学转型,尤其是改革与发展的重要动力。

区域经济建设对地方高校教育服务的客观要求,在新时期与新背景下,主要表现为以下四大方面:

第一,区域经济建设对地方高校人才培养的需求。区域新型智库是区域经济建设软实力的重要组成部分,地方高校是人才的聚集地,哲学社会科学的生力军,智力咨询和应用对策研究的重要力量。因此,区域新型智库需要地方高校的智力支撑,区域经济建设需要地方高校侧重培养大量应用型人才。

第二,区域经济建设对地方高校科学研究的需求。区域经济建设需要技术支持和科技创新,地方高校是区域科技与信息资源高地,具有推动区域经济建设的技术优势和潜力。此外,在产学研合作中,产学研合作、科研成果转化都需要地方高校与科研院所、企业之间进行协同创新。

第三,区域文化发展战略对地方高校文化传承与创新的需求。地方高校往往是所在区域的文化交流的窗口和文明辐射源,不仅要为区域经济服务,更要承担起传承、创新与引领区域文化发展的重任,区域文化产业发展、区域文化消费和区域文化交流等方面都需要地方高校文化传承与创新。

第四,新常态下"一带一路"倡议对地方高校的需求探讨。结合国家部署,为区域经济建设服务,这是新时期需要地方高校着重思考和予以解答的新问题。一是"一带一路"需要地方高校加大急需的人力资本存量,多培养好"三通"人才。诸如铁路、公路项目"通路"之才;懂外语会交流的"通话"之才;精技术跨专业的"通业"之才。二是"一带一路"需要地方高校科技研发助推"中国制造"。在农业综合开发、基础设施建设、资源勘探和劳动密集型制造等行业,要求"中国制造"能够得到沿线国家的认可,满足其消费需求。三是"一带一路"需要地方高校传承与创新古老的丝绸文化。地方高校是研究区域文化的主阵地,古老的丝绸文化要复兴,"一带一路"的文化要输出,都离不开地方高校这支主力军。

第 三 章

地方高校服务区域经济建设的现实分析

"知己知彼,百战不殆"。高校在服务区域经济建设的过程中,必须对内外部环境因素进行客观、全面和深入的论证。本章通过采用 SWOT 分析方法,力图系统地剖析江西高校自身存在的各种优势和劣势因素,以及外部面临的诸多机会和威胁,从而有利于江西高校明确自身的办学定位和方向,不断实现发展和超越,同时也可以帮助高校找准服务区域经济的目标、范围、层次、对象和形式,为区域经济建设做出更大的贡献。

第一节　江西地方高校教育事业的发展现状与前景

一、发展现状

改革开放以来,江西省高等教育事业稳步推进,在各项工作中均取得了明显的进步甚至重大突破,高校的人才培养、科学研究和服务社会的能力大大增强,日益成为推动江西经济发展的重要生力军。

江西高校 30 多年来,尤其是 21 世纪初开始取得了天翻地覆般的快速发展。在高等教育的发展规模方面,2018 年,全省共有普通高等学校 100 所。根据《江西省 2017 年国民经济和社会发展统计公报》,2017 年全省研究生教育招生 1.3 万人,在校生 3.5 万人,毕业生 0.9 万人。普通高等教育招生 31.3 万人,在校生 104.8 万人,毕业生 29.6 万人。普通高校录取率 82.7%,高等教育毛入学率 42.0%。从纵向比较来看,高校现有在校研究生数,从 1980 年的 58 人增加到 2016 年的 30334 人,相当于原来的 523 倍;普通高校的在校生人数,从 1980 年的 35623 人增加到 2016 年的 1038951 人,相当于原来的 29 倍;成人高校从无到有,2013 年在校生人数达到了 162660 人①。造成这种快速发展的原因是多方面的,比如国家经济水平的发展,人均收入的提高、高等教育日益受到重视,国家高等教育政策的调整等。

近年来,高等教育在内涵式发展方面也不断向前推进,尤其是在多个领域实现历史性突破,高校发展从规模扩张转向质量提升。第一,人才培养平台建设实现重要跨越。全省共有 4 所高校成功升本、改制、更名,成为新增本科高校数最多的省份。全省高校博士培养单位由原来的 4 所增至 10 所,是新增数量最多的省份之一,全省硕士培养单位由 12 所增至 17 所。② 第二,重大项目立项建设取得新突破。在教育部第六届高校人文社会科学奖评选中,江西省不仅获 1 项经济学著作奖一等奖,改写了本省无教育部人文社科奖一等奖的历史,还有 7 项成果获三等奖,是全省高校获奖规格最高、获奖数量最多的一次。在教育部开展的第三轮学科评估中,南昌大学食品科学与工程学科获得全国第 4 名,这是江西首次有学科进入全国前 5 名③。第三,高校服务区域经济建设能力明显增强,承担

---

① 数据来源:江西省教育厅官网、江西省统计局官网和《江西省教育事业发展"十三五"规划》。
② 黄小路:《江西普通本科高校增至 27 所,从规模扩张转向质量提升》,《信息日报》2014 年 3 月 4 日。
③ 廖济堂:《江西将扩大高校办学自主权 2013 年普通本科高校增至 27 所》,《江南都市报》2014 年 3 月 4 日。

国家级项目 1353 项,获专利授权 837 项,11 项专利成果达到国际水平①。2015 年,江西全面启动,稳步推进系列方面的高等教育改革。一是着力引导 10 所试点高校突出培养应用技术人才的办学定位,深化产教融合。二是稳步实施全省普通高校本科专业综合评价,对不理想的专业进行撤并。三是继续推动高等教育综合试点高校,搭建起合作平台,打造产教融合生态圈②。

此外,在高校发展过程中,江西省的民办教育也发展得红红火火。1988 年,江西第一所民办大学赣江大学在教育改革和发展的大潮中应运而生。在江西省政府的大力支持下,一些民办高校抓住机遇脱颖而出。目前,江西民办高校事业的"蛋糕"已经越做越大,并由粗放逐渐转入规范。全省创建了一批有影响、有特色的名牌民办高校,比如江西科技学院(原蓝天学院)、南昌理工学院、江西服装职业学院、南昌工学院、江西应用科技学院(原江西城市职业学院)、江西工程学院(原江西渝州科技职业学院)等。

自改革开放特别是近几年来,江西通过大力推进科教兴赣和人才强省战略,高等教育事业方面取得了显著成绩。但是,就总体而言,江西省的高校发展仍然相对滞后。这与江西深厚的历史文化底蕴和高考强省的身份地位不相匹配,与其他中部省份的发展成就及本省的社会需求相比仍存在较大差距。

二、发展前景

2010 年 12 月,江西省委和省政府印发了关于《江西省中长期教育改革和发展规划纲要(2010—2020 年)》(以下简称为《纲要》)的通知,提出"兴赣必先兴教,强省必先强教",明确了面向区域经济建设的需求。同时,《纲要》(《江西日报》2011 年 1 月 7 日)在稳步发展高等教育方面,制定了许多具体战略目标,比如,在学人数总规模从 2009 年的 95.5 万人增加到 2015 年的 125 万人,2020 年

---

① 廖济堂:《江西将扩大高校办学自主权　2013 年普通本科高校增至 27 所》,《江南都市报》2014 年 3 月 4 日。
② 邱玥:《江西省四大改革激发高等教育内涵式发展》,《江西日报》2015 年 4 月 18 日。

达到 135 万人;普通高等教育在校生从 2009 年的 81.2 万人增加到 2015 年的 88 万人,2020 年达到 98 万人;研究生从 2009 年的 1.8 万人到 2015 年翻番增加为 3.6 万人,2020 年再翻番达到 7.2 万人,博士授予单位(学校)达到 10 个以上;高等教育毛入学率从 2009 年的 24% 增加到 2015 年的 36%,2020 年达到 42%;具有高等教育文化程度的人口从 2009 年的 320 万人增加到 2015 年的 480 万人,2020 年达到 650 万人;主要劳动年龄人口中受过高等教育的比例从 2009 年的 7.3% 增加到 2015 年的 16%,2020 年达到 22%;高等学校专任教师中具有研究生学历的达 60% 以上,其中普通本科高校专任教师中具有研究生学历的达 90% 以上;到 2020 年,高等学校总数达到 100 所左右,1 至 2 所大学进入国家高水平大学行列;大力培养应用型、复合型、技能型学科专业人才,构建对区域经济建设起重要支撑作用的优势学科专业群[①]。

2016 年 11 月,江西省教育厅发布了《江西省教育事业发展"十三五"规划》(以下简称为《规划》),以作为实施全省中长期教育改革和发展规划纲要的行动计划。《规划》中指出,"十二五"期间向社会输送大中专毕业生 227.33 万人,获得国家科学技术奖励特等奖 1 项、一等奖 1 项、二等奖 12 项,获得省科学技术奖励 212 项。南昌大学江风益获得 2015 年度国家技术发明奖一等奖,实现了江西省在该奖项中零的突破。《规划》中提出,在"十三五"期间,江西将围绕"一带一路"、长江经济带、赣南等原中央苏区、鄱阳湖生态经济区、赣江新区等重大战略规划,通过推进高等教育分类发展合理布局和推动应用型高校建设,优化高等教育布局结构,进一步推进教育规模、结构与经济社会协调发展[②]。

为保证《纲要》和《规划》的顺利实施,江西省在深化教育体制改革、创新教育管理制度、创新人才培养模式、加强教师队伍建设、保障教育经费投入、建立健全实施机制等方面均做了相关要求。比如,《纲要》中就明确规定要提高财政性

---

① 以上多组数据皆来自《江西省中长期教育改革和发展规划纲要(2010—2020 年)》,并依据《纲要》公布数据计算整理所得,http://www2.jci.edu.cn/jwc/show.asp? id=58。

② 江西省发改委、教育厅:《江西省教育事业发展"十三五"规划》,http://www.jxdpc.gov。

教育经费支出占全省生产总值比例,确保当年达到 4%,并实现稳定增长。

第二节　区域经济的发展现状与前景

一、发展现状

区域是个相对性概念,既有跨国层次的区域,也有一国内部划分的区域。一国内部划分的,有跨省的经济区域,如海西经济区、渤海经济区等;也有以省为行政区划分的省内区域,如环鄱阳湖生态经济区、昌九工业走廊经济区等。一切经济活动都是在行政区域内进行的,行政区划影响着资源的配置和产业的布局。在一国内的区域发展,有时会是"地方"之意,即相对于中央政府的管理而言。所以,本节研究所称区域,显然是指江西省行政区划分所涵盖的区域,即特指江西经济。

进入 21 世纪后,江西的经济呈现出持续快速增长的良好势头。2001 年,江西第一次提出了"中部崛起"的口号,并提出要把江西发展成为沿海发达地区的产业转移基地、优质农产品供应基地、劳动力输出基地和旅游休闲的"后花园",即"三个基地一个后花园"战略。2003 年,省委提出了"对接长珠闽、融入全球化"的开放战略。2013 年,省委提出"发展升级、小康提速、绿色崛起、实干兴赣"十六字方针,2018 年,省委又提出了"创新引领、改革攻坚、开放提升、绿色崛起、担当实干、兴赣富民"工作方针,找到了一条符合经济和社会发展规律、适合江西省情的发展新路。近年来,江西在经济建设方面取得的成就,主要表现在以下几个方面:

一是经济总量持续增长。纵向来看,全省 GDP 总量从 1978 年的 87 亿元增至 2017 年的 20818.5 亿元,增长了 239 倍。2011 年,全省 GDP 总量实现历史性跨越,成功跻身全国"万亿俱乐部"之列。2017 年,全省 GDP 总量突破 20000 亿元。自 2002 年以来,江西基本保持着 10% 以上的高增长率,经济增速保持全国

"第一方阵"。

二是经济结构不断优化。2017 年,江西省的三次产业结构由 2012 年的 11.7∶53.8∶34.5 调整到 9.4∶47.9∶42.7。粮食生产实现"十四连丰"。第一产业增加值占 GDP 比重降至 10% 以下。高新技术产业增加值占规模以上工业增加值比重近 30.9%,战略性新兴产业、装备制造业和服务型制造业快速发展,江铜集团成为江西首个世界 500 强本土企业。

三是经济质量明显提升。江西通过不断加大科技创新力度,对经济发展升级的支撑作用不断增强。"十三五"期间,江西省通过在全省实施创新驱动"5511"工程及战略性新兴产业倍增计划、传统产业转型升级工程、服务业发展提速三年行动计划、企业技改"三千计划"、农业"百县百园"工程、百千万人才工程等,产业转型升级加快,新动能、新产业、新业态加快成长,对经济发展升级的支撑作用不断增强。

四是人均收入逐步增加。根据中国经济研究院统计,在 2014 年全国 31 省 GDP 含金量(即单位 GDP 人均可支配收入比值,又被称作"幸福指数")的排名中,江西高居第三位,说明全省在实现居民收入增长和经济发展同步,发展成果由人民共享方面取得了较大的成效。2017 年,江西省人均 GDP 突破 6000 美元,城镇居民人均可支配收入 31198 元,农村居民人均可支配收入 13242 元,贫困发生率由 12.6% 下降至 2.37%,50 万人摆脱贫困,人民群众获得感进一步增强。

当然,也应客观认识到,江西省在保持经济持续发展方面还面临着不少困难和挑战。比如:发展基础仍较薄弱。全省经济总量和人均水平均低于全国平均水平,发展滞后仍然是当前的主要矛盾;产业结构不尽合理。农业大而不强,传统产业转型艰难,战略性新兴产业属于起步阶段,服务业尤其是生产性服务业发展滞后;科技创新能力不强。全省研发创新投入强度不足 1%,不到全国平均水平的一半。科技成果转化率低,年技术合同签订与成交金额均处于中部六省末位。企业创新能力不足,仅有不到 5% 的规模以上工业企业建立了独立研发机构。高层次人才缺乏,重大科技平台较少,科技管理分散和创新资源"碎片化"

现象较为突出;资源环境压力加大。虽然全省生态环境质量居于全国前列,但水、气、土壤环境质量均出现不同程度恶化趋势,未来发展的环境空间受到严重挤压;体制机制亟待创新。江西的思想观念与沿海发达省份差距较大,营商环境障碍、体制机制障碍仍然存在,实现根本性、持续性的体制机制创新任重道远。

二、发展前景

从发展环境来看,一方面,目前全球经济进入了后金融危机时代的深度调整期,其突出表现是:全球经济形势总体向好,但不确定性依然突出;以新一代信息技术、互联网、新材料、新能源等为代表的新技术革命浪潮将会产生颠覆性的产业变革,对世界经济格局产生重大影响;国际规则主导权的争夺更加激烈,全球治理规则重构进程艰难推进;全球能源、资源版图和地缘政治环境也在悄然发生变化。另一方面,我国经济正处于增长速度换挡期、结构调整阵痛期和前期刺激政策消化期的"三期叠加"特定阶段,经济发展步入新常态,呈现出增长速度换挡、发展方式转变、经济结构调整、增长动力转换的新特征、新形势。特别是提出了"一带一路"、长江经济带等一系列对外开放和区域合作的倡议和构想。这些变化既是我国新常态时期内涵、条件、要求的新变化,也是对江西省区域经济建设提出了新的要求。

从发展阶段来看,由于经济长期向好的基本面没有改变,"四化"协调发展、新兴消费热点培育、大众创业万众创新孕育新的经济增长点,江西省仍处于大有可为、大有作为的战略机遇期,机遇和挑战并存、机遇大于挑战,并呈现出以下的阶段性特征:一是经济转型升级的爬坡期。江西省经济总量小、人均水平低的现状仍未完全改变,需要继续推进经济总量大跨越,促进发展质量大提升,在爬坡过坎的挑战下实现加速发展。二是实现全面小康的决胜期。江西省与 2020 年全面建成小康社会的奋斗目标还存在较大差距,需要全省有战略决战的勇气,突出重点,把握关键,全力推进全面小康进程。三是生态文明建设的提升期。作为全国生态文明先行示范区,江西省应进一步巩固和提升生态优势,推进生态环保建设,发展绿色循环低碳经济,创新生态文明体制机制,为全国生态文明建设积累经验、提供示范。四是全面深化改革的攻坚期。对于全面深化改革的战略部署,江西省需要加强顶层设计,结合实际大胆探索,攻坚克难,努力在推进重点领域和关键环节改革上取得突破。

从发展原则来看,江西省在发展过程中必须坚持做到以下几点:一是坚持做大总量与提升质量相统一。既要把加快发展摆在首要位置,保持经济较快增长的良好势头,促进经济总量迈上新台阶,又要正确处理发展速度和质量的关系,加快转方式、调结构,实现发展速度、质量、效益相统一。二是坚持经济发展与环境保护相统一。必须正确处理好经济发展与环境保护的关系,实现生态与经济相互协调促进,探索形成符合生态文明要求、体现江西特色的发展模式。三是坚持制度创新与科技创新相统一。要大力实施创新驱动发展战略,以制度创新推动科技创新,以科技创新带动产品创新、组织创新、管理创新、商业模式创新,推动发展从主要依靠要素驱动向要素和创新协同驱动转变。四是坚持扩大内需与对外开放相统一。要在充分挖掘内生经济增长新潜能、发展新动力的同时,坚定不移地实施开放带动战略,努力形成多层次、宽领域、全方位开放格局,促进开放升级,推动经济增长向依靠消费、投资和出口协调拉动转变。

从发展思路来看,江西省要按照"创新引领、改革攻坚、开放提升、绿色崛起、担当实干、兴赣富民"的总体部署,保持战略定力,增强发展自信,坚持变中求新、变中求进、变中突破的总基调,紧扣转型发展、提质增效的主线,主动适应新常态、迎接新挑战、抢抓新机遇、谋划新发展,通过深入推进融合发展、转型跨越、创新驱动、绿色引领,不断挖掘增长潜力,培育发展动力,厚植发展优势,拓展发展空间,加快"富裕、和谐、秀美江西"建设,着力打造更有实力、更具魅力、更富活力的新江西。

从发展路径来看,江西省必须着力抓好以下几方面的工作:一是推进转型升级战略,构建现代产业新体系。二是实施创新升级战略,增强转型发展新动力。三是深化重点领域改革,释放创新发展新红利。要主动对接融入"一带一路"倡议和长江经济带战略,完善对外开放格局,拓展对外开放领域,优化对外开放环境,在更大广度、更深程度、更高层次上参与国内外竞争与合作,提升对外开放新优势。四是推进小康提速工程,形成幸福和谐新气象。五是推进生态文明建设,探索绿色发展新模式。把生态优势转为产业优势和经济优势,努力在全国率先走出一条绿色循环低碳发展的新路子,着力打造全国生态文明建设的"江西样板"。

第三节 服务区域经济建设的优势分析

虽然地方高校与国家重点高校、名校相比,在服务经济建设的实力、水平、影响和声誉等方面可能存在一定的差距,但是,各类高校之间,专业有别,各有分工,各有侧重,都是国民高等教育体系中的组成部分。现代社会的高等教育体系应该是多层次、多样化、作用互补、和谐发展的"生态系统"①,只要地方高校能够扬长避短,在人才培养、科学研究和服务社会方面逐步形成自己的特色和优势,同样可以在区域经济建设中占有一席之地,做出自己的贡献。具体来说,江西的地方高校在服务区域经济建设中,主要表现为人缘和地缘两个方面的优势。

一、人缘优势

人是一种情感性动物,尤其是在中国这样一个格外注重人情关系的社会条件下,地方高校与域外高校相比,其得天独厚的优势或许就是与所在区域的社会各界有着无法切割的天然联系。

一方面,地方政府中的各级官员有相当比例都是本地高校培养出来的优秀学生,他们对母校和师长怀着特殊的感情。因为这里曾经是他们成功起步的摇篮,承载着他们许多美好的青春回忆,所以他们自然希望母校能够获得更好的发展,并且会为母校的发展感到光荣和自豪,因此他们愿意为母校提供自己力所能

---

① 黄家庆、卢明德:《地市高校发展中凸显的问题与对策》,《广西师范学院学报》(哲学社会科学版)2008 年第 7 期。

及的支持和帮助,这也是无可厚非的人之常情,更是一种懂得感恩的宝贵人格和品质。另外,许多地方政府官员也会由于亲朋好友而与地方高校有着千丝万缕的联系。地方高校往往也会因此获得地方政府的更多支持与"关照",与地方政府的合作机会也会更多,从而更好地融入到区域经济建设之中实现校地共赢。这些优势是非地方性高校难以比拟的。

另一方面,区域企业中的许多企业家和管理人员,也有很多是来自于地方高校,他们大多愿意在事业成功后积极回馈母校,或者是希望借助母校的各种关系和资源,来帮助自己获得事业上的更大辉煌。比如,为母校捐赠各种设备设施或设立学生奖学金,重回母校为大学生开设专题讲座,传授成功经验和实战技能,聘用母校的优秀毕业生或提供实习实训机会,聘请母校教师为企业出谋划策或提供技术指导,利用母校的人才资源进行联合办学或为企业员工进行培训,与母校合作共同科研攻关或购买母校的研发成果,从而更好地实现校企共赢。例如,江西财经大学的杰出校友、用友软件董事长王文京,2002年赞助并冠名成立了江西财经大学(用友)软件学院,为母校的专业建设和发展提供大力的支持。

此外,地方高校的教职员工大多来自本区域,他们对家乡有着深厚的感情,愿意为了家乡的经济建设倾注自己的心血。而且他们在本地也拥有很多的人脉关系和资源,可以帮助他们在区域经济建设中获得更多的施展空间和舞台。

二、地缘优势

所谓"地缘优势"是指地方高校拥有服务区域经济优越的地理位置。地缘优势也即区位优势,是地方高校生存和发展的根本所在,也是地方高校提升影响力与竞争力的基础。知识经济时代,区域经济社会发展,为地方高校提供了巨大的发展空间,成为地方高校盘活区位资源和凝练办学特色的有利时机。相对部属院校而言,地方高校在办学层次、学科建设、科学研究等方面比较薄弱,但在与地方企业、区域合作等方面却充分显示出自身特有的区位优势①。由于地方高校大多具有远离省会城市的区位特点,社会服务范围明确,地方特色明显,与地方政府联系便利,在学科、专业等方面设置灵活,合作机会多,互惠共赢可能性大,因此,服务区域经济建设的地缘优势明显②。地方高校在与区域经济建设结合点的选择上,要充分发挥这一优势,充分利用与周边地区的地缘优势、情感优势和智力优势,满足区域经济建设的需要。

(一) 能够更好地为区域经济建设培养输送各类人才

人才培养是地方高校服务社会的基本职能。地方高校大多数都是由地方师范院校或职业技术院校发展而来,具备培养区域经济建设所需应用型专业人才的良好能力。而且地方高校往往更熟悉本区域的产业和资源特色,更能掌握地方政府的战略方向和战略重点等信息,了解区域的人才供求状况,知道哪些是紧缺的应用型人才,从而在培养方式、专业设置和课程体系等方面,按照明确的区域和层次来定位,做到有的放矢。比如,江西新余学院认真分析当地的经济发展要求,与当地公司企业签订了合作办学协议,创办了光伏产业人才培养基地,形成了以围绕太阳能光伏为中心的办学特色,促进了当地经济的快速发展③。宜春学院为适应宜春市发展锂电新能源产业的重大战略决策,在 2010 年首次开办了"锂电本科实验班",更好地对接和支持了地方的经济建设。上饶师范学院依托上饶市三清山、婺源、鄱阳湖、龟峰、黄岗山及周边省市武夷山、黄山和龙虎山等极为丰富的旅游资源,一是与厦门天鹅国际酒店联合办学,开设酒店管理专业,实行订单式培养,由企业提供带薪实习岗位;二是抓住建设上饶三清山机场的契机,开设空乘专业,为上饶大力打造旅游产业培养专门人才。

(二) 能够更好地为区域经济建设提供咨询培训服务

一方面,地方高校有着获取区域范围内丰富信息的技术平台与专业技术人

---

① 柳国梁:《服务型区域教育体系的地方高校转型研究》,高等教育出版社 2014 年版,第 99 页。

② 程肇基:《地方高校与区域经济共生发展的理论探索》,《教师教育研究》2013 年第 5 期。

③ 王瑞君、张兆刚:《区域性高校服务地方经济的思路》,《华章》2011 年第 14 期。

才,有能力为区域经济建设提供信息资源服务和新型智库建设。从实践中来看,各地方高校主要在信息收集、传递、应用、生产等方面为区域经济建设提供服务①。地方高校可以充分利用自身的智力优势和地域便利,深入广泛地了解和把握本地经济社会资源的历史、现状及未来发展趋势,从而在地方政府重大政策的制定与实施过程中,提供理论支撑和科学论证,发挥思想库和智囊团的作用。地方高校的学者往往比名牌大学的知名学者更熟悉地情,又比地方政府官员可能更具理论深度,因此可以站在更高的理论和专业角度,来理解和剖析本地的政策性问题。而且,作为高校的学者往往不会沾染过多的官场习气和牵扯到复杂的人际纠葛,能够也敢于站在更为公正公平的立场向地方政府提出合理化建议。

另一方面,地方高校也可以根据自身的办学条件和区域的社会需求,针对性地进行多种形式的学历或非学历培训,为地方政府及本地企业培养应用型的技术和管理人才,以满足本地各类人员接受继续教育和终身教育的需要,这样既为政府转变管理理念和改进管理效率,也为企业增强市场竞争力和规避市场风险提供了良好的在职人员的培训服务。比如,2004 年,九江学院被九江市委市政府确定为九江市唯一的旅游人才教育培训基地,仅 2005 年就开设了 6 期培训班,培训总人数达 3000 余人②。2013 年,上饶师范学院承办了"国培计划"(2013)——江西省第一批农村幼儿教师短期集中培训项目,来自全省各市县的 200 名农村幼儿园骨干教师接受了学前教育业务技能的"国家级"培训,使参训幼儿教师在专业知识、能力和技能等方面得以全面提升。

(三) 能够更好地为区域经济建设转让孵化科技成果

地方高校虽然在科研水平和条件方面难以与部委直属高校相提并论,但在本区域内仍是科研人才聚集的制高点,并能结合本地企业的技术水平和层次开

---

① 柳国梁:《服务型区域教育体系的地方高校转型研究》,高等教育出版社 2014 年版,第 31 页。

② 蔡飞、樊春梅、张建星:《区域经济视角下的地方高校服务地方经济培养应用型人才的探索——以九江学院旅游学院为例》,《九江学院学报》2009 年第 6 期。

展相适应的研发工作,同时也能借助与本地企业的良好关系成为科技成果的转化与推广应用的重要载体。此外,当本地企业技术水平相对薄弱时,地方高校还能通过建立大学科技园等方式成为科技成果的实验基地和孵化中心,而且在服务方面还具有一定的价格优势,因为区位的便利性不仅能节省企业的交通费用和时间成本,更能为企业提供经常性的后续技术指导。因此,江西高校完全有可能成为本省基础研究的主力军、高新技术研究的重要方面军、科技成果转化与高新技术产业化的生力军,在实现江西在中部地区崛起的伟大进程中,承担起光荣的使命,发挥重要的作用①。

　　近些年来,江西许多高校主动顺应区域经济建设的战略需要,依托本校长期以来所形成的学科和人才优势,在科技成果的转化和推广应用方面,做出了许多努力并取得了丰硕的成果。比如,景德镇陶瓷学院立足服务区域经济和行业发展,积极开展产学研合作,近年来有近 200 项科研成果输送给相关企业,通过科技成果转让、技术开发服务等累计实现经济效益近百亿元,学校荣获了首届"中国产学研合作创新奖"②;宜春学院利用宜春的油茶等特色产业,申请了"化妆品用油茶生产工艺及产品质量标准的研究""油茶籽综合开发利用研究"等课题,既促进了当地油茶产业的发展,又提升了学校的综合科研实力③;江西理工大学拥有的科技创新平台与中国瑞林公司等企业直接签订了 6 个重要战略合作协议,牵头组建和参与了"江西省铜产业战略联盟"等 3 个江西省产业技术创新战略联盟和 10 个由中国有色金属工业协会组织的行业技术创新产业战略联盟④;江西农业大学的农业科技园已经成为展示高等农业教育与现代农业科技成果的

---

① 陈运平:《高校科技创新体系、能力及其对经济增长的贡献研究:以江西省为例》,南昌大学博士学位论文 2007 年,第 162 页。

② 江西新闻网:《奋进中的景德镇陶瓷学院》,http://jiangxi.jxnews.com.cn/system/2013/07/14/012513761.shtml。

③ 王瑞君、张兆刚:《区域性高校服务地方经济的思路》,《华章》2011 年第 14 期。

④ 梅军:《高校科技创新平台服务区域经济建设的探索与思考——以江西高校为例》,《江西理工大学学报》2013 年第 2 期。

窗口,成为学校农业科技成果转化和推广应用重要基地载体;江西中医药大学创建并发展了江中(制药)集团,拥有江中药业和中江地产两家上市公司。学校在科技成果转化方面,先后开发医药产品和功能食品100多个品种,先后有复方草珊瑚含片、健胃消食片、珍视明滴眼液、亮嗓胖大海清咽糖、杞浓果酒、金圣药物低害卷烟等16个产品,实现单品种年销售额超亿元①。

(四) 能够更好地为区域经济建设提供精神文化动力

物质文明和精神文明是相互统一、相互促进的,精神文明建设是物质文明建设的重要内在推动力。正如马克斯·韦伯(Max Weber,1864-1920)在《新教伦理与资本主义精神》一书中指出的那样,任何一项伟大事业的背后都存在着一种支撑这一事业并维系这一事业成败的无形的文化精神②。地方高校是区域社会的文明辐射源和文化交流的高地,并深受区域社会政府和民众的关注,在地方文化和精神的传播弘扬方面具有不可比拟的地缘优势。一方面,地方高校能够依托其在人才培养与学科研究方面的长期积淀优势,在发掘、保护、传承和弘扬地方文化和精神中起到带头研究作用;另一方面,地方高校也可以充分借助各种文化传播载体和形式,向区域民众推广普及具有地域特色的优良精神和文化,从而提升区域的整体人文素养和道德层次。

比如,上饶师范学院借助上饶从古至今名人辈出、地方文化底蕴深厚的优势,一是早在1983年就成立朱熹思想研究小组,1986年组建了朱子学研究所,主要开展朱熹理学思想研究、儒学文献整理与研究,形成了以朱子学研究为中心,拓及理学、儒学乃至中国传统文化的立体式研究框架,是我国高等院校中唯一的朱子学专门研究机构——2014年成立江西省2011朱子文化协同创新中心;二是在2001年成立了辛弃疾研究所,专门研究和弘扬辛弃疾的爱国思想;三

---

① 百度百科:《江西中医药大学附属企业》,http://baike.baidu.com/view/2484232.htm? fr = Aladdin。

② 马克斯·韦伯:《新教伦理与资本主义精神》,阎克文译,世纪文景/上海人民出版社2018年版。

是在2012年成立了方志敏研究中心,充分利用本地区的区位优势资源,挖掘与抢救珍贵革命史料,深入研究"爱国、创造、清贫、奉献"的方志敏精神。此外,上饶的弋阳腔是我国现存最古老、流传最广、影响最大的民间戏曲声腔代表,入选第一批国家级非物质文化遗产名录。上饶师范学院2009年获批了教育部人文社会科学课题"弋阳腔音乐保护与传承研究",对弋阳腔音乐资料进行收集整理,研究弋阳腔音乐的历史、流变及其特点,探讨戏曲音乐的普遍规律和弋阳腔的特殊规律,为弋阳腔的保存发展做出了贡献。

（五）能够更好地为区域经济建设提供资源共享服务

地方高校拥有丰富的人才资源和教学科研设备,但目前一般有效利用率并不高。在这方面,我们完全有必要借鉴国外高校的成功经验,实现地方高校与区域社会的资源共享。从江西地方高校的情况来看,很多高校都拥有长期的师范教育背景,完全有条件利用其优良的师资力量和教学设施办好附属中小学和幼儿园,并扩大校外生源规模,在解决高校教职员工后顾之忧的同时,也为区域社会培养更多的未来栋梁之材;有些医学类高校完全可以设立附属医院,使学校的医疗设备和器械得到充分利用,并有效提升教师的临床经验和理论水平,还能为学生提供最近最佳的实习实训基地,同时也能缓解当地因医疗资源紧缺导致看病难的问题;有些职业技术学院也完全可以根据所设专业成立校办企业或公司,积极融入市场经济的大潮之中。此外,地方高校的图书馆、实验室、网络中心、电教中心、体育馆等设施也都可以考虑向区域公众开放。上述的各种做法,一方面,可以提高地方高校资源设施的有效利用率,增加高校的财政收入,改善师生的福利待遇;另一方面,也可以减少地方政府的教育投入压力,并且更切实地为区域经济建设做出自身的贡献。

第四节　服务区域经济建设的劣势分析

虽然地方高校与国家重点高校相比拥有地利、人和的优势,但不可否认,地方高校在服务区域经济建设方面也存在许多的先天不足和后天失调,从而制约了其更好地为区域经济建设贡献自己的力量。具体而言,江西的地方高校在服务区域经济建设过程中,主要存在着以下三个方面的劣势。

一、服务意识较为薄弱

江西地处中部欠发达内陆地区,一些地方高校在思想观念上相对保守,缺乏较强的市场意识、竞争意识和创新意识,而且由于与国际和国内著名高校的交流相对较少,对当今高等教育的发展趋势了解不够,导致一些高校及其教师忽视了高等教育服务社会的第三职能,也没有认识到区域经济社会对高校自身发展的重要作用。

（一）一些地方高校在办学方向上存在偏差,忽视了服务区域经济职能

首先,我国现行的高等教育管理体制仍然带有明显的行政主导烙印,在行政化办学模式的影响下,地方高校往往难以完全适应市场经济体制的需求,仍然习惯于过去的封闭式办学,缺乏服务区域经济建设的现代教育理念。

其次,近年来由于大学排名、高校评估所采用标准的同一性,以及地方政府和地方高校盲目发展的愿望,致使地方高校发展步入误区①。许多地方高校不顾自身条件,盲目"攀高""求全""贪大",一味追求把学校办成"研究型"或"教学研究型"的"一流大学"和"综合性大学",忽视了地方高校服务区域经济的特殊职能定位,忽略了在教育大众化背景下对本土应用型人才的培养需求。

最后,由于我国高校综合实力评价体系中都是以科研经费的多少、发表论文和专著的数量、获奖成果的数量和等级为评价指标,这就使得地方高校在科研导向上难免形成误区,对科研成果转化应用缺乏应有的重视。

---

① 吴昌林、李海晶:《江西高校人才培养与地方经济发展的思考》,《华东交通大学学报》2007年第6期。

　　此外,也有不少地方高校认为自己的主要任务就是教书育人,服务区域经济建设是副业甚至是不务正业。有一课题组通过实证,对国内 111 所地方高校校长的调查显示:"选择'对当地经济建设很有帮助、有一定帮助、没有帮助和说不清的'"分别占"25%、50%、23% 与 2%"①。

　　(二) 一些地方高校教师在服务区域经济方面存在悲观和畏难情绪

　　一些地方高校教师认为,自身在服务区域经济方面能力有限或者效益不佳,主观上存在悲观和畏难情绪。有些认为地方高校办学条件差、科研水平低、资金支持少,自身欠缺服务区域经济所必需的物质条件和科研能力;有些认为由于近些年高校学生规模扩张速度过快,教学任务已经非常繁重,根本无暇抽身投入区域经济建设的服务过程之中;有些认为自己对社会需求和本地市场缺乏必要的信息和调研,与政府、企业和社会的沟通能力也不强,缺乏主动走出校门服务社会的勇气;有些在开展服务区域经济的过程中曾经遇到过一些挫折,从而产生了自我怀疑和畏难情绪;还有些则认为服务区域经济投入精力大,而且经济效益和社会效益差,因而不愿意自讨苦吃。

　　(三) 一些地方高校教师存在科研导向偏差,对服务区域经济缺乏关注

　　一些地方高校教师片面地以评职称为科研导向,对服务区域经济缺乏应有的重视。现行的科研导向是以论文的多少来衡量科研人员能否评职称、定岗位、涨工资,继而荣升职位,高校教师把发表多少论文,能不能对职称评定有用,作为科研的终极目标,科研的方向、目标、重点背离了经济建设和生产发展需要②。因此,很多教师在科研中存在明显的功利主义思想,不是以经济建设和市场需求

　　①　张婕:《地方高校与区域经济发展的关系及政策取向——对全国 111 所地方高校校长的问卷调查报告》,《国家行政学院学报》2007 年第 7 期。
　　②　杨晓玲:《推动江西高校服务社会、产学研合作的对策思考》,《江西财经大学学报》2006 年第 6 期。

为科研导向,而是单纯为了搞科研而科研,为了发表文章而发文章,平时只会从资料文献而不是现实需求中找科研课题,只会关起门来闭门造车而不是以实地调研为科研依据。

(四)一些地方高校教师固守错误传统观念,不愿意主动服务区域经济

一方面,不少人认为搞基础研究和发表论文才是做学问,轻视应用研究和科技成果转化,看不起横向合作,看不起产品开发和工艺创新,更看不起科技成果在县乡一级的推广工作[1];另一方面,由于有些地方高校是区域内的最高学府,部分教师在潜意识中存在"一方老大"的自满意识,在服务区域经济方面,总是希望对方登门求教,不愿意主动创造机会走出校门。

(五)一些地方高校不愿意向社会开放各种资源设施以实现资源共享

虽然目前许多地方高校的资源和设施或多或少已经向社会开放,但是开放的程度远远不够,开放的效果也不甚理想。究其原因,还是地方高校自身在资源开放问题上存在诸多顾虑,不愿意向社会开放各种资源设施实现资源共享。比如,有些担心图书馆、实验室、体育场等硬件设施的开放,会增加学校的维护费用和成本;有些担心资源开放后可能造成资源紧缺,无法满足师生正常的教学科研和文体活动需求;有些担心资源开放后由于和社会公众的信息沟通不畅,造成资源浪费或效益不佳。这些都是高校在资源开放时,需要考虑并值得担心的现实问题,而且这些顾虑也确实存在一定的合理性。

二、服务能力相对欠缺

江西的地方高校由于国家政策倾斜、地方财政投入和自身发展定位等问题,导致在发展过程中普遍面临着人财物等方面的实际困难,其综合竞争力不仅与

---

[1] 凌宏彬:《强化服务职能,助推安徽崛起——进一步推进安徽省高校服务经济社会发展调研报告》,《中国高校科技与产业化》2008 年第 6 期。

国内著名高校和发达地区高校存在明显的差距,就是与中部的其他省份相比也处于相对的劣势地位,这也使得江西的地方高校自身实力不强,难以为区域经济建设提供充足的智力支持。

（一）地方高校人才培养不足,无法成为服务区域经济的人才培养储备库

首先,江西高校办学经费的普遍短缺制约了培养人才的能力。江西虽然提出要稳步提高财政性教育经费支出占全省生产总值比例,但江西的经济实力在全国仍属于欠发达水平,因此财政投入的总量相对其他省份仍然较低。而且,随着国家教育经费投向的调整倾斜,高等教育在教育总体经费所占比重不仅没有增加,反而有所下降。此外,对于某些省市共建或市属地方高校而言,由于地方政府财政的紧张,使得这一类高校的办学经费就更为捉襟见肘。

其次,江西高校办学定位的不科学导致了人才供求的失衡。这个问题主要表现在三个方面:

第一,办学层次攀高。目前,"中专变大专,大专变本科,专科变学院,学院变大学,不顾地方情况和自身的办学实力盲目提升办学层次"①。但是,地方高校盲目追赶重点大学,既打乱了高校的职能分工体系,实际上也失去了地方高校的办学特色。

第二,办学规模贪大。据不完全的测算,在高校后勤化改革后,效益最好的规模是:"专科 4000~5000 人,本科 8000~10000 人,超过 1 万人规模的大学,一定要采用分校管理或分学院管理的模式,否则,效益将会下降"②。但是,目前国内高校的本科生平均规模是美国的 2~3 倍,江西本科高校也是动辄上万甚至数万学生,大多数高校都在相互攀比学生人数规模并以此为荣。

第三,办学模式趋同。20 世纪末以来,"扩招、规模、速度"一直是地方政府与地方高校追逐的关键词,在"做大"的浪潮下,追求"大型化、综合性、高水

①　叶芃:《地方高校定位研究》,华中科技大学博士学位论文 2005 年,第 28 页。
②　周绍森、储节旺:《地方高校如何走出误区科学定位》,《中国高等教育》2004 年第 2 期。

平",导致了专业设置的雷同乃至千校一面的情形,地方高校没有自觉融入到专业要"专"的要求中去。根据相关研究,江西大部分地方高校的专业设置定位,基本是理、工、农、医、政治、经济、历史、文化、地理、教育等各个领域在内的门类齐全的综合性大学。比如,九江学院、赣南师范大学、江西科技师范大学、上饶师范学院、宜春学院这几所综合性地方高校全部开设了英语、计算机科学与技术、电子信息工程、汉语言文学、新闻传播、音乐、美术、工商管理、法学、国际经济与贸易、化学化工、生命科学、体育等专业,专业设置高度重叠,绝大部分仍是传统的专业加时下热门的专业。由于专业设置的趋同,缺乏学科建设的特色,最终也导致培养的人才缺乏专业特色,缺乏地方特色,千人一面,就业竞争力下降①。

最后,高校师资队伍的弱化影响了培养人才的能力。一方面,由于江西的经济水平所限,高校教师的工资待遇不高,科研条件和氛围也不如沿海发达地区的高校,导致高校既留不住更引不来事业心强的优秀人才,不少高校师资队伍的整体水平在全国高校中与以前相比非升反降。另一方面,在前些年的高校本科评估过程中,许多地方高校为了评估达标,突击引进了一批硕士层次的年轻教师,造成师资队伍在年龄结构搭配上不合理,缺少经验丰富、能力出众的中年教师骨干,"青黄不接"现象较为突出。

(二) 地方高校科技创新不足,无法成为服务区域经济的动力源和孵化器

高校在发展高科技,实现产业化,把知识转化生产力方面起着重要的孵化器和辐射源的作用②。但是江西高校普遍存在成果转化率低、成果转化经济效益差等问题。

首先,江西高校科研经费不足是制约科技创新能力的重要瓶颈。有的科研能力不强,难以争取到更多纵向科研经费;有的与地方政府和企业的联系不够紧

---

① 王瑞君、张兆刚:《区域性高校服务地方经济的思路》,《华章》2011年第14期。
② 王环:《地方高校服务地方经济的几点思考》,《华章》2014年第1期。

密,难以争取到横向科研经费①。科研经费的短缺,一是使得高校科研设备落后,科技创新平台建设不力。二是造成高层次科技人才流失,缺乏承担重大科研任务的学术大师和科研领军人物。三是导致科技队伍整体素质不高,难以形成能够承担重大科研项目的科研团队。

其次,江西高校科研评价导向的偏差导致教师过分重视基础理论研究,研究选题和成果与区域经济需求脱节。现在各高校都非常重视科研工作,其实质只是科研成果的数量和科研获奖的情况,而不是科研成果的创新性和应用性。为了评职称而从事科研,为了多出快出科研成果而闭门造车。

最后,江西高校科研成果转化效果不佳影响了服务区域经济的水平。造成这一问题的原因是多方面的:第一,由于高校的科研成果本身是低层次的重复研究,创新性和应用性都存在明显不足,企业自然不愿花冤枉钱来购买这类高风险低回报的科研成果;第二,由于江西本地企业多数规模较小,就地转化的科研成果往往效益不明显,导致一些经济价值高的科研项目流向外省特别是沿海经济发达地区,出现了"墙内开花墙外香"的局面;第三,多数高校特别是中小城市的普通高校由于资金缺乏,融资渠道不畅,科技资源分散,协同创新不强,往往不具备建立大学科技园区或中试基地的条件,所以高校许多高风险高回报的高新科技成果都是以简单方式转让给企业,无法形成必要的孵化机制来推动区域的产学研合作和产业升级优化。

（三）地方高校服务能力不足,无法成为服务区域经济的智囊团和服务站

首先,不少高校教师的研究都是从理论到理论,但对于如何通过理论联系实际来解决区域经济建设面临的现实问题则显得能力较弱,所提出的政策建议往往是纸上谈兵,缺乏针对性和可行性,无法很好地成为本地区政府和企业的思想库和智囊团。

---

① 盖锐、杨光:《高校产学研合作的现状分析与对策研究——以江苏高校产学研合作实践为例》,《鄂州大学学报》2008 年第 6 期。

其次,现在江西高校普遍缺少既有理论深度又有实践经验的"双师型"教师,不少教师在课堂上面对涉世未深的大学生尚有夸夸其谈的资本,但是当把对象换成了政府职员和企业员工,尤其是在面对那些实践经验比自己丰富的政府部门领导或企业高管时,往往会显得底气不足,培训效果不尽如人意,这也使得校地或校企双方很难形成长期有效的培训合作关系。

最后,由于江西高校的经费投入有限,加上近年高校规模扩张的速度过快,高校的图书馆、实验室、体育馆等软硬件设施设备并不完善,就连本校师生的正常需求都无法满足,倘若还要向社会公众开放的话,只会加剧高校资源的需求矛盾。

三、服务机制尚不健全

社会服务机制为地方高校开展社会服务创造了条件,是地方高校潜在社会服务能力转化为现实生产力的重要环节,对提高高校社会服务能力具有重要影响。从江西高校的情况来看,服务机制不够完善的问题可能尤为突出,主要表现在以下几个方面。

(一) 地方高校的管理机制僵化滞后

江西不少地方高校仍然没有摆脱计划经济模式的束缚,教育体制行政化倾向较为严重,行政权力和学术权力之间缺乏边界清晰、相互制衡、良性互动的合理机制,存在着管得太多、统得过死的弊端,不能完全适应市场经济体制的需求。

首先,在人才培养机制方面,江西不少高校仍旧习惯于封闭式办学,教学管理体制和运行机制缺乏特色和创新,导致了高校存在着人才培养难以满足区域经济发展需要的问题。比如,江西多数高校都存在着必修课程多、选修课程少的状况,忽视了学生学习的主动性。理论课程过多,实践课程严重不足,忽视了学生思维方法和能力的训练,不仅使得学生被动接受,而且阻碍了大学生创新精神和创新能力的培养①。

---

① 张人崧、伍新德:《国外高校服务地方经济的演变、模式与经验》,《中国成人教育》2012 年第 4 期。

其次,在科学研究机制方面,江西高校的科研管理体制大都是在原教学体制的基础上建立并逐步展开的,以传统模式为主,其工作思路是程序化的项目管理和成果管理。随着新形势的发展,现有的科技创新管理体制显得滞后,已不能满足科技创新发展的要求①。比如,江西大多数高校在产学研合作过程中,一方面,高校自有科技产业是高校事业单位的一部分,需要服从于高校的行政管理;另一方面,具有企业单位的性质,需要按照市场机制进行运行和竞争。由此,企业往往处于尴尬的两难境地,经济效益不佳。

最后,在服务社会机制方面,由于江西高校的社会服务政策导向模糊,在服务社会的管理办法、规章制度及其发展规划等方面都没有形成健全的制度规范,有些高校重规划轻落实,光提口号但无行动,导致高校教师对该不该服务、能不能服务、服务的回报、提供什么服务和怎样进行服务都无法找到相应的规定依据。

(二)地方高校的组织机制运转不畅

当前,大部分地方高校由于没有专门的社会服务管理机构,不能对服务区域经济建设进行统一组织和领导,不利于全盘规划和统筹管理。有的即使设立了有关服务机构,但这些服务机构大都名存实亡,并没有起到什么实际作用②。

实际上,目前江西高校中已经有不少教师主动跨出校门走向社会,利用自身的专业优势和社会资源,积极投身于服务区域经济建设的过程中。比如,为当地的企事业单位出谋划策或者提供各种技术指导服务,甚至跳入商海自主创业。但是,由于学校没有专门的组织机构进行统一管理协调,教师服务区域经济基本上是依靠单打独斗式个人行为,未形成有效合力,总体效益不理想,而且增加了教师服务区域经济的困难和风险,同时也为学校对教师的管理埋下了一定的安

---

① 梅军:《高校科技创新平台服务区域经济建设的探索与思考——以江西高校为例》,《江西理工大学学报》2013 年第 2 期。

② 胡丽娟:《安徽大学服务地方经济社会发展研究》,安徽大学硕士学位论文 2013 年,第 29—30 页。

全隐患。

（三）地方高校的激励机制不尽合理

从江西高校的情况来看,不少高校还没有出台规范社会服务的政策和配套措施,缺少相应的激励政策和分配制度。地方高校之所以热衷于跟风或模仿,从办学理念来看,还是重"学"轻"术"所导致的结果①。受"早出成绩、快出成果"的驱使,往往只将眼球停留在论文、项目、获奖上,只对教师的授课课时、科研成果进行量化,而教师是否进行了社会服务、社会服务质量的好坏、创造的经济效益、受益者的评价等,都没有被列入绩效评价指标而给予合理的、科学的评价与奖励,伤害了教师开展社会服务的积极性②。

（四）地方高校的合作机制尚未形成

地方高校内部以及校际之间,在服务区域经济建设的协同机制上普遍缺失。实际上,服务区域经济的工作涉及高校的诸多方面,必须由高校来统一整合,协调本校相关职能部门和二级学院之间的各种资源,以此共同推进服务区域工作。但是,江西高校目前普遍尚未建立有效的沟通协调和资源整合机制,存在着统筹不力、条块分割、各自为政和资源分散等问题,没有形成一种上下联动、左右互动、齐头并进的良好运行机制。比如,目前不少江西高校尚未建立地方合作委员会或校企合作委员会,即使建立了相关机构也往往形同虚设,没有委派专人负责管理协调工作;在进行科研活动时,仍然沿用传统的课题组模式,科研活动往往相对自我封闭,相关课题组之间缺乏交叉融合,从而影响了科研创新的能力。此外,不同高校之间基本上也是各自为战,未能结成校际战略联盟,协同利用各自优势资源实现利益共赢。

地方高校与社会各方尚未形成良好的对接机制。要更好地服务区域经济,地方高校自身就必须摆正心态,端正姿态,有意识地建立与社会各方的对接机制

---

① 和飞:《地方大学办学理念研究》,高等教育出版社 2005 年版,"前言"部分。

② 徐元俊:《地方高校服务地方经济建设的策略与途径探索》,《河北经贸大学学报》2012 年第 3 期。

和发展平台。欧美许多高校没有围墙完全对社会开放,不能用围墙把自己圈起来。江西的一些地方高校往往有意无意地把自己与社会隔绝开来,从而制约了高校与地方各界的互动发展。

第五节 服务区域经济建设的机遇分析

地方高校能否实现健康发展和提升服务区域经济的能力,必然会受外部环境因素的影响。可以说,江西的地方高校正面临着空前的发展机遇,如果能够抢抓机遇,江西的高教事业在未来的一二十年里,将会迎来发展的黄金期,从而实现历史性的跨越式发展,大大提升在国内高校中的竞争实力,同时也能为区域经济建设做出重要的贡献。

一、区域经济建设发展现状造成服务需求大幅增加

(一)人口的持续增长需要地方高校加快人才培养输送能力

改革开放后,江西的人口总量不断增长。1978 年,全省总人口数为 3182.8 万人。1994 年,全省人口总量突破 4000 万人。2012 年,全省的总人口数达到 45039.3 万人。同时,根据有关预测,江西省总人口数在 2037 年之前将呈缓慢增长趋势,2037 年达到最高点的 4848.18 万人,之后开始缓慢回落,到 2060 年降至 4627.01 万人,低于 2019 年(4646.97 万人)的人口总数①。此外,从全国的人口总量的增长趋势来看,根据国家计划生育委员会"中国未来人口发展与生育政策研究"课题组的预测,中国未来人口规模将在 2035 年—2045 年之间达到高峰,区间在 14.5 亿至 16.7 亿之间②。

人口总量的持续增长致使教育需求急剧扩大,这对江西省目前较为薄弱的

---

① 张晓霞:《江西人口预测及发展趋势分析》,《江西社会科学》2012 年第 10 期。
② 孙明哲:《使用六普数据对中国未来人口规模趋势的预测——兼论未来 50 年中国人口规模衰减的程度》,《北京社会科学》2014 年第 5 期。

高等教育事业既构成了一定的压力,也为规模扩张提供了巨大的市场空间。根据《江西省中长期教育改革和发展规划纲要(2010—2020年)》要求,全省的在学人数总规模将从2009年的95.5万人增加到2020年的135万人。同时为了提高人口的整体素质,全省的高等教育毛入学率将从2009年的24%增加到2020年的42%①。因此,人口总量的增长和入学比例的提高,都迫切需要江西高校加快发展步伐,以更好地满足和服务于社会需求,为江西区域经济建设输送更多的人才。

(二) 经济的持续增长需要地方高校提供更有力的智力支撑

江西经济近年来的持续快速增长,客观上必然导致江西省对人力资本尤其是人才资源的需求大大增加,这就需要江西高校充分发挥其智力资源优势,推动高等教育和职业培训的蓬勃发展,为江西经济培养更多的应用型人才。同时,江西如果要实现可持续的高速增长,就必须改变过去高投入、高消耗和高污染的粗放型增长模式,通过技术创新和制度创新大力发展生态经济。这就需要高校为江西这辆经济快车装上强力的技术引擎,在培养更多的技术型人才的同时,积极为政府的经济发展规划提出更多的合理化建议,为产业的升级优化提供更多的科技支撑和智库服务。

(三) 物质和文化基础的薄弱需要高校提升服务经济的水平

物质和文化基础的薄弱需要高校提升服务经济的水平。江西的经济发展虽然速度较快,成绩斐然,但由于起点太低,基础薄弱,作为一个经济欠发达的农业大省,总体上仍旧处于工业化中期的前半阶段,在农业现代化、新型工业化和城镇化等各方面都相对滞后,在全国范围内基本处于中游偏下水平。而要实现江西经济的科学发展、绿色崛起和进位赶超而不是差距被越拉越大,就必须使科学技术真正成为第一生产力,而这就需要地方高校充分发挥其作为技术进步动力源的作用,加强地方高校在对区域经济和科技发展方面的辐射、渗透、引导和改

---

① 《江西省中长期教育改革和发展规划纲要(2010—2020年)》,《江西日报》2011年1月7日。

造的能力。

同时,江西历史上在经济、文化方面都曾经繁盛一时,但由于19世纪末铁路对内河运输的冲击,造成江西在经济上逐步走向衰落,思想上也日趋封闭保守,较为欠缺现代市场经济所需的竞争精神和创新意识,主要表现为抢抓机遇的意识不强、敢闯敢冒的勇气不足、营造发展环境的措施不力、干事创业的氛围不浓等。而要转变人们落后的思想观念,说到底关键还是要靠教育。因此,为江西的区域经济建设注入强大的精神文化动力是地方高校被赋予的使命和职责,同时也必然是大有可为的。

此外,江西的相对落后在客观上也有利于地方高校的稳定发展和服务能力的提升。正是由于落后,人们通过教育治贫脱贫,通过上大学跳出农门改变命运的愿望往往会比发达地区强烈得多,这对于地方高校稳定和扩大办学规模是非常有利的。同样,也正是由于落后,在一些地区尊师崇文的中华民族传统美德得以很好地沿袭,这也更有利于地方高校履行传道授业解惑的人才培养职责,从而抓好高校办学质量,为区域经济建设培养出德智体美全面发展的优秀人才。

二、科教兴赣人才强省战略的提出强化政府重视扶持

(一)政府对地方高校服务经济的作用日益重视

科教兴赣和人才强省战略的提出,意味着江西在政府观念层面上已经开始对教育事业的经济服务职能有了更多的重视。过去,有些地方政府对地方高校和区域经济之间的关系认识不清,将两者相互对立起来,片面地认为发展高等教育只会给地方财政造成额外的负担,而且占用了区域经济建设的发展资金和资源。地方高校一是人才培养的摇篮,可以为本地培养大量的各类经济建设人才;二是科技创新的基地,可以为本地发展高新技术产业和改造传统产业提供良好的技术支撑;三是服务地方的平台,可以利用高校的人才和设施资源为社会提供广泛的服务;四是绿色经济的典范,可以直接拉动本地

的经济发展①；五是城市形象的名片，可以大大提升城市的知名度；六是招商引资的纽带，可以利用"母校牌"吸引优秀毕业生资源回来投资创业。

随着地方高校在服务经济方面的作用日渐凸显，以及政府执政理念和水平的不断进步，现在很多地方政府开始认识到，地方高校与区域经济之间是相互依存相互促进的，地方高校作为构建区域经济软环境的重要力量，在服务区域经济方面完全可以做出积极的贡献。政府观念认识上的转变，对于地方高校获得更好的发展环境和更好地融入区域经济建设，无疑将会产生非常重大的影响。

（二）政府对地方高校财政投入的力度不断加大

近年来，由于江西省各级地方政府对高等教育事业的高度重视，对地方高校在财政投入力度方面也不断加大。"十二五"期间，江西省"井冈学者"特聘教授17 人，总量达 30 人。② 近年全省财政投入 8 亿元专项资金，在全国率先启动省级"2011"计划，以高校为牵头单位，联合科研院所、企业等，组建了 56 个省级"2011 协同创新中心"，这些中心围绕全省十大战略性新兴产业的重大技术需求，协同攻关，取得了一系列重大标志性成果③。从 2010 年开始，江西省实施"赣鄱英才 555 工程"，即在 10 年之内面向海内外引进 500 名急需紧缺的高层次人才来赣创新创业（简称"创新创业人才引进计划"），柔性引进 500 名具有国际先进水平、国内顶尖水平的高端人才为赣发展服务（简称"高端人才柔性特聘计划"），立足本省选拔 500 名高层次创新创业人才进行重点培养（简称"领军人才培养计划"）；2012 年 11 月，江西省发布了《江西省教育事业发展"十二五"规

---

① 地方高校的师生实际上是一个很大的消费团体。根据粗略估算，一名大学生在校期间的年平均消费额在 10000 元左右，假设一个大学在校生数为 1 万人，则该校学生对当地至少每年直接贡献 1 亿元。此外，高校经常组织的各种的考试、会议和活动等，也都会对当地的很多行业产生积极的拉动作用。而且，教育行业与第二产业相比，具有消耗低、污染少和回报稳定的优点，属于最为理想的现代绿色产业之一。

② "井冈学者"特聘教授面向海内外公开招聘，聘期 3 年，江西省政府给予每人每年奖励 20万元，奖励数额为国内最高。

③ 叶仁苏：《加快高校科技创新 促进江西经济社会发展》，《江西教育》（管理版）2016 年第10 期。

划》,明确规定要提高财政性教育经费支出占全省生产总值比例,确保2012年达到4%,并实现稳定增长[1];"十二五"期间,江西出台本科高校中青年教师发展计划,即每年投入2000万元专项经费,实施新进教师素质培养、青年教师教研推进、优秀教师专业发展、管理人员能力提升四大项目,打造具有较高教学技能的教学型师资队伍、高水平教学研究型师资队伍和具有较高综合教学研究能力的研究教学型师资队伍[2];2013年,江西省安排经费6亿余元,用以实施高等学校"质量工程"、协同创新中心建设、科技落地计划等项目[3];建立了公共财政扶持民办教育的政策,"十二五"省财政安排的民办教育发展专项资金达2.2亿元。《江西省教育事业发展"十三五"规划》中提出,要支持符合产业规划、就业质量高和社会贡献大的专业扩大培养规模,重点扩大电子信息、新型光电、生物医药、节能环保、新能源、航空制造、先进装备制造、新能源汽车等战略性新兴产业人才培养规模。进一步加大财政对相应专业的拨款力度,提升生均经费拨款权重。

对于主要依靠政府财政经费的江西地方高校来说,财政投入的不断加大无疑是一个巨大的福音,地方高校在基础设施及发展实力从软件到硬件方面都将获得很大的提升,也为地方高校更好地服务区域经济建设打下了良好的基础。

（三）政府对地方高校政策扶持的机制更加完善

地方高校若要真正实现可持续发展和提升服务区域经济水平,关键不是一味地依靠政府的不断输血,而是要使地方高校能够形成良好的造血机制,而造血的机理就是政府应当以转变职能和简政放权为重点,不断落实和扩大高校办学自主权。1998年颁布的《高等教育法》规定,高校享有招生、学科专业设置、教育教学、科学研究与社会服务、国际交流合作、机构设置与人事管理、财产管理与使

---

[1]　江西教育厅:《在特色学科领域找准切入点　形成协同创新新优势》,《中国教育报》2012年6月18日。

[2]　徐光明:《江西实施高校中青年教师发展计划》,《中国教育报》2013年3月30日。

[3]　廖济堂:《江西将扩大高校办学自主权　2013年普通本科高校增至27所》,《江南都市报》2014年3月4日。

用等 7 个方面的自主权。2010 年《国家中长期教育改革和发展规划纲要
(2010—2020 年)》颁布实施以来,高校在选拔录取、本科专业设置、自行审核一
级学科博士点、设置研究生院、招聘人才、校长公开选拔、资产管理等方面获得了
更多的自主权①。在扩大地方高校办学自主权和完善对地方高校的政策扶持措
施方面,江西省政府同样做出了积极的努力,并取得了很大的成效,江西的民办
高校得以蓬勃发展就是一个最好的例证。

早在 1989 年,江西省就明确提出,只要符合国家有关法律规定,有利于增加
教育投入,有利于扩大教育规模和提高教育质量,有利于满足社会需求,各种办
学形式都可以大胆试验,积极探索。为此,江西省教育厅专门设立了社会力量办
学处。2001 年,江西省在南昌市专门规划建设两个高校园区,将民办学校统一
纳入园区建设,以优惠政策鼓励投资办学者购地建校②。2007 年 1 月,江西制定
了《江西省民办教育促进条例》,对江西民办教育的权利以及法律地位进行了明
确认定。2008 年 1 月的全省民办高校工作会议上,提出要对公办与民办高校学
生一视同仁,对民办高校统招生中的优秀学生和经济困难学生,财政安排资助经
费,按照同等条件享受同等待遇。同时,对依法办学、诚信招生的民办高校,在招
生计划和专项资金安排上适当倾斜,引导其更好更快发展③。在近几年民办高
校陷入发展瓶颈时,为支持民办教育事业,江西连续 4 年将普通本专科招生计划
的增量部分,坚持向民办高校倾斜。此外,为保证江西省民办高校的生源,在民
办高校坚持划定分数线的情况下,实行一次性降分录取政策,同时,积极支持民
办高校面向省外招生。为提高新生录取的报到率,较大幅度增加了民办高校的
超录比例。由于实行计划安排倾斜、增加出省比例、扩大超录比例、实行一次性

---

① 郝平:《进一步落实和扩大高校办学自主权》,http://old.moe.gov.cn/publicfiles/business/ht-mlfiles/moe/moe_176/201312/160502.html。
② 沈栩:《昨天·今天·明天——改革开放 30 年江西民校发展回眸》,《新法制报》2008 年 5 月 30 日。
③ 王娜娜:《基于 SWOT 分析的江西民办高校发展战略研究》,华东交通大学硕士学位论文 2008 年,第 20 页。

降分"四轮驱动",使该省民办高校在生源相对减少、外省民办高校招生规模扩大的情况下,相对稳定了办学规模①。2014 年 5 月,江西省教育厅就《关于进一步促进民办高等教育发展的若干意见》征求意见,计划在今后进一步扩大民办高校办学自主权,包括扩大招生自主权、扩大专业设置自主权、扩大收费自主权。《江西省教育事业发展"十三五"规划》中提出,要优化社会力量办学环境,积极营造良好社会氛围,促进民办教育更好的发展。建立完善民办学校教师社会保险制度与人事管理制度。在税收、用地、公共事业收费等方面保障非营利性民办学校享有与同类公办学校同等的优惠政策。2018 年 6 月,江西省制定了《关于鼓励社会力量兴办教育促进民办教育健康发展的实施意见》,出台了加大财政投入力度、创新财政扶持方式、拓宽办学筹资渠道、创新土地供给政策、落实税费优惠政策、探索多元主体合作办学多项促进民办教育健康发展的扶持政策。

　　对于公办的地方高校,江西省政府的教育改革和政策扶持力度也在不断加大。比如,2014 年,江西省教育厅表示今后将继续改革高等教育管理体制,坚持和完善党委领导下的校长负责制,扩大高校办学自主权,加快推进大学章程建设②。江西省还在积极推进市属高校上划省管,对达到一定标准的设区市公办普通本科高校,逐步上划省管。此外,江西省正不断健全以设区市为主、政府统筹、行业参与、社会支持的高等职业教育管理体制。为支持新余发展新能源产业,2013 年省政府批准在"江西太阳能职业技术学院"的基础上设置"江西新能源职业技术学院",支持学校做大新能源学科,服务地方产业发展。为支持赣南等原中央苏区振兴发展,2013 年省政府批准在"赣南教育学院"基础上设置"赣州师范高等专科学校",为赣南苏区培养更多基础教育领域的教师③。《江西省

---

① 王剑:《江西民办高校陆续更名　获招生政策倾斜人数破 10 万》,中国新闻网,2012 年 2 月 29 日。

② 廖济堂:《江西将扩大高校办学自主权》,《江南都市报》2014 年 3 月 4 日。

③ 张武明:《江西省省部共建高校达 13 所　全省本科高校 27 所》,《江西日报》2014 年 3 月 4 日。

教育事业发展"十三五"规划》中提出,要加强对普通本科高校向应用型转变改革试点的指导,充分发挥试点高校示范引领作用,推动具备条件的普通本科高校向应用型转变。

随着政府和地方高校的权力边界不断厘清,政府的监管更加科学到位,政府的扶持更加清晰有力,地方高校办学自主权也进一步落实和扩大,这必将促进全省高等教育事业的健康发展,更好地发挥地方高校的办学主体地位,不断激发高校的办学活力,同时增强高校服务区域经济建设的能力。

第六节　服务区域经济建设的挑战分析

在看到上述发展机遇的同时,也必须客观正视各种现实存在的外部挑战,必须清醒认识到发展的过程不可能是一帆风顺的。如果不能正确地认识和对待这些环境挑战因素,江西的地方高校也可能会在这些发展阻力面前停滞不前,白白丧失大好的发展机遇,也难以为服务区域经济建设发挥应有的作用。

一、政府对地方高校的扶持力度相对不足

(一) 中央政府层面的问题

首先,存在着政策制定不力的现象。我国虽然在 1999 年的《中华人民共和国高等教育法》中明确规定了高校的社会服务功能,但是现行法律法规大多过于笼统,可操作性不强,缺乏高校在服务性质、形式和范围等方面的适用条例或具体细则。这也使得地方高校在服务过程中,因为缺乏相应的依据和保障而显得无所适从或困难重重。还有,我国为了提升高等教育质量,自 20 世纪 90 年代末陆续出台了一些高校教学工作评估标准,但这些评估指标体系,大多偏重教学、科研指标,科研成果的转化速度与成功比例、服务于经济社会的贡献等,都未得到应有的认知和重视,这方面的诸多要素甚至未能纳入评估指标体系中去,这些政策方面因素从客观上影响和制约了大学为社会服务

的积极性①。这样的评估标准,不仅不能真实地反映地方高校的综合实力和水平,反而削弱了地方高校服务地方社会的动力和热情,不利于地方高校社会服务的开展②。以本科教学水平评估为例,我们谈教育质量,主要是指教育投入、教育过程、教育产出和教育结果四个方面,作为政府行为的评估,重要的是去评估教育的结果,而不是教育的过程③。如果评估对教育过程过于强调,对微观层面干预过多,既不利于高等教育事业的长远发展,也难以激励地方高校为区域经济建设服务。

其次,存在着政策干预过多的情形。长期以来,我国高校实则处于政府附属地位,政府对高校统得过多管得过死。虽然近年来逐步扩大了高校的办学自主权,但是并没有从根本上将权利真正赋予高校,高校在招生计划、专业设置、经费使用和人才引进等方面,依然受到不同程度的限制。比如,由于专业设置受限,国家严格审批把关,难免脱离市场需求,致使一些应用性与服务性专业难以得到获批准行。这种高度集中的决策体系,虽然在一定程度上可以保证最高决策者的部分决策目标的实现,但这样一来,一方面,严重束缚了高校师生的积极性和创造性,使学校成为一切听命于上级主管部门旨意的附属品,从而使高校丧失了办学活力和对社会、经济、人才市场需求的应变能力;另一方面,由于中国高等教育是一个庞大的系统,而且布点分散,各校的情况千差万别,面对这种情况,任何万能的最高决策者,也决不可能保证自己的决策不脱离实际和不发生失误④。

最后,存在着政策扶持太少的现象。第一,虽然我国在教育经费方面的投入不断加大,但更多的是投向了中小学教育,高等教育在整个教育经费中的比重是趋于下降的。第二,依据教育成本分担支付原则,国家财政不可能为所有的高等

---

①　谢和平:《开放合作:现代大学崛起的必由之路》,《中国高等教育》2007 年第 3 期。

②　胡丽娟:《安徽大学服务地方经济社会发展研究》,安徽大学硕士学位论文 2013 年,第 25 页。

③　王蓉:《第五届中国经济展望论坛》,http://business.sohu.com/s2007/2007ccer/。

④　朱向群:《推进地方高校服务地方经济社会发展的对策研究》,湘潭大学硕士学位论文 2008 年,第 22 页。

教育提供经费保障,特别是地方高校。国家财政重点保障的是"985 工程"和"211 工程"高校,与之相比,地方高校获得的公共财政经费资助较少。由于高等教育长期实行扶优保重的偏向性政策,导致地方高校与部委所属高校相比日益成为弱势群体。虽然地方高校在数量构成上占有绝对比例,但无论在经费投入、科研立项,还是重视程度等方面的差距都在人为地不断拉大,使得原本就实力不足的地方高校更加举步维艰,这也势必影响服务区域经济建设能力的发挥①。第三,《国家中长期科学和技术发展规划纲要(2006—2020 年)》明确提出,要支持鼓励企业成为技术创新主体。为了加强企业对基础研究活动的重视,提高企业基础研究的能力,国家政府科技经费的投入,逐渐地从高校和科研院所向企业倾斜②。自从国家在"十一五"发展规划中提出将企业作为自主创新主体之后,政府的科研经费更多地向企业转移倾斜,这对一直以来高度依赖政府投入的高校科研工作的开展必然带来严峻挑战。

(二) 地方政府层面的问题

地方政府对地方高校的促进作用,是地方高校服务区域经济建设的重要问题,也是三螺旋理论中关注的焦点问题。地方高校服务区域经济建设的方向,取决于政府、高校和企业三者之间相互作用与相互影响所形成的合力。由于地方高校与地方政府缺乏有效的沟通与交流,以及政策和制度等方面影响,这种合力未能有效形成。

首先,存在着办学目标不同的现象。有些地方政府希望地方高校能够利用

---

① 根据教育成本分担理论,高等教育费用应由政府、学校及受教育者各方合理分担。在西方发达国家,一般越是知名高校收费越高,越是普通高校收费越低。但我国则出现了学费倒挂的特殊现象,即学校越好收费越低,反倒是一些地方高校收费更高。究其本质,还是重点大学得到了更多的政府投入,而一般高校由于政府投入远远不足,对学生学费依赖程度过高,只能通过增收学费来维持学校运作。此外,在近年生源下降的情况下,很多地方高校仍然不得不千方百计扩大招生规模,反倒是一些重点大学却在悄悄下调招生计划。这种现象同样可以从一个侧面反映出我国政府在教育投入政策上的偏向性问题。

② 张人崧:《广西高校科研服务地方经济的策略研究》,广西师范大学硕士学位论文 2007 年,第 28 页。

其智力优势,培养本地区所需要的特色人才或提供科技成果服务,有些希望将地方高校发展成拉动本地经济发展的重要产业,也有些仅仅是将地方高校建设作为体现政绩的"形象工程"。但对于地方高校来说,则可能是希望通过扩大办学规模或提高学术和科研水平,来提高本校在省内或国内的竞争力和知名度,而不会将服务区域经济建设作为最重要的职能。

其次,存在着行政干预过度的现象。目前高等教育管理体制,从本质上并未脱离计划体制下的行政集权,突出表现为政府本位模式,地方政府仍集高校的举办者、管理者、办学者的角色于一身,在管理制度上计划经济色彩严重[1]。有的地方政府不考虑高等教育行业本身的规律和特点,一味强调行政等级和权威,对地方高校的许多具体事务也要进行干预。

再次,存在着经费投入匮乏的现象。一些地方政府往往由于本身财政困难,对地方高校建设与发展的资金支付严重不足[2]。此外,有的地方政府对自己所办高校是"管得多,用得少","卡得多,放得少",只是口头上支持,缺乏相应的政策与制度上的支持。

最后,存在着协调指导不力的现象。由于地方高校相对而言呈长期自我封闭状态,与当地社会缺乏良好的沟通,合作效果不甚理想。江西一些地方政府往往满足于对高校和企业进行一般化管理,对如何搭建各方的信息和技术平台的努力不够,也没有对地方高校如何有效服务区域经济进行指导,使得政府、企业和高校之间尚未形成主动对接、互通有无、共图发展的良性格局。

二、企业与地方高校的合作机制尚未建立

(一)企业与地方高校存在目标冲突

企业与地方高校在进行校企合作的目标上存在明显的区别。大学和企业是

---

[1]　程肇基、柳和生:《学科建设是我国地市高校的发展之本》,《江苏高教》2007 年第 5 期。

[2]　柳国梁:《服务型区域教育体系的地方高校转型研究》,高等教育出版社 2014 年版,第35 页。

两种不同性质的社会组织,地方高校的目标具有典型的公共性和非营利性,而企业则是以市场为导向,追求利润的最大化。

在人才培养方面,地方高校往往以厚基础、宽口径为原则,注重培养学生的综合专业技能,从而拓宽学生未来的就业面,提升学校的就业率。而企业则希望得到即到即用式的人才,降低企业的培训成本,并为企业创造更多的价值。

在科学研究方面,地方高校考虑的多是研究的学术价值以及在学科专业领域的影响力。高校教师在科研成果方面也大多重理论轻应用,热衷评奖、评职称,认为搞应用研究费时费力且缺乏成就感,无助于提升自己的学术知名度。与之相反,企业则更为关注"合作研发"与"技术创新能力",尤其关注产品开发类的合作,希望通过合作提升企业自身技术创新能力,追求利润最大化的回报。

（二） 企业与地方高校缺乏互信机制

在任何一种合作关系中,双方产生相互信任的根源无非两点,即能力的认同感和信息的对称性。一方面,江西的企业和高校之间缺乏对彼此能力的认可。以利润最大化为目标的企业,不愿浪费资源和精力与地方高校开展经济利益不大的合作,而地方高校对本地企业吸纳人才和转化成果的能力以及可能产生的回报和风险存有诸多疑虑。另一方面,二者之间存在着较为严重的信息不对称。由于双方长期缺乏沟通,信息交流、技术交流和人员交流不多,高校也没有主动走出去推广宣传自己,使得企业往往对高校的人才培养特色、技术创新能力和社会服务状态缺乏应有的了解,从而难以建立有效的合作模式和平台。

上述原因,加上区域内企业对地方高校的偏见,造成许多企业舍近求远,把眼光投向省外重点名牌大学,对地方高校具备的"地缘""人缘""情缘"视而不见,从而制约了省内地方高校的发展。

（三） 企业对地方高校的需求能力较弱

地方高校服务区域经济贡献的大小,一方面取决于地方高校自身的能力,另一方面有赖于本地企业的发展水平,以及对地方高校所提供服务的需求强弱程度。因此,江西企业的发展现状在一定程度上也制约了地方高校服务区域经济的水平和能力。

在人才需求方面,江西企业目前有许多存在着规模实力不强、技术水平不高和经济效益较差的问题,因此现在地方高校很难在本地建立理想的企业实习实训基地,即使有少数的基地,学生也很难在企业中学到有用的专业知识和技能。而在择业过程中,地方高校的学生也普遍觉得留在本地企业就业机会少、收入待遇低、缺乏发展前途,因此尽量选择到沿海发达省份就业发展。

在科学研究方面,由于江西企业大多科技含量不高、规模较小,吸收和转化科研成果的能力较差,使得地方高校即使有了不错的科研成果也找不到转化企业,或者转化后成功率较低。此外,江西一般大型企业科技研发力量较强,都有自己的技术研发中心,接纳技术服务的外需量较少,一些中小企业由于产品的科技含量低,研发与创新需求小,加之受经济条件的限制,缺乏与高校合作的期望和项目[1]。

三、社会对地方高校的良性发展贡献不大

(一) 区域经济发展水平落后对地方高校的不利影响

江西的总体经济发展水平,虽然纵向比较取得了巨大的发展,但从横向比较来看却是差距日益扩大。在农业现代化综合能力方面,江西省在中部六省中排名第五,除了农业发展可持续化和农业社会发展方面处于正常水平,其他方面均属于落后地位[2];在新型工业化水平方面,江西省与湖南省相比,在工业化结构、人力资源状况、经济效益、环境状况和资源消耗这五个方面存在着差异[3];在工

---

[1]　徐元俊:《地方高校服务地方经济建设的策略与途径探索》,《河北经贸大学学报》2012 年第 3 期。

[2]　徐挺、李成标:《中部六省农业现代化综合能力的评价与比较分析》,《湖北农业科学》2013 年第 22 期。

[3]　王慧:《基于多元方差分析的我国中部六省新型工业化水平差异性研究》,《科技管理研究》2013 年第 11 期。

业企业投入产出效率方面,江西在经费和投入强度上最低,在总技术效率水平上江西排名第四,低于中部的总体水平①;在人才聚集效应方面,江西省人才聚集效应综合评价最低,在科技发展、经济发展、产业环境、文化教育、生活环境等各个方面均需改善②。依据江西省统计局彭道宾的观点,造成江西落后的关键原因在于五个方面:思想观念落后是产生发展差距的根源;工业化进程缓慢是制约经济发展的主要矛盾;个体私营经济和外向型经济弱小是导致落后的两条短腿;适应市场经济的人才短缺是竞争乏力的决定性因素;软环境建设滞后是造成"经济孤军"效应的症结所在③。

(二) 高招人数相对下降对地方高校的不利影响

江西报名参加高考的人数大体呈现下降趋势,造成这一现象的原因,第一,随着我国第三轮生育高峰(1985—1990 年)的消退,人口出生率下降,适龄人口总量减少④;第二,由于各地推进中职与普高招生比例要达到 1∶1,中职生数量的增加分流了部分适龄考生;第三,过去社会上高考决定命运的观念逐步淡化,社会成才观逐渐从高考独木桥转变成立交桥;第四,由于部分家庭收入水平提高,这些家庭的父母更愿意花钱送子女出国留学;第五,大学学费高昂也是部分学生尤其是农村学生弃考的原因之一。有些农村父母的观点是"不上学,将来穷;上大学,马上穷"。比如,2017 年江西省农民人均纯收入为 13242 元⑤,而培养一名大学生学费、生活费等各种开支加在一起,一般最少也在 1~1.5 万元。

高考人数的下降,一方面造成了地方高校生源数量的减少。部分地方高校

---

① 尚举:《我国中部六省工业企业 R&D 投入产出效率分析》,合肥工业大学硕士学位论文 2012 年,第 17—28 页。

② 穆晓霞、牛冲槐:《基于灰色聚类的人才聚集效应评价研究——以我国中部六省为例》,《科技管理研究》2014 年第 1 期。

③ 彭道宾:《彭道宾谈江西为何这样落后》,http://www.jxnews.com.cn/oldnews/n207/ca93642.htm? collcc=1872033457。

④ 中国教育在线:《2008—2014 年江西高考报名人数》,http://gaokao.eol.cn/jiang_xi_9907/20131203/t20131203_1047665.shtml。

⑤ 刘晓斌:《2017 年江西农民人均纯收入达 13242 元》,http://www.jxagri.gov.cn/news.shtml?p5=220749。

面临着招生困难甚至生存危机,尤其是对"以学养学"的民办高校来说,带来的影响可能会更为严重。另一方面,造成地方高校生源质量的下降。由于生源数量的减少,地方高校为了维持办学规模求生存,只能不断提高高考录取率。生源质量下降必然影响教育质量和就业能力,继而影响下一轮招生,陷入恶性循环的发展陷阱。

小　结

一般而言,高校都承担着人才培养、科学研究和社会服务等基本职能,但是我们不能机械地理解这些职能及其相互间的关系,更不能对不同层次和类型的高校的职能进行趋同的定位和简单的复制。事实上,高校的基本职能不是相互割裂和对立的,而是一个相互结合相辅相成的有机统一体。同时,社会服务职能不仅是由前面两种职能衍生而来,更是高校最高的使命和职责。高校进行人才培养和科学研究归根结底还是要为社会的发展提供人才和技术的支撑,只是不同的高校在具体承担这些职能时,还必须根据自身的情况和环境的差异有所取舍和侧重,如果不切实际地盲目定位,最终只会使高校自身陷入发展的困境。

通过本章的分析,我们可以看到,江西高校经过30多年的发展业已取得巨大的成就,并为未来实现可持续发展奠定了良好的基础,积累了丰富的经验。同时,我们也清醒地认识到,在服务区域经济建设方面,江西地方高校既拥有省外重点和名牌大学所不具备的人缘和地缘优势,也存在着服务意识较为薄弱、服务能力相对欠缺和服务机制尚不健全的劣势;既面临江西社会经济持续发展、政府日益重视和加大扶持力度所带来的重大机遇,也需要克服政府的扶持力度仍有欠缺、校企合作机制尚未建立、经济发展水平滞后以及高校"生源荒"等现实存在的诸多威胁。

正因如此,江西高校在发展路径的选择上,必须将"立足地方,服务社会"作为立校之本和发展之基,将自身的命运和前途与区域经济建设紧紧结合在一起,最终形成一种长效的互利共赢关系。只要江西高校善于扬长避短,勇于抢抓机遇,敢于迎接挑战,走出一条与区域经济建设相吻合的道路,就能够办出自己的特色和品牌,在服务区域经济建设的同时,实现自身的内涵式跨越发展。

第 四 章

地方高校人才资本对区域经济增长的贡献

当前,我国地方政府正面临经济转型的历史机遇,地方高校作为推动区域经济发展的重要力量,如何准确定位自身发展方向,如何充分发挥自身人才优势,如何实现地区经济发展和高校自身快速"双赢"发展,已经成为实现地方经济快速发展和"高校强省"这一目标所要面临的主要问题。

江西的高校全部为地方高校,并与其他的地方高校一样,都承担着为区域经济发展培养人才的重任,通过为经济的新增长提供充沛的人力资本及智力支撑,从而促进其他生产要素的收益递增①。当然,在培养人才促进区域经济建设的过程中,也面临着本区域不同的特点与问题。对于江西省而言,从经济区域划分来看属于中部地区,在历史上是一个以农业生产为主的省份,工业经济发展滞后。2016 年,江西省地区生产总值(18499 亿元)仅位于山西之前,排在中部六省第五位;人均地区生产总值(40400 元)则排在安徽、山西之前,排在中部六省

---

① 刘璇、张向前:《适应创新驱动的中国科技人才与经济增长关系研究》,《经济问题探索》2015 年第 10 期。

第四位。中部其他五省的地区生产总值、人均地区生产总值分别是:湖北（32665.38亿元、55665元），湖南（31551.37亿元、46382元），河南（40471.79亿元、42575元），安徽（24407.62亿元、39561元），山西（13050.41亿元、35532元）①。可见,江西经济发展水平处于比较落后的位置。因此,在新的形势下发展江西区域经济,迫切需要大量有知识、有技术的人才资本。

基于此,本章以江西地方高校人才资本与区域经济增长的关系进行实证研究,以期测算江西地方高校人才资本对区域经济增长的贡献率,从中找寻江西区域经济发展的薄弱环节,以及江西地方高校今后所应承担的人才培养职责。

第一节 地方高校人才资本存量的估算

要对地方高校人才资本与区域经济增长的关系进行实证研究,首先要了解经济增长的内涵及人才资本在经济增长中的作用,然后对地方高校人才资本存量进行估算。

一、经济增长与人才资本

（一）经济增长的内涵

经济增长不只是经济学研究的问题,也是全球普遍关注的主题②。自亚当·斯密撰写《国富论》以来,对经济增长的不断探寻一直是经济学家的不懈努力。自从20世纪80年代内生经济增长理论创立以来,人们开始把技术进步与开发和人力资本(包括教育投入)当作内生变量,纳入经济增长模型之中。内生经济增长理论的重要内容之一,就是丰富了新古典增长模型中"劳动力"的定义,将"劳动力"扩大为人力资本投资,在这里,人力不仅包括绝对的劳动力数量、该国所处的平均技术水平,还包括劳动力的教育水平、生产技能训练和相互

---

① 数据来源于国家统计局网站:http://www.stats.gov.cn/tjsj/。
② 李德贵:《经济增长与经济学研究》,《天津师范大学学报》(社会科学版)2016年第3期。

协作能力的培养等,统称为"人力资本"。

1990 年,美国经济学家保罗·罗默首次提出了"技术进步内生经济增长模型",把经济增长建立在内生技术进步之上。该增长模型的核心内容是:(1)技术进步是经济增长的核心。(2)知识商品可反复使用,无需追加成本,成本只是生产开发本身的成本。(3)大部分技术进步是由于市场激励而导致的有意识的行为结果。(4)生产函数是一个产出量与资本、劳动、人力资本以及技术进步相关的函数形式,即 $Y=F(K,L,H,t)$。其中,Y 为总产出,K、L 和 H 分别是物质资本存量、劳动力投入量和人力资本(无形资本)存量,t 表示技术水平。

比较有影响的模型是"边干边学模型"(阿罗提出)和"收益递增增长模型"(罗默提出)。阿罗模型将技术进步的一部分内生化,其产出既是有形要素的投入,也是无形要素诸如学习与经验的累积。如此所体现的资本贡献要大于传统,这表现为增加资本不仅通过直接要素来提高,而且还可以通过间接要素来提高。罗默提出的内生经济增长理论中,将技术进步完全内生化,充分体现了知识的功用。他认为,资本的积累不是增长的关键,知识积累才是增长的原动力。

(二) 人才资本的重要意义

当前中国经济发展更是进入改革发展的关键深层次进步区,而全国人口老龄化现象日益突出,人口增长进入低缓期,人口结构形态发生较大蜕变。而这对加快经济发展提供人才基础具有负向的影响,因此,提高人口质量进而促进经济增长成为促进经济发展的必然选择。从 20 世纪 90 年代开始,全球逐渐兴起知识经济的浪潮[①],人们更加清醒地认识到人才资本的稀有宝贵,因为它属于人力资本最高层次,能够在更高数量级上创造利润。国内已经有很多专家学者对人才资本进行了界定。例如,桂昭明认为,人才资本(Talent Capital)是体现在人才本身和社会经济效益之上,以人才的数量、质量和知识水平、创新能力,特别是创造性的劳动成果及对人类的较大贡献所表现出来的价值[②]。刘楼、黄爱民认为,

① 代明、陈俊、陈景信:《知识经济学:50 年回顾与展望》,《经济学动态》2016 年第 12 期。
② 桂昭明:《人力资本对经济增长贡献率的理论研究》,《中国人才》2009 年第 12 期。

人才资本是人力资本的核心,是在一定人力资本基础上形成的,附于具体人身上的知识、智慧、才能、技能等能够被用来进行创造性劳动,并能对人类作出较大贡献的智力资源禀赋。只有当人力资本积累到一定程度——使劳动力变为人才时,人力资本才转化为人才资本①。用资本的观点来看待人才,既是经济发展内在需要,也是时代的要求。知识经济的兴起,使人们将目光从物质资本转向知识和技能。然而人们清楚地认识到,纯粹的知识创造不了经济效益,真正能创造效益的是人的知识、技能和才干,即人的才智。但人的才智不是与生俱来的,而是需要个人、家庭和社会的投资,经过后天的培养及自身努力造就的。这些投资沉淀在人的身上先是转化成人力资本,继而转化成人才资本。追本溯源,人才资本也是投资形成的。

二、高校人才资本的界定

高校人力资源包括专任教师、教辅人员、行政人员、工勤人员四大类,其中专任教师是实现高校学生培养、科学研究、社会服务职能的主体,他们通过教学活动的开展、科研项目的研究等创造性活动,实现向社会输送高素质从业人员以及输出论文、专著、专利等创造性的劳动成果,通过高素质从业人员以及高校科研成果等的转化进一步推进社会经济发展的进程。因此本章将高校人才资本范畴定义为江西地方高校中为其培养学生、科学研究、社会服务职能的实现作出突出贡献的专任教师群体,他们是通常意义上的人力资本的核心组成部分。

三、估算方法与数据来源

(一)估算方法

人才资本是人力资本的核心部分,因此人才资本存量的估算方法与人力资本存量相同。目前,人力资本存量的估计方法主要有:(1)劳动报酬法②;(2)学

---

① 刘楼、黄爱民:《人力资本内涵、特征与运行规律探析》,《南方人口》2004 年第 2 期。
② 魏枫、付巍:《黑龙江省人力资本度量的探讨》,《中外企业家》2006 年第 7 期。

历指数法;(3)教育经费法①;(4)受教育年限法。其中,劳动报酬法是从产出角度来度量人力资本,而学历指数法、教育经费法、受教育年限法是从投入角度来度量人力资本。由于受教育年限法是根据受教育程度来计量就业人员人力资本量,不仅数据精确,而且受教育程度与收入以及人力资本投资等成正比关系,利用受教育年限计算人力资本量,对人力资本投资以及收入等加以考虑,并且还避免了劳动报酬法以及教育经费法由于价格因素造成的影响,以及学历指数法所具有较强的主观性。综合来看,利用受教育年限法对人力资本存量进行计量,明显优于其他三种方法,因此,本章采用受教育年限法对人力资本存量进行估算。受教育年限法将就业人员的受教育程度分为文盲、半文盲、小学、初中、大专、本科、硕士、博士,其受教育年限分别为 1、6、9、12、15、16、19、22。

本章讨论的是江西地方高校的专任教师,其受教育程度分别为博士、硕士、本科、专科及以下。纵观江西高校的师资队伍,专科及以下的专任教师只占极少数,再加上高等教育的特殊性等原因,本章把该部分教师统一认为具有专科学历。因此,高校专任教师的受教育程度分别为博士、硕士、本科、专科,其受教育年限分别为 22、19、16、15,分别记为 L_1、L_2、L_3、L_4,并将其所对应的专任教师数分别记为 Q_1、Q_2、Q_3、Q_4。另外,考虑到传统的受教育年限法认定 1 年的小学教育、1 年的初等教育以及 1 年的高等教育形成的人力资本是相同的,缺乏对不同教育阶段时间价值的考虑,在利用受教育年限法对人才资本存量进行测算时,需采用不同的学历系数来度量人才资本存量。在这里,本章参照的是李红霞(2015)②所定义的系数,即研究生及以上、本科、大专系数分别为 8.0、4、3.5,并将其分别记为 S_1、S_2、S_3。因此,高校人才资本存量(H)的计算公式如下:

$$H = S_1L_1Q_1 + S_1L_2Q_2 + S_2L_3Q_3 + S_3L_4Q_4 \qquad (1)$$

---

① 许海燕:《高等学校人力资本评估问题探讨》,《辽宁教育研究》2005 年第 11 期。
② 李红霞:《吉林省高等院校人才对经济发展的贡献测度研究》,吉林大学硕士学位论文2015 年,第 35 页。

（二）数据来源

本章通过中国经济与社会发展统计数据库,搜集到 2003 年至 2016 年的《中国教育统计年鉴》,并在年鉴中采集到 2003 年—2016 年江西省地方高校专任教师总数及其学历分布,其中,地方高校包括普通高等学校、民办高等学校及成人高等学校,专任教师为上述三类高校专任教师的总和。另外,高校中存在外聘教师,这些外聘教师可能来源于上述三类高校,也可能是企业、社会优秀人士以及退休返聘教师。如果将外聘教师纳入地方高校的人才中,可能会存在高估人才资本现象,而不纳入的话,则可能会造成低估现象。鉴于很难区分外聘教师的来源,以及外聘教师只占极少数,因此,本章将外聘教师纳入地方高校人才中,在此特作声明。

四、人才资本存量估算结果与分析

本章根据 2003 年—2016 年江西省地方高校各学历的专任教师数,利用上述公式(1)对江西高校人才资本存量进行了测算,其结果如表 4-1 所示。

表 4-1　江西地方高校专任教师分布及人才资本存量计算结果

年份	地方高校专任教师（人）					人才资本存量（年）
	合计	博士	硕士	本科	专科及以下	
2003	30547	598	4043	23618	2288	2351456
2004	41958	1221	7261	30949	2527	3431971.5
2005	51526	1673	9814	37823	2216	4323188
2006	56737	2194	11909	40297	2337	4898012.5
2007	59776	2681	14040	40697	2358	5334339
2008	62287	3124	15746	41179	2238	5696167
2009	63700	4042	17204	40736	1718	6023699
2010	62427	4620	18240	37973	1594	6099557
2011	64023	5606	19075	37896	1446	6387315
2012	64459	6045	19954	37110	1350	6542843

年份	地方高校专任教师（人）					人才资本存量（年）
	合计	博士	硕士	本科	专科及以下	
2013	65440	6486	20586	37120	1248	6711808
2014	67276	6838	21901	37194	1343	6983363.5
2015	70801	7425	23201	38761	1414	7388291
2016	72129	8513	22473	38580	2563	7517861.5

为了更加直观地观察 2003 年—2016 年江西地方高校人才资本存量的变化趋势，本章将表 4-1 中人才资本存量绘制成折线图，如图 4-1 所示。

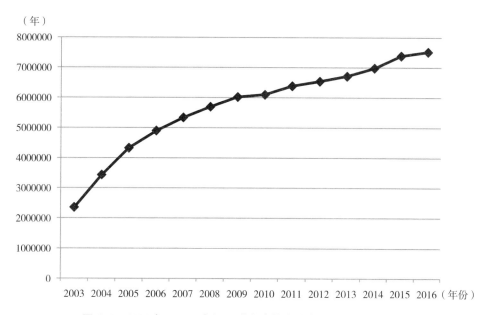

图 4-1　2003 年—2016 年江西地方高校人才资本存量的趋势情况

从表 4-1 和图 4-1 可以看出，2003 年—2016 年 14 年间江西地方高校人才资本存量稳步增加，由 2003 年的 2351456 上升到 2016 年的 7517861.5，年均增长速度为 9.35%。从图 4-1 中可以发现，2003 年—2009 年高校人才资本存量急剧增加，增长速度达到 16.97%，高于平均速度（9.35%）；2010 年—2016 年高校人才资本存量平缓增加,增值速度仅为 3.55%,低于平均速度。总体而言,江西地方高校人才资本存量取得了较好的成就,这既与高等教育进入大众化发展阶段的大背景有关,也与江西政府高度重视高等教育发展密不可分。

第二节　地方高校人才资本对区域经济增长的实证研究

自 2001 年加入 WTO 后,我国的经济进入了快速发展期,区域内的高等教育也进入了大众化发展阶段,地方高校的扩招更是如此。当今时代,人才资本对经济增长的作用越来越重要①,为了寻求发现江西地方高校人才资本与经济增长之间的客观规律,更好地测算人才资本对经济的贡献率,本章选取江西省 2003 年—2016 年相关统计数据,采用改进后的卢卡斯人力资本溢出模型,对江西地方高校人才资本对区域经济增长之间的贡献进行实证研究。

一、贡献率模型的建立

"柯布道格拉斯生产函数"(即 C-D 生产函数)是经济增长理论分析与实证研究中最常用的生产函数。该生产函数的一般方程为:

$$Y = AK^{\alpha}L^{\beta} \tag{2}$$

其中 Y 表示总产出,一般用 GDP 来核算,L 和 K 分别表示劳动和资本的投入量,A 为技术水平。$0 < \alpha, \beta < 1$;且 $\alpha + \beta$ 的值可以判定规模报酬。柯布道格拉斯生产函数中的 L 仅代表劳动力的人数,并没有考虑各个劳动力生产率的差别,由于教育的因素,劳动力之间生产率差距很大。因为高素质的劳动者对经济发生的功用,可能是低素质劳动力倍增的总和。公式(2)中的 K 也仅代表物质资本,人力资本并没有包含在其中,随着社会的发展,人力资本对经济的贡献越

---

① 王全纲、张书凤:《人才资本与经济协调发展的关系及其调控》,《社会科学家》2017 年第 7 期。

来越被认可。美国著名经济学家舒尔茨曾强调:人力资本是经济增长的主要动力①。显然,在分析经济增长的模型中,如果不包括人力资本,那么所建立的经济增长模型就不符合经济发展的现实。卢卡斯认为新古典经济增长有缺陷的原因是没有考虑人力资本的作用,他把人力资本因素纳入模型,提出如下的生产函数:

$$N(t)c(t) + K(t) = AK^{\beta}\left[u(t)h(t)N(t)\right]^{1-\beta}h_a(t)^{\gamma} \tag{3}$$

其中,$h_a(t)^{\gamma}$ 为人力资本的外部效应,$K(t)$ 为物质资本的增长率,技术水平 A 目前假设不变,$N(t)$ 为在时间 t 上劳动力人数或投入生产的人数,$c(t)$ 为实际人均消费,$u(t)$ 是有效劳动,$h(t)$ 为当时的个人人力资本存量。

中国学者王金营②改进了这个模型,如下所示:

$$Y = AK^{\alpha}L^{\beta}H^{\gamma} \tag{4}$$

上式中,Y 表示产出,K 代表物质资本投入,L 代表劳动力投入,A 代表技术进步,H 表示用受教育年限来表示的人力资本投入。α 代表资本的产出弹性系数,β 代表劳动的产出弹性系数,γ 表示人力资本的产出弹性。

为了便于计算及应用线性回归,对式子(4)两边取对数得:

$$LnY = LnA + \alpha LnK + \beta LnL + \gamma LnH \tag{5}$$

对式子(5)求微分得:

$$\frac{dY}{Y} = \frac{dA}{A} + \alpha\frac{dK}{K} + \beta\frac{dL}{L} + \gamma\frac{dH}{H} \tag{6}$$

分别用 η_K、η_L、η_H 表示物质资本、劳动力和人力资本对经济增长的贡献率,具体形式如下所示:

$$\eta_K = \alpha\frac{dK}{K}\bigg/\frac{dY}{Y} \tag{7}$$

① 张勇:《人力资本与中国增长和转型》,《经济科学》2015 年第 1 期。
② 王金营:《人力资本与经济增长——理论与实证》,中国财政经济出版社 2001 年版,第118—120 页。

$$\eta_L = \alpha \frac{dL}{L} \Big/ \frac{dY}{Y} \tag{8}$$

$$\eta_H = \alpha \frac{dH}{H} \Big/ \frac{dY}{Y} \tag{9}$$

因此,本章采用改进后的卢卡斯人力资本溢出模型来探讨江西地方高校人才资本与区域经济增长之间的关系。

二、变量的选择与数据来源

(一) 变量的选择

根据模型设定,实证分析中涉及的变量主要有产出、物质资本投入、劳动力投入和人力资本投入。其中,产出为被解释变量,物质资本投入、劳动力投入、人才资本投入为解释变量。

1. 关于产出变量,在经济学界通常用国内生产总值(GDP)或者国民生产总值(GNP)等指标来衡量产出[①]。在这里,本章采用地区生产总值(GDP)来衡量产出(Y)。为了更加真实地反映一个地区经济的增长情况,消除价格因素影响,本章利用商品零售价格指数将各年 GDP 换算成按 2003 年不变价的 GDP,单位为亿元。为此,产出总量 $Y_t = \dfrac{Y'_t}{E_t}$,其中,Y_t 为第 t 年不变价地区生产总值(以 2003 年为基期),Y'_t 为第 t 年的名义地区生产总值,E_t 为第 t 年的商品零售价格指数(2003 年的商品零售价格指数为 100)。

2. 关于物质资本投入变量,有许多单一变量可以评价一个地区的物质资本投入情况,如固定资产投资额、固定资产形成总额等[②]。本章采用固定资产投资额来衡量物质资本投入(K)。同样,更加真实地反映一个地区固定资产投资的增长情况,消除价格因素影响,本章利用固定资产投资价格指数将各年固定资产投资额换算成按 2003 年不变价的固定资产投资额,单位为亿元。为此,物质资

---

① 杨生:《什么是"国内生产总值(GDP)"》,《印刷工业》2008 年第 8 期。

② 晏林:《我国固定资产投资状况分析》,《北方经济》2012 年第 3 期。

本投入 $K_t = \dfrac{K'_t}{P_t}$，其中，K_t 为第 t 年不变价固定资产投资额（以 2003 年为基期），K'_t 为第 t 年的现价固定资产投资额，P_t 为第 t 年的固定资产投资价格指数（2003 年的固定资产投资价格指数为 100）。

3. 关于劳动力投入变量，简单地说就是一国或地区在一定时期内可以投入到生产中的劳动总人数，是资本投入的重要组成部分之一，在这里，本章采用就业人数来衡量劳动力投入（L），单位为万人。

4. 关于人才资本投入变量，本章采用前文中估算出来的人才资本存量来衡量人才资本投入（H），单位为年。

因此，模型的变量设定情况具体如表 4-2 所示。

表 4-2　模型变量的设定

	变量	指标	单位	符号
被解释变量	产出	地区生产总值	亿元	Y
解释变量	物质资本投入	固定资产投资额	亿元	K
	劳动力投入	地区就业人口数	万人	L
	人才资本投入	人才资本存量	年	H

（二）数据来源

本章实证分析中所涉及的地区生产总值、商品零售价格指数、固定资产投资额、固定资产投资价格指数、就业人口等变量数据均来于《江西统计年鉴》，人才资本存量的数据来自于前文中的测算数据，所研究的年份为 2003 年—2016 年。

三、变量数据的整理

本章从《江西统计年鉴》搜集到各变量数据，并对相关的变量数据进行了相应的换算。由于模型中存在时间序列，可能存在非平稳趋势，为了避免假回归使模型估计结果更加准确,我们对各变量数据分别取自然对数。变量数据的整理情况如表4-3所示。

表4-3　2003年—2016年江西GDP及各投入要素数据

年份	GDP对数（LnGDP）	物质资本对数（LnK）	劳动力（LnL）	人才资本存量对数（LnH）
2003	7.94	7.15	7.68	14.67
2004	8.12	7.37	7.70	15.05
2005	8.27	7.55	7.73	15.28
2006	8.43	7.73	7.75	15.40
2007	8.58	7.89	7.77	15.49
2008	8.71	8.09	7.79	15.56
2009	8.81	8.40	7.80	15.61
2010	8.99	8.59	7.82	15.62
2011	9.16	8.71	7.84	15.67
2012	9.24	8.91	7.85	15.69
2013	9.33	9.09	7.86	15.72
2014	9.41	9.25	7.86	15.76
2015	9.46	9.43	7.87	15.82
2016	9.55	9.56	7.88	15.83

四、实证结果与分析

本章运用计量经济软件Eviews8.0,对表4-3数据进行实证分析,结果如下所示。

在无生产规模约束下,模型的回归结果为:

$$LnY = -33.947 + 0.255LnK + 5.356LnL - 0.072LnH \quad (10)$$

$$(-6.331) \quad (4.884) \quad (6.355) \quad (-1.041)$$

$$(0.000) \quad (0.006) \quad (0.000) \quad (0.322)$$

$R^2 = 0.999$,调整 $R^2 = 0.998$, $F = 2396.631$, $Sig. = 0.000$

其中,第一行括号中的数为各参数的t统计量值,第二行括号中的数为各参数t检验的显著性值,R^2 为判别系数,调整 R^2 是调整后的判别系数,F是统计量,$Sig.$ 是回归方程检验的显著性水平。

从上述回归分析结果可以看出,调整 R^2 接近于1,说明回归方程的拟合效果很好,也表明各投入要素对经济增长的解释力度较高;F统计量较高,伴随的显著性值($Sig.$)小于0.01,说明回归模型很显著。物质资本投入和劳动力投入的系数为正,且通过了水平为1%的显著性检验(它们的 $Sig.$ 均小于0.01)它们的系数之和 $\alpha + \beta > 1$,说明规模报酬递增。人才资本投入的系数为负数,不符合经济意义上的解释,且在5%水平下未通过统计意义上的显著性检验。因此,在无生产规模约束下,模型的回归结果与现实情况并不相符。

为了避免式子(10)中常数项和人才资本系数出现负数,以及人才资本未通过显著性检验的问题,本章参考景跃军和刘晓红①学者的做法,对规模报酬给予部分约束,假设 $\alpha + \beta = 1$,则 $\beta = 1 - \alpha$。

对上述式子(5) $LnY = LnA + \alpha LnK + \beta LnL + \gamma LnH$ 进行变换得:

$$LnY/LnL = (LnA/LnL + 1 - \alpha) + \alpha(LnK/LnL) + \gamma(LnH/LnL) \qquad (11)$$

因此,本章利用表4-3的数据,对式子(11)进行运算,回归分析结果如下:

$$LnY/LnL = 0.049 + 0.573(LnK/LnL) + 0.236(LnH/LnL) \qquad (12)$$

$$(0.271) \qquad\qquad (0.573) \qquad\qquad (0.236)$$

$$(0.791) \qquad\qquad (0.000) \qquad\qquad (0.042)$$

$R^2 = 0.991$,调整 $R^2 = 0.989$, $F = 586.943$, $Sig. = 0.000$

回归分析结果显示:调整 R^2 非常接近1,F统计量也较高,伴随的显著性值($Sig.$)小于0.01,说明回归方程的拟合效果很好,检验效果也非常显著。从参数系数来看,系数值均为正数,均通过了显著性检验(除常数项未通过外)。可

---

① 景跃军、刘晓红:《基于卢卡斯溢出模型的我国人力资本对经济增长贡献率测算》,《东南学术》2013年第1期。

见,参数系数可以说明问题,符合现实情况。也就是说,物质资本投入、劳动力投入、人才资本投入对区域经济增长具有正向推动作用。

从上式可以看出,LnK、LnL 和 LnH 的系数分别为 0.573、0.427、0.236,并将它们代入(6)式,得增量方程为:

$$\frac{dY}{Y} = \frac{dA}{A} + 0.573\frac{dK}{K} + 0.427\frac{dL}{L} + 0.236\frac{dH}{H} \tag{13}$$

根据式子(13)和各变量的数据,可计算出 2003 年—2016 年 14 年间人才资本对经济增长的贡献率为 16.73%。物质资本对经济增长的贡献率为 88.44%,劳动力对经济增长的贡献率为 4.92%。人才资本、物质资本、劳动力投入三者贡献率超过 100%,意味着技术进步对江西省区域经济增长的贡献率为负,说明江西省并没有较好地将知识转化为生产力,这可能与江西省独有的以农业生产为主导,工业经济发展滞后、科技创新水平较低等特点有关。

从上述的测算结果可知,自 2003 年后,人才资本对江西经济增长具有较大的拉动作用,贡献率仅次于物质资本投入,成为经济增长的第二大动力引擎。这与整个国家及江西地方政府高度重视高等教育密不可分。但人才资本对江西经济增长的贡献率(16.73%)仍不足物质资本贡献率(88.44%)的 1/5,说明江西经济增长仍然还是主要靠物质资本投入的推动,侧面反映了江西人才资本积累不足,仍然需要通过扩大物质资本投资来使得经济规模扩张,经济增长属于粗放型增长模式。这同时也说明了在江西区域经济发展过程中,对于高层次人才的引进、开发与利用还有很大挖掘潜力的空间。江西地方高校在培养高层次人才,以及高校从业人员直接为区域经济建设提供技术、文化智库服务等方面,显然也是大有作为的。

小　结

以内生经济增长理论为指导的人力资本理论,最主要的贡献是将人力资本纳入内生经济增长模型中,并对人力资本做了相关的实证研究。江西属于中部六省之一,人力资源丰富,劳动力供给充足,一方面是丰富的劳动力资源,另一方面是人口及就业人员受教育程度较低的现实。内生经济增长理论认为,在经济增长到一定的程度后,促进经济增长最主要的因素已不再只是一般的劳动力和资金资源,更重要还是掌握技术和知识的人才资本。随着国家区域经济战略的实施,人才资源的重要作用也已日益显现。本章从地方高校人才资本的研究视角出发,运用受教育年限法对 2003 年—2016 年江西地方高校人才资本进行了测算,并运用改进后的卢卡斯人力资本溢出模型,从定量角度对人才资本与区域经济增长之间的关系进行了实证研究。本章可得出如下结论:

(一)自 2003 年以来,江西地方高校人才资本取得了较好的发展,人才资本存量稳步增加,年均增长速度达到了 9.35%。

(二)人才资本对区域经济增长具有较大的拉动作用,其贡献率仅次于物质资本之后,成为经济增长的第二大动力引擎。但总体而言,江西经济增长主要依靠物质资本投入的资本密集型增长,人才资本对经济增长的贡献率不足物质资本的 1/5,经济增长仍属于粗放型增长模式。

通过本章的研究,江西地方政府应树立"人才强省"意识。江西经济发展相对滞后,且偏倚物质资本投资,因此应充分认识到人才资本的重要作用,并制定更具战略眼光的人才资本开发和人才引进计划,通过人才资本的持续积累来提高区域经济的增长后劲,进而加速实现江西"中部崛起"的目标。

第 五 章

地方高校科技创新绩效对区域经济增长的评价

　　科技创新是决定和衡量一个国家或地区科技综合实力和发展水平的重要标志[1]，也是提升区域创新能力以及区域竞争力的基础。地方高校作为培养区域经济高层次创新人才的重要战略基地，为所在区域提供了源源不断的知识供给、智力支持和人才支撑，是推动区域经济发展的动力源泉和贡献主体[2]。因此，地方高校应积极主动地投入到科技创新活动中，主动承担起自身的责任与使命，从而更好地服务于区域经济发展。

　　地方高校服务区域经济建设，要以科技创新投入为抓手，以提高科技创新绩效为落脚点。因为，如今区域经济实力的强弱、发展的快慢，更有赖于高新技术与自主知识产权所拥有的数量，而非过去的人力资本或自然资源。有效率且富

---

　　① 杨丽霞：《科技创新要求优化创新环境》，《沧桑》2006 年第 6 期。
　　② 李丹、张杰：《提升地方高校科技创新能力的对策浅析》，《科技视界》2017 年第 5 期。

有成果的研发工作又是一个地区竞争优势的主要来源①。随着高校服务职能的不断拓展,高校科技活动已进一步拓展到成果应用以及科技服务领域。鉴于此,我们从投入和产出角度,对地方高校的科技创新绩效进行评价,以期了解地方高校科技创新的现有状况与整体水平,从而实现对资金的高效使用和优化分配。

基于此,本章拟应用 DEA 方法,并利用江西省地方高校科技活动相关投入和产出数据进行实证研究,探讨和分析江西地方高校创新绩效的状况、差异及原因,探索地方高校科技创新活动的特点及其规律性,寻求提高地方高校科技创新活动的有效途径。

第一节　科技创新绩效研究设计与方法

有学者曾采用层次分析法、数理统计法等方法,对科技创新绩效进行了多指标的综合评价,但这些评价方法难以从投入与产出的角度评价科研的相对效率,而基于相对效率为基础而建立的 DEA 评价方法,则兼顾了投入与产出的角度要求②。

一、科技创新绩效评价的理论概述

科技创新绩效评价是指评价从事科学发明和技术进步的科技人员工作业绩的一种科技创新评价方式。对创新评价的研究一直是国内外学者热衷关注的问题。从现有研究来看,目前评价创新系统的理论和方法,理论界尚未达成一致,大部分学者仅就创新系统的某一方面进行评价。综观国内外有关技术

---

① B.M.Werner & W.E.Souder,"Measuring R&D Performance:State of the Art",*Research Technology Management*,1997(2),pp.34-41.

② 赵晓阳、刘金兰:《基于 DEA 和 Malmquist 指数的 985 高校科研投入产出效率评价研究》,《电子科技大学学报》2013 年第 3 期。

创新绩效评价的研究,对技术效率的测量方面,自从 Farrell① 开创性地运用生产前研究方法之后,国内外学者主要是从技术创新的投入产出、创新对象、创新过程、创新效益以及创新网络等视角来展开。评价方法可分为五类:即综合加权评价方法、前沿分析法、统计与数学方法、新型评价方法和组合法②。从现有的研究文献来看,就绩效评价涉及指标体系而言,多产出与多投入指标体系领域的主要有:Nasierowski & Arcelus(2003)③的国家技术创新、Gong Huang, Wang Xin-Yu(2004)④的区域技术创新与池仁勇(2003)⑤的区域技术创新。其中,就评价方法之一的前沿分析法而言,前沿模型有非参数模型与参数模型两种,而参数模型又分为随机模型和确定模型。比较常见的是参数模型法,较常用的是随机前沿分析法(SFA),而非参数模型中常用的是 DEA 方法(也称数据包络分析)⑥。

数据包络分析(DEA)方法是美国著名运筹学家 A.Charnes 和 W.W.Cooper 等提出的一种效率评价方法。自 1978 年提出以来,在处理多输入(投入)和多输出(产出)方面,体现出了显著的优势。DEA 方法及其模型已被广泛应用于不同行业与领域。如早期 Tomkins 和 Green 曾使用 DEA 方法,分析英国高等院校的办学效率⑦;而 Korhonen 等利用 DEA 方法评估挪威经济学院的科研生产力⑧;Abramo

① M.J. Farrell, "The Measurement of Productive Efficiency", *Journal of the Royal Statistical Society*, 1957(3), pp.253-290.

② 向坚、刘洪伟:《技术创新绩效评价研究综述》,《科技进步与对策》2011 年第 6 期。

③ W.Nasierowski & F.J.Arcelus. "On the Efficiency of National Innovation Systems", *Socio-economic Planning Sciences*, 2003(3), pp.215-234.

④ Gong Huang & Wang Xin-Yu, "Measure and Evaluation of Efficiency of Regional Technical Innovation Jiangsu Province", *Journal of China University of Mining & Technology*, 2004(1), pp.26-32.

⑤ 池仁勇:《企业技术创新效率及其影响因素研究》,《数量经济技术经济研究》2003 年第 6 期。

⑥ 向坚、刘洪伟:《技术创新绩效评价研究综述》,《科技进步与对策》2011 年第 6 期。

⑦ C.Tomkins & R.Green, "An Experiment in the Data Envelopment Analysis for Evaluating the Efficiency of UK University Departments of Accounting", *Accountability and Management*, 1988(4), pp.147-164.

⑧ P.Korhonen & R.Tainio & J.Wallenius, "Value efficiency analysis of academic research", *European Journal of Operational Research*, 2001(1), pp.121-132.

等应用 DEA 方法,测评意大利各大学研究活动的技术效率和配置效率①。近年来,国内学者也开始利用其对高校科技投入与产出效率进行评价。比如,侯启聘对部分大学的科技绩效进行评价,孙世敏对不同省份的高校科研投入产出效率评价,段永瑞、周伟等则对部分重点高校的科技绩效进行评价②。

二、地方高校科技投入产出评价指标体系设计

科技创新绩效与科研潜力、科研能力、科研水平等因素,都是反映某一机构在一定时期内科研工作总体水平及其发展能力的指标,它可以通过科研管理水平的高低、科研成果的产出等方面来体现③。而 DEA 评价方法,就是以每个决策单元为标示,每个标示呈现相同的输入和输出,然后从静态和动态变化的两个角度,通过对数量指标的综合分析,确定决策单元的定级排序。因为,DEA 融合了线形规划和多目标线性规划模型,并致力于每个决策单元的优化,因此,特别适合用于评价涉及多种投入和多种产出的科技活动。

有效评价科技创新绩效的关键,是如何科学地从投入与产出的角度选取科技创新指标。我们将每一个决策单元标记为 DMU,通过计算 DMU 技术效率、纯技术效率和规模效率的数量指标,来确定有效 DMU 与非有效 DMU,并分别对其进行因素分析,进而为正确调整决策单元投入规模及程度提供调整方向。

从现有文献来看,学者们在研究高校科技创新绩效时,选取的投入指标有从事科技活动人员数、从事研发活动人员、科技活动筹集经费、科技活动经费支出、研发经费收入等指标,产出指标有专利申请数、专利授权数、发表科技论文数、出版科技著作数、科技项目(课题)数、科技成果获奖数、技术转让合同数等指标。

① Giovanni Abramo & Ciriaco Andrea D'Angelo, "Assessing Technical and Cost Efficiency of Research Activities: A Case Study of the Italian University System", *Research Evaluation*, 2009(1), pp. 61–70.
② 赵晓阳、刘金兰:《基于 DEA 和 Malmquist 指数的 985 高校科研投入产出效率评价研究》,《电子科技大学学报》2013 年第 3 期。
③ 叶红玉:《提升我国科技创新的绩效水平》,《宏观经济管理》2014 年第 11 期。

在这里笔者将在现有研究基础上,根据本章的研究目的,遵循同构型 DMU 的要求、数据的可获得性及相关原则,选取科技创新相关投入与产出指标。

三、DEA 模型

DEA 模型是基于相对效率概念为基础,提出的一种崭新的系统分析方法。它的基本思想是建立一个规划模型:一个决策单元记为 DMU,每个 DMU 具有相同的输入和输出,通过对数据的综合分析,DEA 模型可以分析每个决策单元的数量指标,并且确定决策单元的定级排序。DEA 模型主要有以下几个计算步骤:

1.确定每个同类型的评价单元。

2.选择投入、产出指标体系,一般投入指标记作 $X = (x_1, \cdots, x_m)$,产出指标记作 $Y = (y_1, \cdots, y_n)$。

3.选择评估模型,最常用的模型包括 CCR 模型和 BCC 模型。

4.通过确定的模型,对每一评价指标求解。

5.得到相对效率之后对 DMU 效率进行对比,辅助决策。

DEA 基本模型主要包括 CCR 模型和 BCC 模型,下面将详细介绍这两种模型。

(一) CCR 模型及其基本形式

假设有 n 个决策单元,每个单元有 m 个输入和 s 个输出,其中 m 表示耗费的资源,s 表示工作成效。则第 j 个 DMU 投入产出指标向量为: $X_j = (x_{1j}, x_{2j}, \cdots, x_{mj})^T > Y_j = (y_{1j}, y_{2j}, \cdots, y_{sj})^T > 0, j = 1, 2, \cdots n$,相应权重为: $v = (v_1, v_2, \cdots, v_m)^T$, $u = (u_1, u_2, \cdots, u_s)^T$,每个决策单元有相应的效率评价指数为:

$h_j = \dfrac{u^T Y_j}{v^T X_j}, j = 1, 2, \cdots, n$,可以适当的选择权系数 u 和 v 使得 $h_j \leq 1, j = 1, 2, \cdots, n$ 。

在决策单元的效率指标不超过 1 之下,选择权系数 u 和 v 使得 j_0 最大,即构成如下最优化模型:

$$\max h_0 = \frac{u^T Y_0}{v^T X_0} = V_p \ 使得$$

$$\begin{cases} h_j = \dfrac{u^T Y_j}{v^T X_j} \leqslant 1, j = 1, 2, \cdots, n \\ v \geqslant 0, u \geqslant 0 \end{cases},$$

利用 Chames-Cooper 变换,令:

$$t = 1/(v^T X_0), w = tv, \mu = tu$$

则以上模型转化为 CCR 模型,即:

$$\max \mu^T Y_j \geqslant 0, j = 1, \cdots, n \ ,使得,$$

$$\begin{cases} w^T X_j - \mu^T Y_j \geqslant 0, j = 1, \cdots, n \\ W^T X_0 = 1 \\ w \geqslant 0, \mu \geqslant 0 \end{cases}$$

引入松弛变量 s^+, s^- 并将其转化为对偶规划如下:

$$\min \theta = V_D \ ,使得$$

$$\begin{cases} \sum\limits_{j=1}^{n} X_j \lambda_j + s^- = \theta X_0 \\ \sum\limits_{j=1}^{n} Y_j \lambda_j + s^+ = Y_0 \\ \lambda_j \geqslant 0, j = 1, \cdots, n; s^+ \geqslant 0, s^- \geqslant 0 \end{cases}$$

(二) BCC 模型及其基本形式

由于 CCR 模型假设规模收益是不变的,即假设被考察单元可以通过增加投入按照一定比例扩大产出规模,这一假设比较严格,并且与实际相差较大,因此在 CCR 模型中增加一个凸性假设:

$$\sum\limits_{j=1}^{n} \lambda_j = 1$$

则为 BCC 模型,具体形式如下:

$\min\theta = V_D$,使得

$$\begin{cases} \sum_{j=1}^{n} X_j \lambda_j \leqslant \theta X_0 \\ \sum_{j=1}^{n} Y_j \lambda_j \geqslant X_0 \\ \sum_{j=1}^{n} \lambda_j = 0, \lambda_j \geqslant 0, j = 1, \cdots, b \end{cases}$$

由于 BCC 模型表示的是决策单元在规模收益之下的纯技术效率,因此,若某个决策单元在 BCC 之下 DEA 有效,则说明该 DMU 技术有效。

第二节 地方高校科技创新绩效对区域经济增长的实证研究

我们采用 DEA 模型中的 BCC 模型,对江西地方高校科研投入和产出数据进行计算,得出区域技术效率、纯技术效率、规模效率的具体数值及规模收益情况,分析科技创新的有效与无效,以及可能存在的投入浪费、产出不足等问题。

一、投入产出指标的选择与数据说明

目前技术创新投入产出指标没有统一的标准,与国外文献侧重于衡量科研人员和资金投入的情况相比,国内文献显得比较单一,一般只用较少的指标来反映技术创新的情况。基于此,本章将从资金和人力两方面选取江西高校科技活动投入指标。其中,人力是指江西各高校投入的科研人员数量;资金从筹集和支出经费两个角度选取,选取的指标为:科技活动筹集经费、科技活动支出经费。选取专利授权数、科技论文发表数和科技专著出版数作为科技产出指标。本文地方高校科技创新评价指标体系如表 5-1 所示:

表5-1　地方高校科研投入产出效率评价指标体系

类别	变量名称	指标名称	指标说明
投入要素	X_1	科技活动人员(人)	高校科技创新的人力投入
	X_2	科技活动筹集经费(万元)	高校科技创新的资金投入
	X_3	科技活动经费支出(万元)	高校科技创新的资金投入
产出要素	Y_1	专利授权数(项)	代表高校新技术等科技成果
	Y_2	发表科技论文数(篇)	代表高校新知识等科技成果
	Y_3	出版科技著作数(部)	代表高校新事物等科技成果

本章数据主要来源于《江西统计年鉴》中"科技、教育、文化"这一章,少数数据来源于《江西科技统计年鉴》,目前科技活动有据可查的最新统计数据截至2016年,因此本章采集了2001年—2016年16年间的三项投入、三项产出的96个数据。按照科技创新活动的规律,投入与产出之间通常存在一定时间的延迟,本章假设时延为期一年,也就是说,对科技投入指标采用第一年的年数据,产出指标则采用第二年数据。因此,本部分的决策单元为15个。

二、科技活动投入产出数据说明

在借鉴相关研究成果的基础上,本章在几个指标选择上作如下说明:

第一,指标选择应直接、准确、客观反映科技创新活动,对统计数据存疑的单元不予选取。如科技项目(课题)数,2004年、2005年全省立项数与高校立项数完全相同,分别为2505项和3728项,故不予采纳。

第二,江西统计网、《江西统计年鉴》尚未公布2009年全省发表科技论文数、科技活动经费支出、科技活动机构数等数据。本章遵循事实,所以只能在《江西科技年鉴》中选取2009年该项高校统计指标。

第三,衡量科研创新活动,应包括自然科学与社会科学。由于中文科技期刊数据未公布,本章所选取作为科技创新产出指标之一的论文仅为科技论文数和出版科技专著数。

第四,新产品的应用和市场商业化的成功,是衡量科技创新成果转化的重要标志,理应选取诸如技术市场成交合同金额、高技术产品出口贸易额作为产出指标,由于该两项数据未公布,未能采集到相关单元。本可用技术转让合同数来代替,但发现2007年、2008年全省技术转让合同数(分别为190项与130项)小于高校技术转让合同数(373项与402项),故不予采纳。

数据采用DEAP2.1软件处理。为了统一计算,投入与产出之间的时间延迟都取为1年。在数据处理过程中,鉴于本研究中决策单元(DMU)仅有16个,为了避免出现多个决策单元(DMU)相对有效,由此,引入理想决策单元2001年—2015年15年间的投入与产出。

三、计算 DEA 效率值

本研究使用DEAP2.1软件采用BC^2模型对数据进行处理,分析结果见表5-2。BC^2模型计算结果主要包括以下四个方面:Technical Efficiency(技术效率)、Pure Technical Efficiency(纯技术效率)、Scale Efficiency(规模效率)、规模报酬或者规模效益及非DEA有效单元的投影。当Technical Efficiency等于1时,称该决策单元为DEA(弱)有效;当Technical Efficiency小于1时,该决策单元为非DEA有效。系数越大,非DEA有效越不显著。所谓规模收益递减是指增加一个单位投入量,会引起产出增加低于一个单位,追加投入会减少回报。规模收益递增则相反,规模收益不变是指投入增加(或减少)一个单位,产出同时增加(或减少)一个单位,即产出量和规模比例恰当。

表5-2　2001年—2015年江西地方高校科技活动效率水平

序号	DMU	技术效率	纯技术效率	规模效率	规模收益
1	2001	1.000	1.000	1.000	不变
2	2002	1.000	1.000	1.000	不变
3	2003	0.806	0.827	0.975	递增

续表

序号	DMU	技术效率	纯技术效率	规模效率	规模收益
4	2004	0.815	0.829	0.984	递增
5	2005	0.846	0.874	0.968	递减
6	2006	0.785	0.905	0.867	递减
7	2007	0.803	0.806	0.997	递增
8	2008	0.692	0.693	0.999	递减
9	2009	1.000	1.000	1.000	不变
10	2010	0.532	1.000	0.532	递减
11	2011	0.578	0.949	0.609	递减
12	2012	0.530	0.911	0.582	递减
13	2013	0.647	1.000	0.647	递减
14	2014	0.821	0.821	1.000	不变
15	2015	1.000	1.000	1.000	不变
	平均值	0.790	0.908	0.877	

对表 5-2 的计算结果分析可知：

从技术效率层面来看,2001 年—2015 年江西地方高校科技活动技术效率的均值为 0.790,小于 1,说明总体上江西地方高校科技活动的技术效率非 DEA 有效。从各年份来看,DEA 有效的年份共有 4 个 DMU,分别为 2001 年、2002 年、2009 年、2015 年,占总体比例的 26.67%,这四年的科技活动投入产出比例合适,经济和社会效益好。科技活动的纯技术效率和规模效率均达到了相对的最优,还有 11 个 DMU 未达到 DEA 相对有效,分别为 2003 年、2004 年、2005 年、2006年、2007 年、2008 年、2010 年、2011 年、2012 年、2013 年、2014 年,占总体比例的73.37%,效率值在 0.530—0.846 之间,这表明江西地方高校科技活动效率总体水平偏低,大部分年份未能达到技术效率 DEA 有效。

从纯技术效率角度来看,2001 年—2015 年江西地方高校科技活动纯技术效率的均值为 0.908,小于 1,说明总体上江西地方高校科技活动的纯技术效率非DEA 有效。从各年份来看,共有 6 个年份达到了纯技术效率有效,分别为 2001

年、2002年、2009年、2010年、2013年、2015年,占总体比例的40%,说明地方高校科技活动资源组合在该6年中均达到了相对最优。除了上述6年达到DEA有效外,还有9个年份未能达到DEA有效,效率值在0.693—0.949,这些年份分别为2003年—2008年、2011年、2012年、2014年,占总体比例的60%。由此可见,江西地方高校科技活动纯技术效率在大部分年份都未能达到最优。

从规模效率角度看,2001年—2015年江西地方高校科技活动规模效率的均值为0.877,小于1,说明总体上江西地方高校科技活动的规模效率非DEA有效。与小于纯技术效率0.908相比,发现规模效率小于纯技术效率,说明规模效率无效是造成科技活动效率相对无效的主要原因。从各年份来看,共有5个年份达到了DEA有效,占总体比例的33.33%,分别为2001年、2002年、2009年、2014年、2015年,说明这些年份科技活动规模效率达到了最优。从规模收益来看,处于不变状态,说明这些年份投入产出规模比例恰当,科技活动应保持这种投入产出比例。而在剩余10个年份中,它们的效率值在0.532—0.999。从规模收益来看,这些非DEA有效的年份其规模收益分为递增和递减,其中处于递增状态的有3个(2003年、2004年、2007年),说明这些年份地方高校应进一步加大科技活动的投入规模;递减状态的有7个(2005年、2006年、2008年、2010年、2011年、2012年、2013年),说明这些年份应当缩小科技活动的投入规模。

四、技术效率非DEA的投影分析

为了进一步探索有效提高江西省科研活动投入产出相对效率的途径,本章计算了江西高校科研活动的投入冗余量和产出不足量,计算结果如表5-3所示。其中S_1^-、S_2^-和S_3^-分别对应X_1、X_2和X_3三个投入要素可减少的数量,S_1^+、S_2^+和S_3^+分别对应Y_1、Y_2和Y_3可增加的数量。以2003年为例,为使科研投入产出相对效率达到最优,"科研活动筹集经费"需要减少3255万元,"科技活动经费支出"需要减少2700万元。或者在投入不变的情况下,"专利授权数"需要增加29项,"出版科技专著数"需要增加19项。

表5-3 **2001年—2015年江西高校科技投入产出松弛变量情况**

DMU	X_1		X_2		X_3		Y_1		Y_2		Y_3	
	初始值	S_1^-	初始值	S_2^-	初始值	S_3^-	初始值	S_1^+	初始值	S_2^+	初始值	S_3^+
2001		0		0		0		0		0		0
2002		0		0		0		0		0		0
2003		0	22252	3255	20664	2700	7	29		0	442	19
2004		0	43013	10178	37312	5332	12	109		0	490	6
2005	10236	319	56254	5529		0	32	239		0		0
2006	12641	2067	69986	8744		0	61	299		0	569	24
2007		0	77609	9281	77207	6450	109	241		0		0
2008		0	92645	10294	89859	5775	174	235		0		0
2009		0		0		0		0		0		0
2010		0		0		0		0		0		0
2011	30861	4652		0	84826	1300		0		0	549	70
2012		0		0	91737	1768		0		0	509	82
2013		0		0		0		0		0		0
2014	35140	17182		0	106605	572.9		0		0	737	78
2015		0		0		0		0		0		0

(注:表中列出初始值的目的是为了比较松弛变量相对量,表中松弛变量为0的指标未列初始值)

从表5-3的计算结果可知,共有9个年份(占总体的60%)在投入上存在冗余,且大部分冗余量都集中在"科研活动筹集"和"科技活动经费支出"两项上,少部分冗余量集中在科技活动人员上,因此,江西地方高校应加强对科技资源(特别是财力资源)的合理利用。从产出来看,也有9个年份由于产出不足导致江西地方高校科技创新非技术DEA有效,且主要在"专利授权数"和"出版科技著作数"两项指标上表现不足,这一结果表明需要加大对这两项产出指标的重视程度。这里要特别注意的是,发表科技论文这一项指标不存在产出不足现象,说明近年来江西地方高校投入的人力和财力很好地转化为科技论文。

总体来看,2001年—2015年江西地方高校科技创新绩效大部分处于非

DEA 有效状态,只有 2001 年、2002 年、2009 年、2015 年这 4 年科技创新绩效达到 DEA 有效。非 DEA 有效的年份,主要是表现在经费筹集和支出上存在投入冗余,在专利授权数和出版科技专著数上存在产出不足。

依据 DEA 理论,投入指标的松弛变量不为零时,经过合理的调整与改进,促使其抵达理想状态①。根据上述分析结果,对非 DEA 有效单元进行改进,得到 DEA 有效的理论目标值(也即理想状态)。其中,DEA 有效的 DMU 的原始值和理论目标值相同,不存在冗余情况,即其投入得到了较高效率的利用。调整情况如表 5-4 所示。

表 5-4　2001 年—2015 年江西高校科技投入发展及调整情况

	X_1		X_2		X_3		Y_1		Y_2		Y_3	
	原始值	目标值	原始值	目标值	原始值	目标值	原始值	目标值	原始值	目标值	原始值	目标值
2001	6939	6939	8408	8408	7479	7479	5	5	8046	8046	608	608
2002	6328	6328	11487	11487	10419	10419	6	6	10811	10811	449	449
2003	7968	6586	22252	15137	20664	14379	7	36	11640	11640	442	461
2004	8827	7316	43013	25470	37312	25591	12	121	13987	13987	490	496
2005	10236	8624	56254	43616	51845	45293	32	271	18042	18041	562	562
2006	12641	9372	69986	54585	63193	57182	61	360	20600	20600	569	593
2007	11569	9323	77609	53263	77207	55770	109	350	20188	20188	598	598
2008	13679	9476	92645	53885	89859	56474	174	409	19917	19917	624	624
2009	9957	9957	62871	62871	66173	66173	428	428	22482	22482	621	621
2010	30121	30121	74108	74108	77022	77022	607	607	23936	23936	572	572
2011	30861	24639	79950	75883	84826	79211	908	908	23714	23714	549	619
2012	31598	28798	85676	78084	91737	81840	857	857	24040	24040	509	591
2013	32328	32328	95126	95126	102937	102937	1492	1492	25021	25021	583	583
2014	35140	11658	100738	82677	106605	86919	2558	2558	20724	20724	737	815
2015	13083	13083	103843	103943	109594	10294	3296	3296	24115	24115	890	890

---

① 李莉、毛加强:《基于 BCC 模型的中国西部地区科技创新绩效分析》,《统计与信息论坛》2011 年第 5 期。

通过对江西地方高校科技创新绩效进行评价,在 2001 年—2015 年间可划分为 DEA 有效单元和非 DEA 有效单元。总体来说,江西地方高校服务区域经济的科技创新活动效率水平较低,仅有 2001 年、2002 年、2009 年、2015 年这四年的技术效率、纯技术效率与规模效率均为 1,达到效率相对最优,即投入产出效率最高,资源利用率较高,这与政府和企业的大力扶持以及高校自身服务区域经济意识密不可分。其余年份均未达到 DEA 有效,主要是因为在科技筹集经费和科技经费支出上存在大量冗余,科技活动人员存在少数冗余,或者主要在专利授权数和出版科技专著数上存在产出不足。总而言之,江西地方高校服务区域经济过程中,存在人力与资金冗余,成果应用和成果转化却力度不够等问题,结合实际制定相应的对策平衡其投入与产出比例十分必要。

第三节　不同机构类型科技创新效率的评价与比较

一、决策单元的选择

为了更好地了解地方高校科技绩效的总体情况,在单方面评价高校科技创新绩效对经济增长贡献的同时,本节拟对江西的地方高校、科研院所和企业①的相对效率进行评价,为反映三类机构的效率变化情况,并对其效率做相互比较。目前,地方高校科技投入和产出数据最新到 2016 年,且鉴于投入和产出数据存在一年的时滞,因此,本研究选择了 2011 年—2015 每年进行科技活动的高校、科研院所和企业三类机构分别作为一个决策单元(DMU),总共有 15 个决策单元。其符号代表指向如下:DMU_1—DMU_6分别代表 2011 年—2015 年每年的高校 DMU;DMU_7—DMU_{12}分别代表 2011 年—2015 年每年的企业 DMU;DMU_{13}—DMU_{18}分别代表 2011 年—2015 年每年的科研院所 DMU。

---

① 这里指的是规模以上企业。

二、投入产出指标的选择与数据说明

科技活动的输入主要是人员投入和资金投入。新产品产值、技术合同转让价值、科技成果获奖数、论文和专利数量是目前学术界的常用指标,但考虑到三类机构的可对比性及数据的可获得性,我们选取专利授权数(项)、发表科技论文数(篇)、科技项目(课题)数(项)作为产出指标,这主要反映了科研与发明活动的水平;选取科技活动筹集经费、R&D 人员全时当量和课题投入经费作为投入指标。本研究从历年《江西统计年鉴》搜集了上述 6 个指标 2011 年—2016 年的数据,鉴于投入指标和产出指标存在一年的时滞,为此,本研究的投入指标采取第一年的数据,产出指标采取第二年的数据,因此,本研究的研究数据为 2011年—2015 年。

三、实证研究结果分析与比较

本研究使用 DEAP2.1 软件采用 BC^2 模型对数据进行处理,分析结果如表5-5 所示。

表5-5　不同机构类型科技创新绩效评价结果

决策单元	技术效率	纯技术效率	规模效率	规模收益
DMU₁	1.000	1.000	1.000	不变
DMU₂	0.946	1.000	0.946	递减
DMU₃	1.000	1.000	1.000	不变
DMU₄	0.989	0.989	1.000	不变
DMU₅	1.000	1.000	1.000	不变
DMU₆	0.552	0.552	1.000	不变
DMU₇	0.478	0.478	1.000	不变
DMU₈	0.588	0.590	0.997	递减
DMU₉	1.000	1.000	1.000	不变

续表

决策单元	技术效率	纯技术效率	规模效率	规模收益
DMU$_{10}$	1.000	1.000	1.000	不变
DMU$_{11}$	1.000	1.000	1.000	不变
DMU$_{12}$	1.000	1.000	1.000	不变
DMU$_{13}$	0.940	0.984	0.955	递减
DMU$_{14}$	0.939	0.999	0.940	递减
DMU$_{15}$	0.977	1.000	0.977	递减

为直观地评价和比较不同机构类型,在 2011 年—2015 年间的技术效率情况,我们绘制了三类机构的技术效率变动趋势图,如图 5-1 所示。

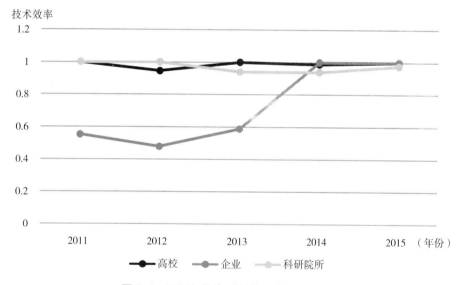

图 5-1　不同机构类型科技活动效率趋势图

结合表 5-5 和图 5-1 分析可知,整体来看,江西地方高校的科技活动效率最高,其中有 3 年(2011 年、2013 年、2015 年)技术效率均为 1,达到 DEA 有效,说明这三年都处于生产函数的前沿层面。2012 年和 2014 年技术效率分别为 0.946 和 0.989,小于 1,但均在 0.9 以上,说明高校科技活动的资源配置效率较高。近年来,江西省高校科技活动迅猛发展,其中一个重要原因便是科技活动效率较高。

企业的科技活动效率总体上呈现逐步上升的发展趋势,2011 年—2013 年技术效率分别为 0.552、0.478、0.588,连续三年均未达到 DEA 有效,且效率值较低,在 2012 年达到低谷。2014 年、2015 年技术效率上升到 1,均达到 DEA 有效,说明这两年企业的科技活动处在生产函数的前沿层面上。究其原因是 2012 年—2013 年企业增加了其科研投入,而作为投入的结果,企业发明的专利有大幅提高,说明这两年企业科技创新活动活跃,资源配置效率高。

科研院所的科技活动效率总体上呈现先降低后上升的发展态势,2011 年—2012 年技术效率均为 1,达到 DEA 有效。2013 年、2014 年技术效率小于 1,但在 0.9 之上,且大体相等,说明科研院所的科技效率在这两年有个低潮。2015 年,技术效率又上升至 0.977,其中纯技术效率达到了 1,说明科研院所的资源得到了合理的配置,从而使得科技效率得以提升。

从规模收益来看,高校除 2012 年处于递减状态外,其余年份均处于不变状态,说明高校科技绩效总体情况良好,投入产出规模达到最优。企业则除了 2014 年处于递减状态外,其余年份也是处于不变状态,说明企业科技绩效情况也较为良好,也达到了规模最优化阶段。科研院所则除了 2011 年、2012 年处于递减状态外,其余年份则处于递减状态,说明科研院所的投入产出规模有待进一步优化,从规模效率的变化值来看,投入产出规模也在朝着不断改善的方向发展。

以上运用 DEA 方法,对 2011 年—2015 年江西省科技活动的三类主要机构——高等院校、企业和科研院所的科技效率进行的评价和比较研究,结果显示:(1)总体来说,江西地方高校的科技效率活动最高,其次为科研院所,企业的科技效率最低;(2)从规模收益来看,高校和企业在 2014 年—2015 年均为不变状态,科研院所在 2013 年—2015 年均为递减状态,说明目前高校和企业这两类机构达到了规模最优化,而科研院所的科技活动投入规模还有待进一步优化。

小　结

科学技术是促进区域经济建设的根本动力①。高校科技活动投入指标往往能考察各高校科技活动投入的人力、物力和财力状况,而产出指标则主要包括各种形式的科研成果。传统的多指标综合评价方法,未能从投入与产出角度评价科技相对效率,DEA评估方法则兼顾了投入和产出的指标②。DEA评估方法是由每个决策单元为标示,呈现相同的输入和输出,然后通过对数量指标的综合分析,确定决策单元的定级排序。

本章应用DEA评估方法考察江西地方高校科技创新绩效对区域经济增长的评价情况,首先对地方高校科技创新绩效对经济增长的贡献进行分析,接着对高校、科研院所和企业的相对效率进行评价与对比分析,最后对江西20所地方高校2014年—2016年的科技创新绩效进行静态和动态分析。研究结果显示:

总体来说,江西地方高校服务区域经济的科技创新活动效率水平较低,仅有4年(2001年、2002年、2009年、2015年)达到了DEA有效,也就是说,投入产出效率最高。高校科技创新绩效低,究其原因主要是因为在科技筹集经费和科技经费支出上存在大量冗余,科技活动人员存在少数冗余,或者在专利授权数和出版科技专著数产出上存在大量不足。

对2011年—2015年江西省科技活动的三类主要机构——高等院校、企业和科研院所的科技效率进行了评价和比较,研究结果显示:江西地方高校的科技活动效率最高,目前高校和企业这两类机构达到了规模最优化,而科研院所科技活动的投入规模还有待进一步优化。

---

① R.Sternberg & O.Arndt, "The Firm or the Region: What Determines the Innovation Behavior of European Firms?", *Economic Geography*, 2001(4), pp.364-380.

② 赵晓阳、刘金兰:《基于DEA和Malmquist指数的985高校科研投入产出效率评价研究》,《电子科技大学学报》2013年第3期。

　　总之,地方高校作为区域经济发展中的主力军,应依托自身充沛的人才资源以及较强的科研优势,积极为区域经济发展作出最大的努力。地方高校应积极进行科技创新,更好地为区域经济发展服务;与此同时区域经济的发展又能够进一步推动高校的建设与发展。因此,地方高校只有与区域经济建设形成良性互动,才能相互促进,实现可持续发展。

第 六 章

国内外高校服务区域经济建设的经验及启示

任何国家的高等教育制度也是本国经济制度的反映,都要为本国的经济建设服务。西方高等教育机构的科研、教学、社会服务功能发展日趋完善,高校与社会的互动发展关系也日益紧密①。可见,国外一些高校通过教育改革来强化社会服务职能,主动寻求有效途径促进高校与区域经济建设之间的共生发展。诚然,不同国家的高等教育服务区域经济模式不尽相同,每个国家都有各自的特色和优势。但是,他山之石可以攻玉。因此,我们有必要引介国外的成功经验,促进国内地方高校服务区域经济建设的健康发展。此外,国内的部分高校尤其是沿海发达地区的地方高校,近年来在服务区域经济社会方面已经取得了较大的突破和丰富的经验,社会服务职能得到了更加充分的发挥和体现,在为区域经济建设做出贡献的同时,也大大促进了高校的自身发展和建设,其成功经验对于江西地方高校如何更好地服务区域经济建设,同样具有现实而重要的借鉴价值。

①　张人崧、伍新德:《国外高校服务地方经济的演变模式与经验》,《中国成人教育》2012 年第 4 期。

第一节　欧美高校服务区域经济建设的成功经验

西方高校产生于中世纪,文艺复兴以后,资本主义经济迅速萌芽发展,高校逐渐与区域经济发展相结合,走为地方服务的发展道路。欧美高校的社会服务起步较早,建立了相对完整的法律体系和政策保障体系,并从中确立起教学、科研和服务社会这三大职能,社会服务职能发展也相对成熟。到了 20 世纪中叶,随着信息技术的迅猛发展,作为人才培养、知识和技能生产基地的高校已经成为国家实力的象征,在欧美国家,产学研合作已成为高校服务区域经济的主要形式。

一、美国高校服务区域经济建设的成功经验

美国明确地把直接为社会经济"服务"作为与"教学""科研"并列的高等学校三大职能之一。这种新型的产学研合作体系,不仅创造了很多高新技术企业,而且造就了一大批优秀的创新型人才[①]。斯坦福大学及其周边的高新技术产业园区"硅谷"就是典型案例。美国作为产学研合作的发祥地,随后逐渐形成了科技园、社区学院、营利性大学等多种模式[②]。自 20 世纪以来,为适应科技革命与经济社会发展的需要,美国高校直接服务社会的具体方式主要有:建立科学园,科技咨询与推广,签订科技合同,建立校企联合研究中心,兴办合资企业,开展继续教育与成人培训[③]。

(一)建立社区学院

目前,美国各州遍布各类社区学院,这些学院成为美国经济发展和社会进步

[①]　方德英:《校企合作创新——博弈·演化与对策》,中国经济出版社 2007 年版,第 11 页。

[②]　龚振湘:《美国产学研合作成功经验及启示》,http://zys.nwsuaf.edu.cn/articles.php? id = 144。

[③]　王英杰:《试论美国高等学校的服务职能》,《外国教育动态》1988 年第 6 期。

的重要服务站和知识的源泉。美国的社区学院以向社区提供教育、经济等全方位服务为目的,包括为社区居民开设实用课程,提供技术帮助和心理咨询;免费向社区居民开放图书馆、体育场所及各种娱乐设施;提供形式多样的在职培训教育;组织举办丰富多样的文化娱乐活动。正如教育学家克拉克尔所言,社区学院的发明是美国 20 世纪高等教育的伟大革新①。

（二）加强与企业的合作

高校加强与企业的合作,通过建立科技园区、联合研究中心及合资企业,将高新技术直接运用到企业,变过去的被动为主动服务。1951 年斯坦福大学建立起世界上第一个科技园区——斯坦福研究园,即"硅谷"。其主要的作用就是转科技优势为产业优势,进而实现科技与经济的一体化。继斯坦福研究园建立后,旧金山——帕洛阿尔托、北卡三角园区、波士顿 128 公路等一批规模较大的科技园区在美国陆续建立起来。科技园区的建立,赋予了高校服务职能新的内涵,使社会服务产生了质的变化,并对调整美国产业结构、增强竞争力、提高就业率都产生了重大的影响②。联合研究中心的方式通常是由企业提供资金,大学提供研究人员,双方合作研发,以利于科研成果的直接转让。

（三）建立广泛而直接的社会联系

为了密切高校与社会的联系,建立广泛直接的社会联系,自 1980 年以来,美国高教界积极探索高校与社会良性互动机制,主动参与高校协会组织建设。1989 年,美国州立大学协会成立了"经济与社区发展中心"。此外,为了推动高校与区域内政府部门、企事业单位的双向互动合作关系,还建立了以"他方为中心"的组织。比如,卡内基·梅隆大学主动服务于本地区社会经济发展,利用自身优势形成了高新技术产业群,将曾经污染严重的匹兹堡从炼钢城市转型为美

①　Steven Brint,Jerome Karabel:*The Diverted Dream:Community Colleges and the Promise or Educational Opportunity in America*,1900-1985,Oxford University,Press Inc,1989,p.1.

②　朱国仁:《挑战与创新:构建新经济时代的中国高等教育》,南京师范大学出版社 2001 年版,第 93 页。

国的高科技中心。高校通过与区域之间的互动,不仅为高校自身的可持续发展提供了条件和机遇,而且逐渐由社会边缘进入社会中心,进而成为区域经济发展的一个有机组成部分。

(四) 利用智力资源开展社会咨询服务

可以说,美国高校最常见也是最基本的一种社会服务形式就是咨询服务,它是高校教师的重要工作之一,也是其工作业绩考核的主要内容之一。早在20世纪初,美国一些州立大学就已经开展了社会咨询服务。有调查表明,约有三分之一的教师,都曾参与过不同形式的咨询活动。一方面,教师通过参与咨询服务,深入基层和社区,了解区域社会的实际问题和现实需求,有利于提高自身的教学水平和科研能力;另一方面,咨询服务的开展,有利于发挥大学"智力库"和"智囊团"的作用,使高校的学术知识、科学技术直接应用于生活实践和生产实践,以解决区域经济建设问题。

(五) 注重培养大学生的社会适应能力

当前我国为进一步推动大众创业、万众创新,也在深化高校创新创业教育改革,加强创新创业教育。在这一方面美国早已为我们提供了比较成功的经验。美国高校在社会服务过程中,十分注重大学生社会适应能力和创新意识的培养。比如,鼓励大学生参加科学研究,参与课任老师的课题,应用所学知识解决实际问题。并以课题研究为媒介,鼓励学生参与社会服务活动,培养大学生的创造能力和解决实际问题的能力。学生在服务过程中将所学知识与社会实际问题相结合,不仅能提高社会适应能力,还能提高集体协作能力和团队合作能力。

此外,美国重视各类成人高等教育。成人教育委员会1989年所作的调查显示,在过去的两年内1000户被调查的家庭中,每户至少有一位年龄在25岁以上的成年人在大学攻读学位①。与此同时,美国的终身教育、继续教育也日渐成熟,并有力地推动学习型社会的形成,来满足区域经济建设的人才需求。

---

① 陆有铨:《躁动的百年:20世纪的教育历程》,山东教育出版社1997年版,第604页。

二、英国高校服务区域经济建设的成功经验

英国 1985 年所公布的绿皮书《20 世纪 90 年代英国高等教育的发展》曾指出,政府所关注的主要问题,仍然是如何使高等教育更有效地为改善国民经济做出贡献①。在此理念引导下,英国的高等教育十分注重发展高校与工商业的联系,并逐步消解"轻商"观念,重视与地方和企业之间的联系。

(一) 校企合作

早在 20 世纪 60 年代,剑桥大学就是社会服务的典型代表,高校与科研机构和企业联合办学,还邀请社会人员从事兼职活动。到了 20 世纪 70 年代,剑桥大学逐步成立了科技工业园,涌现出了大量的高科技公司,即"剑桥现象"②。近年来,还建立了许多"大学发明网",使企业与高校有广泛的联系。譬如,像"种子基金"还为高校与企业合作提供资金支持。此外,企业积极为在校大学生提供广泛的创业实践机会,建立"国家科学园挑战"项目,支持高校科学园的区域中心为大学生创业提供培训服务③。

(二) 开放式大学

欧美等发达国家在远程教育方面积累了丰富的经验,具有代表性的有英国的开放式大学。在英国,开放式大学完全能够与名校齐名,其开展的活动作为远程教育成功的案例,为我国地方高校的成人教育提供了有益的借鉴。开放大学学生的平均年龄为 33 岁,最小的本科生 9 岁,最小的研究生 17 岁,其中增长速度最快的学习群体是 18~24 岁的青少年④。目前,包括海外学生在内的在校生

①　张永昊:《发达国家区域高校社会服务现状分析》,《徐州师范大学学报》(哲学社会科学版)2003 年第 3 期。

②　Norman R.Scott,"Strategy for Activating University Research", *Technological Forecasting and Social Change*,1998,57(3),pp.217-219;pp.221-223.

③　方德英:《校企合作创新——博弈·演化与对策》,中国经济出版社 2007 年版,第 11 页。

④　邹范林:《远程教育保障:学习支持与策略》,中央广播电视大学出版社 2009 年版,第 233—234 页。

人数达到 23 万左右。尤其是英国国内约有 1 万余名残疾学生就读开放大学,这完全得益于开放式大学为其提供了良好条件,成为他们最佳的学习场所。

开放的特点是学生不需要正规的入学资格,其选择性余地很大,可以自由选择课程来积累学分,并且授课方式多种多样,可以通过广播电视、电台网络、录音录像等途径,给业余学习和远程学习的成年人,提供了良好机会。开放式大学对继续教育与终身学习起到了重要作用,也对提高国民素质起到了积极的促进作用。

(三) 新大学

所谓"新大学"是指 1992 年升格为大学的地方性大学和多科技术性大学①。新大学以地方为基础建立起来,具有地方性质特点,它为区域经济建设提供了良好的服务条件。新大学的学生期望通过高等教育来改变现状,他们大多来自弱势群体,或者是经济条件相对较差的人群。与开放式大学相类似的是,新大学的学生当中大多已成家,一般选择离家比较近的地方就读,也就是我们所指的区域地方高校。新大学以地方为依托满足了人们的需求,为提高区域民众素质和加强职业教育起到了很好的作用。

三、加拿大高校服务区域经济建设的成功经验

加拿大高校为区域经济服务具有经常性、广泛性和稳定性等特点。自 20 世纪 90 年代以来,加拿大各级政府通过划拨各种专项经费,或者削减高校其他方面经费的开支来引导其为区域经济建设服务。同时还要求地方高校,主要是社区学院不断创造出新技术新方法,培养出更多的适应性人才。各地方高校,一方面积极探索各种合作共赢模式,主动发掘自身资源优势,努力拓宽办学路子;另一方面不断提升科研水平,加快技术创新和成果转让步伐,更好地为区域经济建设服务。

---

① 王洪才、曾艳清:《英国高等教育后大众化现象及其经验》,《教育发展研究》2010 年第 1 期。

2013 年笔者曾赴加拿大多伦多大学等高校游学一段时期。通过听课、讨论、实地考察和调研,在大学教育理念、高校服务地方和学生管理方式等方面深有感触。他们的主要做法有:

（一）合作教育

所谓合作教育主要是指高等教育机构与社会上的企事业单位合作,共同对学生施行教育的一种模式①。同时也是产学研相结合的一种重要方式,其本质是高校寻求一种与社会对人才需求的解决方式。合作教育在北美逐渐流行,现在已经从英、美、加等国发展到亚洲、非洲、大洋洲等地区的国家。

这种联合校地力量合作办学的模式,通常要求学生在低年级掌握一定基本知识理论,到三年级用一到两个学期到企业、银行带薪实习。学校在教学进程中有意识地根据学习规律和特点,由高等教育机构与企业创造真实岗位的机会,使教学内容得以还原或再现,从而使学生能够在亲身经历中更好地理解所学的知识理论。目前,加拿大参与合作单位包括社会各行各业,参与了该项活动的大学生高达 3 万多人。

以加拿大多伦多、滑铁卢等大学为例。自学生入校起,就不断提供了社会实践和锻炼学习的机会,课程也不是仅限于教室及校内,诸如机电一体化、建筑设计、工商管理、金融、护理等专业的很多课程都是在校外实际工作车间、金融部门所进行的。因此,加拿大高等教育很大程度上是一种合作性质的教育,采用高校与企事业等单位联合培养的一种新型模式。在这种模式里,教师不仅是传统意义上只懂理论的教书先生,还是具备丰富工作经验的实践指导员;学生也不再是以个体形式存在的学习体,更多的是为完成某项工作而自发组成的团队。

为了促进合作,提高教育水平,加拿大还建立了"合作教育协会"和"合作教育中心"等机构,以听取雇主代表的意见。如加拿大阿尔昆冈学院规定每一门

---

① 刘国平、陈雪良、黄良汉:《师典》,上海人民出版社 2004 年版,第 1427 页。

课程,都必须设有一个相应的课程咨询委员会,其成员主要选自需要该课程的企业雇主,职责是在课程方面为教师和管理人员提供咨询和建议①。

(二) 校企合作

近年来,加拿大高校的科研观念与科研实践都发生了很大变化,高校科研人员主动走出书斋,走出校园,寻求与企业建立战略合作伙伴关系,一方面通过技术转让获得资金支持,另一方面积极主动与企业合作,培养地方所需技术人才。以安大略省为例,安大略省的酿酒业历来比较发达,可地方高校却没有能力培养当地所需酿酒业人才,反而要花大成本到国外学习技术。由于国外气候条件、土壤条件不同,所学技术根本不实用。为此,地方高校和当地的酿酒企业结成合作伙伴关系,创建了专门的技术学院,获得了 500 多万加元的地方资助,专门培养寒带酿酒与葡萄栽培技术人才。

在加拿大,校企合作模式常常在实际中演变为带薪实习,将高校与企业的关系暂时转变为雇员与雇主的关系。在这种模式里,将学生看作一个个实习雇员,实践指导员成为雇主,雇员预先感受未来的工作环境,雇主则提前考核培养未来更理想的雇员。这种企业与学校合作的模式,既让企业获得生产效益,也使学生提前体验了具体情境的学习与工作。可以说,这是一种双赢的合作方式。

为了更能适应企业中的需要,带薪实习是把约占 15% 成绩优秀的学生送出去,学生必须按企业要求完成所分配的任务。在这期间,一般由学校带薪实习中心派出教师进行必要的技术指导。企业选择学生不仅看学习成绩,还要看理解、沟通等方面的各种能力。学生带薪实习之后回到学校与老师交流,由学校带薪实习中心负责讨论、总结和撰写报告。这样对学生成长很有帮助,带薪实习后的同学,返校学习期间更有责任心与使命感。

总结带薪实习对学生有益的方面:一是有工作机会;二是接触科研,学生不仅有工作机会,科研成果发表的论文可以署名,对其日后申请研究生学习受益较

---

① 唐建勋:《面向劳动力市场培养应用型人才——谈加拿大的社区学院教育》,《浙江万里学院学报》1997 年第 1 期。

大;三是能增强与企业的联系,学生到企业中去,参与实际工作,增强了学校和重点企业的联系,不仅代表了自己,也代表了学校;四是加强校友联络,增进校友会成员的感情交流。带薪实习的学生会把企业文化信息反馈给学校,合作教育中心或带薪实习中心会对这些文化信息进行处理,可以完善学生以后的学习。

（三）兴办科技园区

大学是高科技产业的汇聚地,这里设备先进,信息交流快捷,科研实力雄厚,因此,世界各国的高科技园区大多坐落在大学周边。萨斯喀彻温大学建立的"创新科技园"包括 96 家高科技公司,1500 余名高科技工作人员,1995 年为萨斯喀彻温省增加了 1.52 亿多加元①。利用科技园在校园周边的区位优势,开展科研合作,尤其是与边缘学科、跨学科领域的合作是高校的选择。另外,还会安排学生到科技园实习,承担高科技公司委托的科研项目。高科技园的设立对大学产生了积极的影响,它使大学的科研人员深切地认识到技术转让蕴含着潜在商机,当然也是国外高校服务区域经济发展的重要途径。

为加速高科技成果转化,使成果发明到商品化这一过程能够顺利进行,加拿大的新斯科舍省成立了"新斯科舍创新公司"。该公司由政府实行补贴,下设科研以及咨询部门,为单位或个人提供低收费甚至免费服务。高校的教授和科研人员往往擅长研究,但对如何将成果转化为商品投入市场并为社会服务则经验不足②。而该公司顺应时代要求,根据公司专长和公司所提供的优惠条件,将地方高校的技术成果进入商品化。

第二节　亚洲高校服务区域经济建设的成功经验

亚洲的地方高校对推动亚洲经济社会发展起着重要的作用。但是,目前亚洲不少地方高校的办学效果却不能满足区域社会发展的需要。导致这一现象的

① 徐同文:《区域大学的使命》,教育科学出版社 2004 年版,第 45 页。
② 曾子达:《社区学院在加拿大教育体系中的地位与作用》,《中国高教研究》1994 年第 3 期。

产生,既有高校办学理念的因素,又有地方政府、企业、学校对科研成果评价机制的问题。当然,亚洲的日本、韩国和新加坡等发达国家和新兴国家,在这一方面取得了良好的突破和成效,尤其值得我国借鉴。

一、日本高校服务区域经济建设的成功经验

日本高校与产业界的合作,既吸取了美国"产学合作"的经验,又有自己独创的特色。

(一) 高校与产业界、政府在科研方面的互动合作

日本政府、产业界与高校建立了密切的科研合作关系,对高校在振兴科技和发展经济等方面寄予厚望。早在20世纪60年代,日本就开始了官、产、学合作的发展,政府在推进官、产、学合作方面采取了一系列有效的措施,对合作内容、经费负担以及设备利用等都通过制度明确下来。政府与产业界不惜投入巨资,提高高等教育的教学与科研力量。为其提供世界一流的设备,把诸如宇宙科学、生命科学、核聚变研究等重要的基础研究委托高校。日本在"产学合作"中不仅积极推行委托研究制度,还建立了"官、产、学"三位一体的科研体制,具体形式包括[1]:

一是实行委托研究制度。由高校组织人员承接企业委托研究项目,并根据委托方要求,双方就研究范围、目标、经费和期限、版权归属等问题签订协议,以合同协议的形式开展委托研究,一般由委托者支付报酬。

二是实行高校与企业的合作研究制度。邀请企业研究人员到高校任客座教授或客座研究员,企业与高校的研究人员一起进行共同研究。这是高校与企业实行合作研究的一种主要形式。

三是实行"官、产、学"三位一体的研究制度。建立由政府、产业、学界三方参加的科研体制。通过与研究人员的单位签订人员借用合同,把三方面的优秀

---

① 吕京:《西部地方高校服务新农村建设研究:绵阳市四所高校为例》,华东科技大学博士学位论文2011年,第105页。

科研人员聚集起来;通过签订单位设施租用合同,把三方面优良设备集中起来,集中优势力量,进行一些重大科研项目的协作研究。

（二）产业界对高校给予经费资助

自从实行"产学合作"以来,日本产业界,特别是各大公司集团,每年拨出专项资金资助高校的教学和科研。一些财团积极资助高校举办各类公开讲座,为绩优学生提供无息贷款。以丰田财团为例,一年资助总金额达 2.2 亿日元,资助对象为研究生和进修生等①。此外,日本文部省还专门设立了接受奖学金、资助金制度,对社会给予学校的捐助进行统一管理,对资助金的接受和使用作了明确规定,从而提高经费的使用效率。

（三）在人才培养和交流方面紧密合作

日本产业界、政界、学术界都十分重视人才培养,重视人才资源的开发,他们将人才培养和人才交流,作为经济、科技和文化发展战略中的一项重要举措。

一是实行人员互聘制度。一方面,企业聘请或高校派送学者、教授到企业讲学,传授理论和实际技能或到企业教育培训部门提供服务;或者聘请他们担任企业咨询委员会委员、研发部门的技术顾问等。另一方面,日本高校从产业界招聘教师到高校任教,为解决师资不足和知识老化的问题,日本的一些高校设置了某些特殊课程,聘请企业界的科技人员走进高校课堂。

二是企业为高校提供实习实训基地。实行"产学合作"的高校,企业会为其学生提供实习实训的岗位。学生们可以事先选准项目,在实习期开展调查研究,培养专业兴趣,检验知识储备;也可以利用假期提前上岗,选择自己所喜欢的企业,与员工们一起劳作,为将来的就业作准备。

三是实行内地游学制度。一方面,实行青年优秀职工游学制。日本各企业除了实施教育和培训以外,每年都要安排技术人员、研发学者,尤其是优秀青年职工到高校进修访学,由企业承担学费和学习期间的工资与奖金。另一方面,实

---

① 廖宗明:《试论日本高校的"产学合作"》,《清华大学教育研究》1994 年第 1 期。

行高校教师游学制。日本文部省会安排高校教师到国内各大学、公司、企业、科研院所游学,参加各种实战技能培训,以此提高教师的教学和科研能力。

二、新加坡高校服务区域经济建设的成功经验

新加坡经济社会发展迅速,原因之一就是政府十分重视人力资源开发,培养了一大批世界一流的技工和高管。通过"发展培养""终生学习培训及合作培训""应用研究和项目开发联盟""社区建设""创新与创业课题""发展课程设置"等六种方式和路径①,实现了高校教育与区域经济建设的良好对接。

(一)高职教育在新加坡经济建设和社会发展中的作用

新加坡 700 多平方公里的国土面积,拥有人口 400 多万,高职院校 5 所。在新加坡教育体系中,高职教育在新加坡区域经济建设中发挥了重要作用。这一功效得益于政府将高职教育提升为国家发展战略,给予资金和人才保障,使高职教育获得了快速发展。新加坡高职院校在借鉴德国"双元制"基础上,结合国情和地域特点,形成了自身特有模式——教学工厂。也就是效仿企业模型,由企业提供最可操作设备,设置教育实习实训的教学工厂。这种"教学工厂"的人才培养模式,能较大程度地与区域经济需求对接,为区域经济建设提供了高匹配的技术人才,为企业项目研发提供了扎实的技术支持。

(二)支持经济结构的转型调整

由单一转口贸易经济向多元化经济结构转变,是新加坡经济建设发展中的重要战略。就业结构调整与新的经济结构建立,首先需要观念先行,人员转型培训配套;同时,还要尽快培养适应性强的技术人员、熟练工人以及高级管理人才。对此,这一培训任务基本上是通过职业技术教育来完成的。高职教育的主动和积极适应地方经济转型调整,保证了经济结构顺利地由单一化向多元化发展。例如,理工学院的"持续教育和培训中心",除了为本公司的精

---

① 马斌:《新加坡高职教育服务经济社会发展的理念、路径及启示》,《中国职业技术教育》2010 年第 3 期。

密工程、化工制造、通用制造、飞机维修、零售商店运作等发展项目外，还开设了航空航天、废水污水处理、水资源管理、卫生间设计、亚洲面食技术、国际葡萄酒进口等众多培训课程，较大程度地满足了区域经济结构调整和新兴产业发展的需要。

（三）加速工商企业的技术升级

国际竞争日益激烈，在20世纪80年代，新加坡就确定了技术升级，加速自动化、电脑化与科技化的发展战略。在这个发展战略中，高职教育发挥了重要的支持作用。高科技企业与劳动密集型企业不一样，它对人力资源的基本素质有很高的要求。因此，吸引技术密集型、高附加值的工业项目，只有通过接受过高等职业技术教育的高技能人才，才能产生巨大的磁能①。高职教育承担着提高人力资源素质的主要职能，把提高劳动力综合素质作为一项重要的战略任务，从而形成了较强的比较优势，吸引了大批外资投资于新加坡，由此技术升级也就得到了加速超位。

（四）促进劳动生产率的提高

人力资源是企业获取竞争力的关键性资源，要提高企业的劳动生产率，就必须加强对人力资源的开发与管理。而教育培训、人员激励、企业文化建设等，就是开发与管理人力资源的有效手段。因为职业技术的教育培训对象，基本上来自企业一线的劳动者和管理人员，所以教育培训对企业劳动生产率的提高不仅直接有效，还可以大大提高企业劳动生产率。总的来看，新加坡重视职业技术教育，在较大程度上提高了大量从业人员的素质，同时公民的文明素质、就业技巧和创新才能等方面也都得到较大提升。

三、韩国高校服务区域经济建设的成功经验

韩国高校创业教育从20世纪80年代起步，历经30年的发展，如今韩国高

---

① 马斌：《新加坡高职教育服务经济社会发展的理念、路径及启示》，《中国职业技术教育》2010年第3期。

校创业教育业已形成以五所"创业研究生院"为核心、辐射全国的创业教育基本体系①。而创业研究生院的创业教育注重课程特色化建设与区域产业发展相结合,实现了创业教育的专业化发展与人才培养的多元化。在传统儒家思想和现代教育理念的共同影响下,韩国高校创业教育呈现出本土化与国际化相结合的特点②。

（一）课程内容的系统性

韩国在大学生创业教育方面借鉴了美国的做法,紧紧围绕创业过程来安排创业教育课程。在本科和研究生的课程设置中,涵盖了创业者、战略与商业机会、资源与商业计划、企业融资和快速成长等五部分。其中,创业精神和新企业、创业体验、新技术企业、投资财务、企业成长战略、创意的产生技术、家族企业、最优的创业机遇、非营利组织创业精神等为本科课程;在本科课程的基础上,研究生课程增加了诸如风险投资、市场营销、公司投资和收获、组织行为和管理等课程。所有课程都注重全球视野,注重指导学生客观分析和把握各种创业计划,使学生对创业项目的可行性与发展走向做出正确判断和选择。

（二）教学形式的灵活性

韩国高校的教学形式呈现弹性化与个性化的特点,在为区域经济建设培养合格人才方面发挥了积极作用。尤其是创业教育,不仅普遍开设创业课程,还建立了学校和企业创业教育互动式网络生态系统。第一课堂侧重培养学生的创业精神和对学生创新理论、技能的传授;第二课堂侧重体验性教学和实践活动,比如通过社会调查、企业参观、创业计划大赛、典型案例研讨等形式来进行体验,学生通过体验活动将书本中的理论知识与社会实际对接,将创业意识与现实碰撞,促使创业意识和创业精神外化为学生的行动,使创业教育更具针对性和可接受性。可以看出,韩国高校创业教育深入生活,注重体验,讲究实践,能有效开发和

---

① 朴钟鹤:《高校创业教育发展与创新——以五所"创业研究生院"为例》,《教育研究》2013年第5期。

② 朱春楠:《韩国高校创业教育动因及特色分析》,《外国教育研究》2012年第8期。

激活全社会资源。

（三）师资队伍的国际性

韩国创业教育师资队伍由校本、企业和国外访问学者三大群体构成。校本教师主要负责讲授创业理论课程，所以还需要既有理论知识又有实战经验的"双师型"教师。同时，国外学者结合本国的实践活动帮助学生开阔视野，更多地了解不同国家的创业实践与创业特点。如聘请美国、加拿大等北美专家学者来韩国任教。韩国高校长期以来形成的访问制度吸引了国外学者任教，这又为拥有国际化师资提供了保障。此外，还吸引国内创业资深人士兼任创业教育教学与科学研究工作。多样化的师资结构，既丰富了韩国高校创业教育的内容和形式，也确保了创业教育具有针对性和实效性。

第三节　国外高校服务区域经济建设对中国的启示

综观上述各国高校服务区域经济的经验与模式，不难发现国外高校服务区域经济建设尽管服务方式多样，服务模式各异，但都已成为办学定位的主要内容。具体而言，国外高校的区域服务职能主要体现在以下几个方面：第一，政府关注和重视高校的社会服务工作；第二，服务内容丰富多样；第三，区域高校社会服务组织规范化与实体化；第四，不断拓展社会服务范围。

欧美、亚洲等典型国家高等教育服务区域经济建设的成功实践，给予了我们诸多启示。

一、政府应积极协调高校和企业合作的利益关系

目前，我国高校的法人地位和办学自主权还无法得到有效保障，政府也未能充分发挥引导、监管、调控等应有作用。首先，政府应建立完善的法律法规体系，健全社会服务机制，以保障高校社会服务职能的正常运转；其次，政府应制定相应的合作政策、激励办法和奖励措施，协调高校、企业和科研机构利益关系，统筹

全局,实现互惠双赢;再次,各级政府应设立校地互动办公机构,并以此成为联系政府、高校和企业的纽带,负责高校社会服务项目的具体落实;最后,应合理协调政府宏观控制与高校办学自主权的问题。政府要减少对高校的行政干预,把办学自主权还给高校,由高校主导自身发展。

二、地方高校服务区域经济建设需要发展私立教育

私立大学在服务区域经济建设中起着重要的作用。比如,日本的国立大学主要承担精英人才的教育,地方大学和私立大学则主要进行大众化教育,主要承担着普通高等教育的职责,满足了区域社会对人才培养多样化多层次的需求。结合我国办学情况来看,我国民办高校虽然发展很快,但一直以来,社会力量办学仍处于附属地位,民办高校与学生的比例仍然偏小,在探索混合型办学主体方面仍存在很多制度性障碍,与发达国家相比还存在很大的差距,这在很大程度上阻滞了我国高等教育体制的全面发展与进步。我国高校的办学形式应结合现实状况,在以公办大学为主体的同时,大力发展民间办学力量,形成公立、私立并举的多元高等教育办学形式,以更好地满足区域经济建设和发展的需要。

三、地方高校应结合区域经济发展需要的科学定位

美国以及其他发达国家高校服务职能的经验启示我们,地方高校社会服务的健康发展,有赖于明确的服务意识、科学的办学定位和良好的服务能力。

我国地方高校服务区域经济建设的意识普遍较为淡薄。“地市高校教育发展战略研究”课题组对 20 所高校的教师和管理者进行的“高校社会服务职能观念障碍”的调查显示,认为与己无关的占 19%,缺乏条件的占 20%,缺乏能力的占 11%,畏难发愁的占 15%,清高自大的比例高达 35%①。为此,地方高校要树立面向市场、开放办学的思想,将服务地方的理念深入教师、学生和管理者的意

---

① 徐同文:《区域大学的使命》,教育科学出版社 2004 年版,第 76 页。

识中,让企业参与学校的发展,改革以教师为中心的教学模式,坚持以学生全面发展与成才的办学理念。

　　地方高校在服务区域经济的过程中,还必须结合区域经济建设需要的科学定位,不断增强自身服务区域的能力。美国各地的赠地学院,就是根据本地区域经济发展的实际情况和现实需求,开设匹配对口专业,培养本州所需的合适人才,为本地经济社会尤其是农业和工业的发展提供优质服务。而反观我国的地方高校,在发展定位上则目标不明、模式趋同、缺乏个性。有的学校则盲目攀高,导致教学中心转向所谓的基础知识教育;有些学校在课程结构和专业设置上存在着比较严重的不合理性,与区域社会发展的实际需求相脱节,这与国外大学分类清晰、定位明确、发展有序的情况大相径庭。因此,为了构建以就业为导向的现代职业教育体系,我国地方高校应主动走上转型发展之路,根据自身的优势和特色,结合区域经济建设的实际需求,积极调整办学定位,改革专业与课程结构,向应用技术型方向转型,主动承担服务区域经济建设的重要使命。

四、构建组织联盟共同提升服务区域经济的能力

　　高校与区域经济的互动关系需要组织架构,形成利益共同体。国外高校在服务区域经济的进程中所形成的大量的合作组织,就呈现了区域联合倾向。例如,波士顿高等教育合作组织由28个高校组成,致力于提高波士顿公立学校的中小学教育质量,一些商业团体、工会组织和中小学校也纷纷加入其中[1]。总之,合作联盟组织的构建,有利于集中优势力量,实现资源共享,为高校服务区域建设提供了平台。作为支撑,由于各种主客观因素的影响,我国在"校地合作""校企合作"和"校校合作"等方面尚未形成良好的合作机制,甚至连基本的资源共享平台也无法实现,使得地方高校在服务区域经济建设过程中往往是一厢情

---

[1]　Edward M.Kennedy,"University—Community Partnerships:A Mutually Beneficial Effort to Aid Community Development and Improve Academic Learning Opportunities",*Applied Developmental Science*,1999(3),pp.197-198.

愿,或者是凭借一己之力单打独斗。因此,为了提升地方高校服务区域经济的能力,我国地方政府应当主动搭台,积极促成地方高校与政府、企业及其他高校结成形式多样的信息和技术合作联盟,形成互通有无、优势互补、利益共享的长效合作机制。

第四节　国内地方高校服务区域经济建设的实践与经验

地方高校与区域经济建设存在着相互依存和相互促进的辩证统一关系。相对而言,我国沿海发达地区的地方高校往往更能得到地方政府的重视和扶持,与企业的联系更加便利和密切,发展环境更加宽松和开放,因此在服务区域经济建设方面取得了更大的突破和相应的经验,社会服务职能得到了更加充分的发挥和体现。

一、国内地方高校服务区域经济建设的成功实践

(一) 成为区域经济建设的人才培养储备库

区域经济社会的发展,需要地方高校为其培养大量在知识、能力和素质方面符合本地产业发展需求的应用型人才,更需要地方高校能够培养出适应现代知识经济挑战的创新创业型人才。以温州大学为例,在专业建设方面,开设了与区域经济密切联系的对口专业,如服装设计、市场营销、工业设计、电子电器、机械与自动化等专业。在课程设置方面,如经管类专业强调适应与引领区域经济良性健康发展的课程;又如理工类专业则鼓励结合所在区域实际,开发特色课程,培养智能电器、汽配皮革、软土地基等应用型人才;再比如设计类专业,强调并根据温州地区缺乏服装设计、平面设计类人才情况,培养此类设计研发型人才[1]。

---

[1]　蔡袁强、戴海东、翁之秋:《地方本科院校办学面临的困惑与对策——以温州大学为研究对象》,《高等工程教育研究》2010年第1期。

在创新人才培养方面,通过"请进来",从政府部门、行业协会、规模企业、本籍知名人士中邀请有一定学历、具有深厚理论基础和丰富实践经验的管理者、经营者和学者担任学校的兼职教授或客座教授,并承担学校非教学计划内的教学或实习、创业、就业指导等任务,在校企合作过程中培养了一大批具有实践经验与能力的创新型毕业生①。在创业人才培养方面,温州大学瓯江学院打造"创业教育学院"模式,通过开设创新创业课程、组建创业导师团、组织创业体验活动等三个方面,培育大学生创新创业精神与意志。除此之外,通过整合温州优势资源,温州大学为创业型人才培养搭建了温州市文化创意产业园、创业型人才培养温州模式省级创新实验区、瓯江学院"创业先锋班"、温州市设计创意中心、金色童话班、首个淘宝网上创业培养班等实践平台②。

（二）成为区域产业转型升级的技术动力源

地方高校往往是区域内科研人才和科技成果聚集的智力高地,是推动本地产业技术创新和转型升级的重要载体。2006 年年初,我国召开了全国科学技术大会,随即发布了《国家中长期科学和技术发展规划纲要（2006—2020）》,该《纲要》明确提出把建立企业为主体、产学研结合的技术创新体系,作为国家创新体系建设的突破口③,这也是第一次把产学研结合提升到国家创新战略的高度。目前地方高校在为区域提供技术支撑,实现产学研结合方面呈现出多种多样的具体形式,包括转让科技成果、创办校办企业、建立大学科技园和组建协同创新中心等。以福建省的武夷学院为例,该校紧贴区域产业发展的需要,加强科研成果转化工作,加大校地、校企合作力度,深入开展产学研合作项目的对接。诸如,在农业与茶产业,与区域武夷山的永兴茶业机械有限公司,合作研发"新型高效智能茶叶烘干系统的研制与应用"项目,位居国内同类产品领先水平;在机械制

①　蔡袁强:《地方大学的使命:服务区域经济社会发展——以温州大学为例》,《教育研究》2012 年第 2 期。

②　唐雪莲、高振强:《浙江高校创业型人才培养模式调查研究》,《科技创业》2013 年第 3 期。

③　刘新同:《我国产学研合作的发展及其对高校职能的影响》,《河南师范大学学报》(哲学社会科学版)2010 年第 4 期。

造方面,与区域烟草公司合作研发"烟叶烘烤智能控制系统的研制"项目,在国内同类产品中名列前茅;在科技服务方面,完成了武夷山旅游景区发展概念性规划,并围绕武夷新区新兴产业发展需要,重点开展符合闽北生态资源特色的生物制药、环保新材料、电子信息产业的科技攻关和技术服务等项目①。

(三) 成为区域经济建设的多元服务站

除了人才培养和技术支持,地方高校还可以在政策咨询、文化传播、社区服务和资源共享等多方面为区域经济建设做出重要贡献。以山东的部分高校为例,青岛大学制定并实施了服务青岛行动计划,以便更好地服务青岛经济和社会发展。比如,积极参与旅游文化资源调查与开发、旅游规划制定等,为政府提供旅游建设相关信息和旅游项目咨询、品牌设计等服务;围绕青岛市生态建设,积极承担环境保护和生态建设领域中长期规划和重大研究开发项目,重点开展污染治理、生态恢复与保护、清洁生产、循环经济、环境评价等方面研究与咨询;发挥青岛大学多学科人才优势,构建社区公共卫生体系,组建社区卫生服务专家组,进区入社开展医疗诊断服务,通过基层体验深入调查,提出社区公共卫生体系建设中长期规划和具体实施方案;开展民间艺术的发掘、抢救与整理,进行青岛文化资源调查和城市文化形象设计,筹划举办高品位的国内国际文化论坛,推出有感召力的文化名人;创造条件向当地企事业单位、科研工作者开放相关实验中心和重点实验室,向广大市民开放体育馆、音乐厅、图书馆等体育、文化设施。与此同时,还充分利用大众传媒和图书馆等公共场所,深入社区,定期为青岛市民举办系列文化讲坛,开展科学知识普及活动,并发动在校大学生,与社区居民互帮互助、良性互动,构建大学生服务社区的长效机制②。山东农业大学图书馆利用馆藏的泰山文献资源,建立了以泰山自然风光、泰山旅游指南、森林植被、物

---

① 李琪:《走产学研结合之路,服务地方经济社会发展——以武夷学院为例》,《武夷学院学报》2013年第6期。
② 刘小琳:《地方高校服务区域经济发展的研究——以青岛大学为例》,青岛大学硕士学位论文2014年,第22—26页。

种资源为主要内容的泰山旅游资源数据库,为政府决策者制订旅游产业发展规划提供了详尽的参考资料,同时还不断挖掘泰山景区的内在文化底蕴,为新的旅游资源的保护性开发和建设提供了信息支持①。山东工商学院植根儒家优秀传统文化沃土,结合财经类院校自身的特点,大力培育新儒商文化,传承、弘扬中华优秀传统文化和社会主义先进文化。面向社会开放体育馆、图书馆、艺术中心等体育文化设施,共享办学资源,积极开展包村帮扶工作,通过向帮扶村送资金、送服务等方式,不断深化结对共建工作②。

二、国内地方高校服务区域经济建设的经验

国内尤其是沿海发达地区的地方高校,在服务区域经济建设方面的成功做法及经验,对于江西地方高校如何更好地服务区域经济建设,无疑具有现实而重要的借鉴价值。

(一) 政府应加强对地方高校的支持力度

首先,地方政府应该减少过度的行政干预,切实扩大地方高校的办学自主权。地方高校只有真正摆脱以往政府的过度束缚,获得相对独立自主权,才可能按照高等教育和市场机制的客观规律正常发展,提升服务区域经济建设的能力。因此,各级政府应当转变观念,明确权责边界,在对地方高校的办学定位、发展战略和组织协调等方面进行适度宏观调控的同时,进一步减少过程的微观干预,从而真正激发地方高校服务区域经济建设的积极性和创造性。

其次,政府需要健全法律法规,为地方高校服务区域经济建设提供有力的制度保障。只有建立与完善可操作的法律框架,逐步形成政府依法宏观管理、地方高校依法自主办学、各方行为主体依法接受监督的新格局,进一步明确高校的法

---

① 冯婵婵、王承海:《加强高校图书馆的情报职能,为地方经济建设服务》,《学园》2013年第20期。

② 纪祖伟:《论高校服务地方发展的途径——以山东工商学院为例》,《鸡西大学学报》2015年第2期。

人地位和办学自主权,地方高校才能真正明确责任权利,才能促进科研成果的转让转化,放心大胆地开展社会服务工作。

再次,政府应当加大对地方高校的财政投入支持。制约地方高校发展和社会服务能力的一个重要因素就是经费短缺问题,地方政府作为地方高校教育经费的主要分担者,应当严格确保地方高校的教育经费投入按时和足额到位。政府还应积极疏通筹资渠道,逐步构建以政府财政投资为主,企业、社会和民间个体等多渠道融资的地方高校投资体制。此外,政府还应当通过实施各种优惠政策帮助地方高校加大引进高水平人才和科研成果推广转化的力度。

最后,政府应当成为地方高校服务社会的桥梁和纽带。政府要积极发挥协调主导作用,积极牵线搭桥,保驾护航,促进政府、企业与地方高校之间的了解与合作,通过搭建人才供需平台、科研开发平台、产学研合作平台等途径,帮助地方高校充分发挥在区域经济建设中的作用。比如政府应积极帮助地方高校教师走向社会,参与区域经济建设的调研、论证、决策等工作,成为区域经济建设的智囊团和人才库。

(二) 企业应主动密切与地方高校的联系

一方面,企业应转变传统观念,树立互利共赢思想。虽然企业与地方高校在目标导向上存在差异,前者更多追求利润导向,后者更多追求公益导向,但在市场经济条件下,双方其实都存在着生存和发展的动力与压力。同时,企业往往对本地高校的人才培养和科学研究能力也存在固有的偏见。因此,企业应当摒弃以往的传统观念,尤其是要克服急功近利的思维,形成长远的战略眼光,重视与地方高校建立长期和全面的合作关系,主动搭建合作平台,在追求自身利益目标的同时,帮助地方高校不断提升服务能力,真正实现互利共赢。

另一方面,企业应与地方高校建立多种形式和层次的产学研联合体。企业应当认识到地方高校可以在各方面为企业的发展提供一臂之力,并通过提供各种资源加强与地方高校的人才培养、产品研发、管理咨询等多方合作,尽量拓宽与地方高校合作的途径与层次。比如,企业可以与地方高校合作办学,通过订单式培养等方式为企业培养满足企业需求的特色人才;聘请高校教师为企业的在岗员工进行各种形式的专业培训,提升员工的职业技能;邀请高校教师为企业提供各类咨询服务,改进企业的决策和管理水平;与地方高校合作共建实习实训基地,培养具有较强实践能力和创新意识的大学生,为企业储备优秀的未来人才资源;与地方高校联合开展科技攻关,利用高校的科研人才和实验设施联合研发适应企业自身能力的技术和产品;通过设立科研基金、学生奖学金等企业捐赠方式,在缓解地方高校经费短缺的同时,使企业获得更好的技术服务和人才资源等。

(三) 地方高校应积极提升自身社会服务能力

第一,地方高校必须转变观念,树立良好的社会服务理念。地方高校只有刷新观念,破除一味"等、靠、要"的依赖思想,克服畏难情绪,树立敢于开拓勇于实践的精神,敢于决策、敢于行动、敢于创新,才能主动走向社会、服务社会,更好地促进社会服务工作的开展。

第二,地方高校必须合理定位,突出自身的社会服务特色。"做任何事情,明确自己在整个系统中的位置,即定位,是基础和前提……办好高等学校的前提和基础同样是定位。"[1]剑桥大学校长艾莉森·F.理查德(Alison F.Richard)曾说:"每一所大学都应有自己的特色,不是所有大学都该变成一流大学。不同的大学有不同的功能,一个国家需要一些世界知名大学,绝不需要所有大学都变成有名的大学。"[2]地方高校应当在科学分析内外部发展条件的基础上,根据自身条件在发展目标、办学类型、办学规模和办学特色等方面进行准确合理的定位,切忌盲目攀高、贪大、求全。在服务区域经济时,要彰显区位特色,充分发挥自身特有的地缘、人缘和情缘优势,结合区域差异,选择合适的区域服务形式发挥服务职能。如此才能促成地方高校与区域社会各方共同发展的良好局面,才能引领学校走上健康可持续的发展道路。

---

① 参见赵庆年:《普通高等学校定位实证研究》,社会科学出版社 2015 年版。
② [英]艾莉森·F.理查德:《中外大学校长论坛综述》,《光明日报》2004 年 8 月 5 日。

第三,地方高校必须加强专业建设,培养面向地方的应用型人才。地方高校必须面向地方,找准立足点,形成人才培养本土化战略,即紧密围绕地方的资源和产业特色,结合自身的办学条件,集中优势资源培养一些特色品牌专业,从而更好地满足本地经济社会发展的需求。当然,地方高校的专业设置不可能完全适应多变性的社会需求,也不可能完全以满足当前区域人才需求为目标,这也要求地方高校在专业设置时需要有一定的前瞻性和全局性,避免产生过于功利化的短期行为。

第四,地方高校必须加强产学研合作,促进科研成果的转化推广。相对而言,地方高校的科研总体实力不强,科研成果转化水平较弱,因此,地方高校的科研必须更多以市场为导向,立足于地方需求,更加重视应用研究和技术研究,注重将科研成果转化为现实的生产力,从而更好地得到本地政府和企业的支持,与社会各方形成良好的对接机制。比如,"浙江工业大学、宁波大学等在当地政府科技管理部门的协调下,主动派驻教师到重点企业担任助理职务,或者在企业建立研究生的实习基地,直接开展校企战略合作;山东大学利用山东省大中型企业多的优势,积极培育联合研究载体,成立了山东大学海信研究院,设立了海信研发基金,还鼓励博士后到企业深造,在生产一线检验、提高自己的学识和能力"①。同时,地方高校应根据实际情况,采取多样化的产学研合作形式,如技术转让、联合开发、建立大学科技园和企业孵化器等。如广东五邑大学的机电系就以机械工业公司为依托,筹建了某市 CAD/CAM 工程技术研究开发中心。该中心的建立使企业机械 CAD 普及率达到了百分之八十以上②。此外,通过加强校校合作,整合利用各高校的优势资源,不仅能为区域经济建设提供更好的服务,也可以更好地促进高校自身发展。近年来,江苏工业学院、江苏技术师范学院、常州工学院等九所高校缔结了校际学科联盟,集聚优势资源,充分发挥人才优势

---

① 李明敏:《地方高校科研服务区域经济发展机制及路径研究》,《西安航空学院学报》2017年第 35 期。
② 徐同文:《区域大学的使命》,教育科学出版社 2004 年版,第 92 页。

和科技资源,为所在区域科技创新和产业升级,提供了强有力的智力支撑和人才保障①。

第五,地方高校必须完善社会服务机制,营造良好的服务环境。构建和完善社会服务的动力机制、管理机制和激励机制,为区域经济建设营造良好的人文环境。在动力机制上,要正确认识教学、科研、社会服务三者的内部关系,正确处理好社会效益与经济效益的关系,加大对学科专业和科研主攻方向的调整。在管理机制上,要遵循管理要义,因为"管理"主要是理人、理事、理顺工作关系。地方高校要讲究服务区域经济建设的顶层设计,进行良好的制度安排,并设立专门的社会服务机构,加强服务队伍的自身建设。在激励机制上,地方高校要向积极投入区域经济建设的教科一线人员倾斜。在业绩考核、职称晋升、报酬奖励、经费支持等方面给予相应的支持。比如,为推动地方高校与区域企业开展横向合作,浙江工业大学出台优惠举措,降低项目管理费,并对 50 万元以上的项目提供相应激励政策;山东大学动用 300 万元设立了服务基金,对投入大的项目先给予前期扶持,待项目完成后回收本息;厦门大学为鼓励横向合作,让科研成果走出实验室,还专门制定了《厦门大学鼓励创新创业转化科技成果的暂行规定》,对创新创业转化科技成果人员实施了股权激励、工作量减免、编制保留、岗位考核、职称聘任、资金资源支持等多方鼓励与扶植政策②。

小　结

随着几百年来西方资本主义经济从萌芽、发展到日趋成熟的过程,西方高校的教学、科研和服务社会的三大职能逐步得以确立,尤其是面对知识经济的竞争挑战和在市场经济的利益驱动下,高校服务社会的职能越来越受到广泛的关注

---

①　胡庆:《地方高校服务区域经济发展对策研究》,《技术创新》2017 年第 5 期。
②　李卿:《地方高校服务区域经济发展的研究——以沧州师范学院为例》,《才智》2017 年第 25 期。

和重视。与之相适应,西方高校与社会的互动发展关系也日益紧密,并形成了各具特色、行之有效的服务区域经济模式。因此,我们有必要在考虑现实国情的条件下,积极吸收借鉴国外的成功经验,以促进我国地方高校服务区域经济的健康发展。而国内的部分高校尤其是沿海发达地区的地方高校,近年来在服务区域经济建设方面已经取得了较大的突破和经验,社会服务职能得到了更加充分的发挥和体现,在为区域经济建设做出贡献的同时,地方高校自身也得到了极大发展。这些都为江西地方高校更好地服务区域经济建设提供了现实而重要的借鉴。

本章首先介绍了国外高校、政府与区域经济的联动情况,既介绍了美国、英国和加拿大等欧美发达国家的高校在服务区域经济建设相对成熟的成功经验,也介绍了在文化社会背景方面具有一定相似度的日本、韩国和新加坡等亚洲国家高校的实践探索,对它们在服务区域经济建设过程中所取得的突破和成效进行了概括描述。美国的社区学院、英国的新大学和日本的私立大学等,相当于我国的地方高校、职业技术学院以及民办学院,因为它们也都是在高等教育大众化的过程中逐渐发展起来的。虽然这些国家的高校服务区域经济模式不尽相同,尤其是欧美国家和亚洲国家的模式之间存在着较大的差异,但都为本国的区域经济建设提供了较好的服务形式。接着介绍了国内部分高校服务区域经济建设的成功实践,结合省外部分高校服务区域经济建设的创新做法和实现路径,在此基础上,本章得出了一些值得我国高校尤其是江西地方高校借鉴的有益经验和启示,主要包括:政府应积极协调高校和企业合作的利益关系;应结合区域经济建设需要大力发展私立教育;地方高校应结合区域经济建设需要科学定位;应构建组织联盟共同提升服务区域经济能力等。

此外,虽然我国地方高校在服务区域经济建设的服务意识、办学定位、专业和课程设置、服务方式等方面与国外尤其是欧美等发达国家存在一定的差距,但是国内的部分高校尤其是沿海发达地区的地方高校近年来在服务区域经济社会发展方面已经取得了较大的突破和经验,社会服务职能得到了更加充分的发挥和体现,在为区域经济建设做出贡献的同时,也大大促进了高校的自身发展建设,这对于江西地方高校如何更好地服务于区域经济建设同样具有现实而重要的借鉴价值。比如,政府应加强对地方高校的支持力度;企业应主动密切与地方高校的联系;地方高校应积极提升自身的社会服务能力等。

第 七 章

地方高校服务区域经济建设的政策建议

　　地方高校如何履行服务区域经济建设的职能,为区域经济建设提供可持续服务,这既是地方高校发展过程中必须回答的一个问题,也是当代中国高等教育深刻变革中需要研究的一个重要课题。江西地方高校服务区域经济建设,不仅要侧重培养服务地方的应用型人才,还要偏重研究现实问题以及成果转化,更要着重推进面向区域的产学研合作,而且要调动以企业与政府为代表的各方力量,共同关心、支持和参与,在创新创业教育、特色新型智库建设和校际学科优势联盟等方面下功夫,才能保证区域经济建设的可持续发展和科学发展。

第一节　创新"高校—政府—企业"
三方互利共赢的机制

　　嵌入性理论代表人物波兰尼认为,经济运行的规范化和制度化与某一个社会的结构机制以及稳定过程密切相关。在这个运行过程中会自然而然地产生一种结构,这种结构必然具有设定社会、给社会进行定义的功能,由此会产生相应的价值观、激励条件以及政治框架。正是在此种密切关联的作用过程中,经济行为被制度化。同时,也正是因为这样,经济事实和行为必然嵌入并缠结于经济以及非经济的制度始终。高校服务区域经济的行为必然与政府、企业的制度和运行机制发生密切关联,嵌入并缠结于其经济以及非经济的制度,创新"高校—政府—企业"三方合作机制,使三者合作规范化、制度化,并由此产生相对统一的价值观和激励机制,是地方高校实现转型升级、区域经济实现快速发展的当务之急。

地方高校与区域经济之间的良性互动,必须以创新"高校—政府—企业"三方之间的合作机制为前提条件。高校为区域经济服务效果不明显,责任权益和利益分歧较大,其主要原因是缺乏规范的制度和利益分配机制。"一方面是不断扩大原来的高校组织机构的职能,让其担负更多的服务责任;另一方面是建设新的组织机构,能够更快更好地把科学技术转化为生产力,进而满足生态经济区对于高新技术产业的需求。"[①]因此,探讨高校、政府与企业之间如何通过机制创新,达到三方之间的良性互动,建设新的组织机构,促进地方社会、经济、文化的发展,是地方高校服务区域经济建设课题必须解决的重要问题。

一、"高校—政府—企业"三方运行机制

在区域经济建设过程中,要认识并处理好政府、企业与高校三者之间的关系。它们之间存在着相互的作用力,这种力看似无形,相互之间的影响却真实存在,就像是三个独立的磁场,共同构成一个三螺旋互动关系(见图7-1)[②]。三螺旋理论告诉我们,区域经济建设的发展方向,取决于政府、企业和高校三者之间相互作用与相互影响而形成的最终合力,这种合力将成为区域经济建设的

---

① 郑庆明:《论地方高校服务地方经济建设的策略与途径》,《现代经济信息》2014 年第 12 期。
② 李英:《高校科技开放服务地方经济的机制研究——以萍乡为例》,《经济研究导刊》2014 年第 1 期。

主要动力。一方面,这三股力量的加强,可以促进区域经济增长、产业机构调整、科研水平提升等综合成长。另一方面,三者之间也会彼此产生制约,形成内部与外部不同趋向的机制。这些机制取决于三种作用力的强弱对比、运行趋向和联系方式,并将直接影响区域经济的发展方向、速度和水平。三者之间应形成相互协调的关系:政府与高校之间合作机制应当以激励和扶持为主,政府可以制定扶持政策和奖励条例等文件;政府与企业之间的合作机制,主要通过政府制定的政策、法规为企业的发展提供保障,健全管理机制;高校与企业之间则要在建设人才、资源、信息、技术等合作共享平台的基础上完善合作机制,实现校企互惠互助。

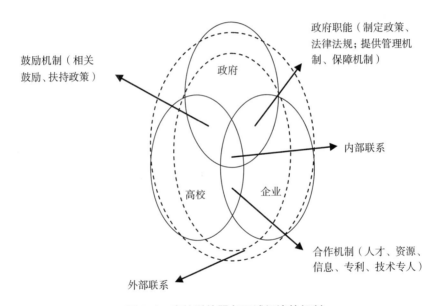

图7-1 高校科技服务区域经济的机制

在此三螺旋结构中,政府、高校与企业三类机构都是活动主体,在相互组合中,每类机构都有着独立意识和主观倾向,各自起着独特的作用,但又相互作用,共同发展。政府、高校与企业共同组成了七个创新模块,分别是:大学独立创新、企业独立创新、政府独立创新、官产合作创新、官学合作创新、产学合作创新、官产学合作创新。其中最核心的是官产学合作创新。官产学合作创新以政府创新、企业创新与高校创新为基础。要实现官产学合作创新,需要对政府、企业与高校之间的合作机制进行创新。

二、创建政府对高校创新的扶持机制

政府不仅要做好顶层宏观的经济设计,还要参与到微观的经济创新中来,制定政策,对企业与高校的创新行为进行引导和奖励。

(一) 形成政策引导机制

围绕推进长江经济带、"一带一路"倡议等重大国家部署,以及国家生态文明先行示范区建设和赣南等原中央苏区振兴发展等重大区域发展战略的实施,江西迎来了区域经济建设的春天。为促进区域经济的发展,江西省政府又先后制定出台了《深入推进鄱阳湖生态经济区建设方案》《推进昌九一体化工作方案》《长江经济带发展战略规划纲要》《关于赋予南昌市更大经济社会管理权限的意见》《落实江西省人民政府关于进一步推进九江沿江开放开发的若干意见工作任务分工》《落实〈鄱阳湖生态经济区共青先导区建设总体方案〉工作任务分工》《昌九通信同城化和金融服务同城化方案》《昌九大道规划建设方案》等系列文件,制定了相应的政策方案、法律法规和奖励、保障机制。比如,围绕"十百千亿"工程、"六大支柱"产业、引导将来的"十大主攻方向"和"高新技术产业化"工程,深化投融资体制改革,构建多元化投融资机制;又如,建立多层次产业股权基金,促进社会资金向产业资本转化,发挥投资基金的积极功用;再比如,建立生态补偿市场机制,加强生态修复和维护。生态经济区生态补偿的主体,主要包括国家补偿、地方政府补偿、社会补偿、自我补偿四类。

2018 年 7 月,江西省在"龙头昂起、两翼齐飞、苏区振兴、绿色崛起"的基础上,鲜明提出打造"一圈引领、两轴驱动、三区协同"的区域协调发展战略,即以融合一体的大南昌都市圈为引领,以沪昆、京九高铁经济带为驱动轴,以赣南等原中央苏区振兴发展、赣东北开放合作、赣西转型升级为三大协同发展区。这是江西省委着眼对接国家战略布局、提升我省在全国区域格局中地位作出的重大战略决策,对于推动我省高质量、跨越式发展具有重大而深远的战略意义①。

江西省与中央部委合作大项目深入推进,鼓励新一轮央企入赣重大工程深入实施。据了解,国务院国资委、科技部、国土资源部、海关总署、中国科学院、中国工程院、清华大学、北京大学、北京师范大学等部委、科研院所和高校,先后与江西省签署合作协议或开展新一轮战略项目合作;与此同时,中国中铁、北汽集团、中国联通、中国航天科工集团、中国进出口银行、泰康人寿等央企和金融机构,与江西省签署战略合作协议;2013 年,江西实施新一轮"央企入赣"工程,出台了《加快推进新一轮央企入赣行动计划》,明确了加快推进央企入赣的目标和措施。三年来,中央企业携带技术、资源、人才、资金投资赣鄱大地,掀起央企在赣的创业新高潮。截至 2016 年底,央企在赣共投资 245 个项目,计划投资总额5405.98 亿元,实际进资额 2161.75 亿元②。从中央到地方的系列政策的出台与引导,为地方高校服务区域经济建设获得政府支持,提供了有据可依的政策保障和制度依据。

（二）建立资金保障机制

政府对高校创新的促进作用,是高校科研管理研究的一项重要内容,也是政府政策研究中关注的焦点问题之一。地方政府要认识到地方高校存在的重要性,它们既是区域经济社会蓬勃发展的奠基石,也是地方的文化名片。对此,"政府一方面加强对高校发展的引导,从高校的发展定位到知识创新,从高校的远景规划到学科建设等,都要给予高校充分的支持和帮助;另一方面,政府在经费、科研项目等方面,给地方高校以更多的政策倾斜。"③

为提高地方高校服务区域经济建设的积极性,除了中央政府需履行相应职

---

① 张和平:《加快打造江西区域发展新格局》,《江西日报》2018 年 8 月 12 日。

② 中国新闻网:《3 年"央企入赣"硕果累累　打造央企与地方合作典范》,http://www.jx.chinanews.com。

③ 季志:《地方高校服务社会的有效机制及模式》,《遵义师范学院学报》2010 年第 5 期。

能外,地方政府依照行政管理体制及其政府分工也会通过科技投入、制度安排等手段来塑造当地的创新环境,对本地区高校办学给予支持①。学界的研究成果表明,政府对高校的科研资助和对高校科研产出具有显著的正向影响②。地方高校大多是由地方政府出资建设,当地政府对地方高校的财政支持力度,决定了地方高校发展的经济基础,更影响着地方高校服务区域经济建设的功能。地方政府加大对地方高校的财政投入力度,可以充分发挥地方高校科技创新的优势。这主要通过两种方式来实现:一是中央、地方各级政府直接向高校拨款,促进其科技创新;二是地方政府通过间接资金支持,通过完善科研基础设施建设、营造科技创新环境等途径,推动地方高校科技创新。中央与地方政府的资金支持,对于地方高校的科技创新,存在着相互推动关系,两种方式应当相互配合,从而实现效率的最大化。

江西省直部门建设投入持续加大,省财政部门建立了科技项目信息库,每年都会投入科技专项资金,用于引进各类高端人才以促进转型,并安排专项资金支持校企合作的技术研究和产品开发项目。据有关部门统计的信息,2018年,江西省财政新增安排省级科技专项资金1亿元,总量达到7.3亿元,支持该省科技创新活动,提高科技创新能力,建设现代产业技术体系。③ 同时,还制定相关政策措施以激励校企"联姻",对地方高等院校与企业合作建立的教学实习、技术研发、科技孵化、产业转型等方面的各类基地、机构给予不同程度的奖励。

(三)强化政府监管机制

制度是组织运作的保障,地方高校与地方政府之间的关系错综复杂,理顺和

① L.J.Furman & M.E.Porter & S.Stern,"The Determinants of National Innovative Capacity",*Research Policy*,2002(6),pp.899-933.

② 施定国、徐海洪、刘凤朝:《政府科技投入对高校科技支出及专利产出的影响》,《科技进步与对策》2009年第23期。

③ 中国新闻网:《新增1亿元支持科技创新　江西科技专项资金达7.3亿元》,http://www.jx.chinanews.com。

平衡二者的关系至关重要。一方面政府作为产学研合作中的关键辅体,在推动产学研合作发展方面起着重要的作用;但是另一方面,如何强化政府支持高校科技创新,优化政府科研资金的使用效率,对这一问题也应有足够重视。学界已有相当多的研究,证明了政府对高校的经费投入与高校科研、专利等产出存在正相关关系①。但也有学者提出了不同意见,邓向荣等人认为,由于我国各方面制度的不完善,监督管理体系尚未形成有效的委托等,导致政府科技投入配置效率低下,从而降低了政府支持对高校科技创新产出的促进作用②。但政府的大量投入,又有可能带来地方高校对经费使用的过分关注,从而导致经费使用不合理,甚至挪用,降低科技创新产出效应。

研究发现,地方政府直接资金支持与高校论文产出、专利授权产出均存在倒U型关系;地方政府的间接资金支持与高校论文产出、专利授权产出之间均存在倒U型关系③。可以看出,政府对高校的资金支持并非越多越好,而应考察其边际效应。一方面,政府资金投入是保证高校知识创新的物质保障,加大对高校科技创新经费的投入,对高校科技创新水平的提高意义重大;另一方面,如果中央和地方政府对高校科技经费投入过高,将会造成资金浪费,高校现有的知识科技创新能力不能充分利用政府拨付的全部经费,科技创新产出水平逐渐达到饱和,使高校科技创新的边际产出量递减④。

可见,在对高校提供资金支持时,应考虑其投入产出比的临界点,超过临界点的盲目投入,政府资源的大量投入,反而会使高校的科技创新能力下降,进而导致资源的浪费或者低效使用。所以,政府在加大产学研合作资金投入的同时,

---

① A.J.Nelson,"Putting university research in context:Assessing alternative measures of production and diffusion at Stanford",*Research Policy*,2012(3),pp.678-691.

② 邓向荣、刘乃辉、周密:《中国政府科技投入绩效的考察报告:基于国家级六项科技计划投入效率与问题的研究》,《经济与管理研究》2005年第6期。

③ 原长弘:《政府支持对高校知识创新影响的实证探析》,《科学学与科学技术管理》2014年第2期。

④ 于静霞、刘玲利:《我国省际科技投入产出效率评价》,《工业技术经济》2007年第9期。

也要增加产学研合作抗风险能力,必须充分考量政府财政资金使用的效率,不断完善高校科技创新资金管理体制与监管机制①。政府还可以通过直接或间接两种拨款方式,科学调节投入力度以匹配高校的科技创新能力,努力追求高校科技创新产出数量与产出效率的最大限度提升。由此政府应当避免主宰和包办产学研合作,理性分析产学研合作的现实情况和基本条件,发挥高校科技创新的主导作用。在此基础上,政府还要在以下几个方面做出努力:其一,政府根据区域经济建设战略目标,指导校企各方立足现实需求和客观条件,制定科学的产学研合作目标、任务和发展规划;其二,在监管政府、企业与高校的产学研合作过程中,政府应当放眼将来,建立起长期的协调机构;其三,政府根据产学研合作的总体规划和具体实施计划,制定与产学研合作配套的相关政策、市场法律规范和管理办法等,为产学研合作创造良好的环境和条件②。

三、完善企业与高校的合作机制

处理好企业与高校之间的关系,以共同促进技术创新是一个重要的课题。相关研究指出,科技成果转化率不高实际上是一个国际上比较普遍存在的问题③。我国产学研合作现阶段也还存在着诸如合作层次较低、缺乏完善金融支持体系等问题。尽管各级政府出台了不少促进政策借以提升高校技术成果的转化率,但其效果大多并不明显。下面,我们将分别从企业与高校的角度出发,探讨如何完善我国产学研合作双方的合作内容与合作模式。

(一)在合作内容上扩大共同关注点

现有的校企合作模式,其合作内容等问题是值得特别关注的。学界就产学

---

① A.A.Payne & A.Siow,"Does Federal Research Funding Increase University Research Output?", *Advances in Economic Analysis & Policy*,2003(3),p.1018.

② 李和平:《强化高校服务意识 发挥政府主导作用 努力推动产学研合作》,《中国高校科技》2007年第S1期。

③ 梅姝娥、仲伟俊:《我国高校科技成果转化障碍因素分析》,《科学学与科学技术管理》2008年第3期。

研合作进行了问卷调查,调查过程中,对企业与高校的合作内容也进行了调查统计(见表7-1)。从表7-1中可以看到,有63.2%的企业与高校或科研院所开展过"提高产品性能"的产学研合作,此外47.4%、42.1%的企业与高校或科研院所分别开展过"开发全新产品"与"增加产品功能"等类型合作。由此可见,在产学研合作中所占比重最大的是围绕企业产品开展的合作。其次则是"员工培训"和"项目咨询"方面的合作,分别达到31.6%和26.3%;"节省原材料""减少能源消耗"和"减少环境污染"等方面的合作类型比重相对较小,分别为15.8%、21.1%和10.5%。根据李梅芳、刘国新等人的调查:"从高校产学研合作内容来看,为政府科技攻关项目开展的产学研合作类型排在第一位(60%),其次是企业的技术改造与新产品技术攻关项目(均为51.1%),再次为大学成果转化项目(42.2%),企业的项目咨询也占了一定的比例(26.7%),最后是企业人员培训项目(13.3%)。"①

表7-1　企业与高校或科研院所的合作类型

合作类型	增加产品功能	开发全新产品	提高产品性能	节省原材料	减少能源消耗	减少环境污染	员工培训	项目咨询
比例/%	42.1	47.4	63.2	15.8	21.1	10.5	31.6	26.3

企业关注程度最高的是产品开发类合作,其次是"员工培训"等类型的合作,对"减少能源消耗""减少环境污染"等类的合作则极少投入。可见企业注重的是比较短期的现实收益,其环保意识较差,应引导其增大对绿色生态创新的投入。从高校角度看,在其所开展的合作类型中,所占比重最高者是"为政府科技攻关的联合项目","企业人员培训项目"则比重较低。这说明获得政府的项目资助仍是高校进行产学研合作的最主要目的。由此看来,成果转化率不高的关

---

① 李梅芳、刘国新、刘璐:《企业与高校参与产学研合作的实证比较研究:合作内容、水平与模式》,《研究与发展管理》2011年第4期。

键在于成果转化自身的机理性因素与国家的制度性因素,而这两大障碍因素一时很难改变。

就目前而言,推动科研成果转化的战略意义深远,从企业与市场的实际需要出发,"成果转换率"不应作为评价校企合作水平的主要标准。根据校企双方的反馈信息,产学研合作的主要内容是成果转化。在实际合作中,成果转化不仅被企业视为不可取,就连高校也很少开展基于成果转化的合作形式。实际占主流的合作方式是合作研发,因为合作研发是从企业的实际需要出发,与市场更加贴近,因而更加符合技术市场的发展规律,实践中亦深受企业和市场欢迎。因为企业与高校合作双方在合作内容上存在共同偏好,因而,我们需要建立机构,规避内容选择上可能产生的冲突,一方面需要正面且客观地认识各方在合作内容上的选择偏好,另一方面则需要政府从战略高度对高校科研活动加以支持,通过政策方针等措施引导校企双方友好协商,在合作内容上要扩大双方的共同关注点,完善企业与高校的合作机制,有效促进产学研合作。

（二）在合作模式上寻找共同结合点

可以从不同层面来认识现有的校企合作模式。从生产要素上,可以分为信息合作、知识技术合作、人才合作、资金合作;从合作实现上,可以分为由政府主导的合作、由校企双方自行组织的合作、由社会中介联系的合作;从内容开发上,可以分为科技研发的合作、教学合作、咨询服务、共建实体;从主体数量上,可以分为一对一、一对多、多对一、多对多合作①。总之,有许多具体的合作模式可供选择,诸如政府主导的国家产学研工程、科技攻关项目,以高校为主体的校办企业、高校后勤社会化,还有面向企业的科技成果转让、长期全面合作协议等。在众多校企合作模式中如何选择,必须以江西区域经济建设状况和需求为出发点,因地制宜、因校制宜、因企制宜,协调校企各方的利益分配。同时,要积极推进产学研合作,建立校企合作联盟。

---

① 向大顺:《新形势下高校校企合作模式运作探讨》,《湘潭师范学院学报》(自然科学版)2008 年第 4 期。

对产学研合作模式进行调查,有助于推进我们寻找校企合作的结合点。李梅芳等人对"合作申报政府课题""委托研发"等七种主要合作模式的运用偏好和使用情况进行了调查(见表7-2)。在表7-2七种不同的合作模式中,企业对"成果转化"模式的运用率极低,只有57.6%,运用"合作研发"模式的企业则达到了77.8%。从高校方面看,其"成果转化"与"创建新企业"两类所占比重也很低,这一点和企业非常相似。其与企业的不同之处在于"成果转化"的比重较企业有所上升,"共建研究平台与实验室"的比重则比企业低,"合作研发"比重也比企业低得多。相对而言,"委托研发""合作申报政府课题"比例高达63.8%。

表7-2　产学研合作模式的运用情况

合作 模式	成果 转化	合作 研发	委托 研发	合作申报 政府课题	共建研究平台 与实验室	人才培训、 交流、咨询	创建 新企业
企业中的 比例/%	57.6	77.8	27.8	33.3	38.9	27.8	0
高校中的 比例/%	27.7	55.3	63.8	63.8	29.8	55.3	10.7

通过比较合作模式,可以看到企业与高校对合作模式有着不同的偏好。"合作研发"模式是企业使用率最高的,占绝对优势,而高校中比重最高的则是"委托研发"和"合作申报政府课题"等模式。企业使用率最低的是"创建新企业"和"成果转化"两种模式,而高校使用率最低的是"创建新企业"模式。但我们也注意到校企双方有着共同点:"合作研发"模式使用率都很高,而"创建新企业"的使用率都很低,是七类中最少的。究其原因,企业把"合作研发"模式,作为首选且占绝对地位,一是因为"成果转化"面临不确定性的考虑,二则因其合作更关注于企业技术创新能力的提升,希望通过合作提升企业自身技术创新能力;而高校则更倾向于"委托研发"与"合作申报政府课题"两种模式,高校教师们更愿意在象牙塔内不受约束地进行研究,更多是为获得课题经费。

因此,当前急需探寻合作结合点。要提升企业参与产学研合作的积极性,就应当调整合作模式,将合作重心从"技术成果转化"转向"提升企业的技术创新能力"①。企业要通过"共建研究平台与实验室"等途径,提升自身的科技创新能力,加强校企之间的合作与联系。政府应促进并引导有助于企业科技创新能力提升的产学研合作,针对企业的需求,适当倾斜产学研合作的政策方向。

(三) 在合作进程中强调阶段有序可持续性发展

高校置身于不断发展变化的高等教育环境以及不断发展变化的社会经济环境中,校企合作也因此需要分为不同阶段,使校企合作与高校、社会发展的阶段同步相合。高校与企业应该建立起长期、稳定的合作关系,有步骤、分阶段地开展工作,探索可持续发展道路。

初级阶段——热身期。在此阶段,政府管理部门对校企合作的重要性要有充分认识,加强观念引导和工作领导,把校企双方在合作中的权利和责任确定下来。学校一方面应该转变观念,增强为企业服务的意识,借助产学研结合,培养一支科研水平高、实践能力强的"双师型"师资队伍,并努力营造理论与实践结合的科研氛围。尤其在地方高校转型时期,更应该聘请一些在企业内科研能力强、实践能力突出的工程师走进高校的课堂。另一方面,学校应加强宣传力度,让更多企业认识到校企合作可以为自身带来的现实收益。目前大部分企业还缺乏对校企合作的积极性和主动性。可是当代科学技术飞速发展,企业的技术人员需要及时更新知识系统,相关的生产方式和技术设备也需要同步升级,而"这一任务仅仅靠企业本身是难以完成的,必须与高校合作,借助他们高水平的教师、科研人员与实验设备等优势来实现企业技术人员知识的更新与生产技术的更新"②。因此,需要通过宣传改变观念,激发企业合作的积极性,达成校企合作

---

① 李梅芳、刘国新、刘璐:《企业与高校参与产学研合作的实证比较研究:合作内容、水平与模式》,《研究与发展管理》2011 年第 4 期。

② 朱向群:《推进地方高校服务地方经济社会发展的对策研究》,湘潭大学硕士学位论文 2008 年,第 33 页。

的良好共识。

中期阶段——成长期。在此阶段,作为政府部门,要在资金和政策方面提供支持,为高校与企业互动"牵线搭桥",当好校企合作的"助推器"。要选取校企合作的典范,充当示范带动的效应。并继续鼓励和支持企业参与校企合作,寻找校企双方最佳的利益结合点,让更多的企业体验到校企合作是双赢共生之路。通过政策诱导、行政指导、服务引导等方式,积极促成校企合作健康成长。经过热身和初期培育,校企合作双方已初步尝到了互助共赢的甜头。树立并宣传一批校企合作的典型,并对合作模式进行总结和推广。在课程设置上可以更加科学合理,学风建设上也更加严谨务实。企业在追求效益的同时也能提升观念,认识到其对职工、消费者、合作伙伴、环境和社会等所负的责任,进而从企业持续进步和社会长远发展着眼,深化与高校的合作,共同培养更多更好的人才。

高级阶段——成熟期。经历了成长期之后,校企合作已逐步走向正规化,步入成熟期与稳定期。在这一阶段,应推广应用成功的校企合作模式与做法,校企合作单位应依靠政府的经济杠杆,争取到更多的财政补贴或划拨专项基金。在校企合作中,地方高校尤其是地方高职院校,要利用人才和智力优势,提前布局,积极参与企业的技术改造、升级、创新,引领产业转型,以自身的研究成果和学术水平获得企业的信服①。在学校专业和课程的设置上,按照企业的要求安排教学内容、下达教学任务,把学校办成企业的技术咨询、研发推广中心。同时,学校更要充分利用企业资源,把生产车间变成实习实训基地。企业虽然是以经济效益的最大化作为追求的目标,但在考虑经济效益的同时,也要充分认识到社会效益的重要性和长远价值。

----

① 中共江西省委教育工委宣传部:《鄱阳湖教育高峰论坛文集》,江西高校出版社 2010 年版,第 92 页。

第二节　合理转型提升地方高校
服务区域经济建设效能

"效能"是指事物所蕴藏的有利的作用①。所谓"合理转型"就是要使地方高校的运行发展与教育的服务属性相结合。服务是教育的天性,也是其与生俱来的本质属性,更是区域高等教育尤其是地方高校的一项基本职能。自扩招以来,地方高校在大众化背景下迅速发展起来,但由于受计划经济、传统观念影响,在学科专业、人才培养方面与部属院校具有雷同趋向,出现了既不能"顶天",又不能"立地"的现象。

20世纪末,随着高等教育体制改革,地方高校基本"下放"地方管理,这一转变势必推动地方高校从被动适应型向主动服务型的合理转型。服务转型是一个巨大的系统工程,包括办学理念、学科专业设置、人才培养模式、师资队伍建设以及学校内部管理体制机制转型等,我们应当从以下几方面入手,做好转型服务工作。

一、办学定位转型,明确服务方向

办学定位关系到方向选择。随着教育从计划指令向市场需求转变,地方高校必须面向市场,把服务地方、服务区域作为安身立命之本。一个时期以来,由于顶层设计评估标准的同一性,地方政府以及地方高校自身扩张发展的愿望,致使许多地方高校在"做大"的浪潮下,不顾区域情况和自身实力,盲目提升办学层次,追求"大型化、综合性、高水平"。其主要表现为:一是办学目标错位,学科专业结构上适应性不良,与区域经济结构没有形成有效对接;二是人才模式单一,毕业学生服务区域经济能力不足,可雇佣率缺乏。而办学目标错位与人才模

---

① 《现代汉语词典》,商务印书馆2012年版,第1438页。

式单一,又导致了办学模式的雷同,造成地方高校办学定位不清、办学雷同等情形,表明这些地方高校没有自觉融入到区域经济建设要求中去。

区域化既是地方高校的基本特点,也是地方高校转型的立足点。反观国内部分地方高校,在办学定位上跟风雷同,丢掉了自己的特色优势,走上了一条盲目的同质化道路。在一定意义上说,社会服务职能可以充分体现为地方高校提供更多的项目合作,培养更多适应区域经济建设需要的应用型人才,以实现地方高校与区域经济建设的成功对接。实践证明,地方高校如果以服务为指向的发展理念进行办学,就能促使自身更能适应时代、适应社会的发展。把服务区域经济建设作为办学理念,实质上是地方高校自身发展与区域经济建设之间互动共生的一种制度创新。在这一制度创新下,地方高校服务区域经济建设的属性日益明显,方向更加明确。

二、人才培养转型,优化人力资本

当今世界,人才资源是区域社会发展的主要动力与源泉。内生经济增长理论告诉我们,资本、非技术劳动、人力资本和新思想都是生产要素,对经济发展有贡献。四种生产要素中,人力资本和新思想具有特别重要的作用。而教育的服务属性理论认为,教育的规模要与经济社会和生产力的发展水平相适应,经济结构和产业结构的调整要求有与之相匹配的人才类型。

服务区域经济建设关键在人才,而人才的价值在于对区域经济的贡献。本书曾在第四章选取了 2003 年—2016 年的数据,测算过江西地方高校人才资本对区域经济增长的贡献率。测算结果显示:人才资本对区域经济增长具有较大的拉动作用,其贡献率仅次于物质资本,成为经济增长的第二大动力引擎。但总体而言,江西主要依靠物质资本投入的资本密集型增长,人才资本对经济增长的贡献率不足物质资本的 1/5,经济增长属于粗放型增长模式。这说明江西区域经济建设过程中,人才资本还有待进一步优化,江西地方高校在今后培养的人才层次和质量上还有很大的提升空间。对此,江西省在今后的区域经济建设过程

中,政府可以从以下四个方面加大对人才资本的投资力度:

一是加强科研人才建设,尤其是地方高校科研人才队伍的建设。加强科研人才建设,打造竞争力强的科研人才队伍,既是江西省也是江西地方高校"人才兴校,科技强校"的战略目标。加强科研人才建设,必须引入竞争机制,增强现有用人机制活力,促进优秀人才脱颖而出;完善人才培养机制,促进专业人才快速成长。

二是加大科研经费投入,特别是地方高校科研经费的投入。基础研究是科技创新能力的动力来源,其投入强度已经成为衡量一国或一地区的国际竞争力与经济发展潜力的重要指标。科技发展的方向就是创新,科技创新永无止境。为提高国家和企业在国际上的竞争力,世界各国纷纷增加科研经费支出,投入到世界研发竞争的行列。因此,江西省应在"十三五"期间,加强研发投入强度,尤其是要加强基础研究的资助率和资助强度,特别加强高校科研经费的投入。

三是加大对科技型企业扶持力度,特别是对人才聚集企业的扶持力度。准确把握科技型企业成长规律,强化科技创新资源有效供给,积极将平台向企业集中,人才向企业聚集,技术向企业流动,政策向企业集成,不断增强企业创新能力。

四是加强校企合作,实现互利共赢。工学结合、校企合作是一种利用学校和企业的资源与环境,发挥学校与企业在人才培养方面的优势,将理论教学与生产实践有机结合,实现学生职业能力与企业岗位要求相对接的人才培养模式。首先,在政策上给予支持,如出台税收优惠政策,建立多元的资金投入体制,提高企业主动参与校企合作的积极性;其次,政府要通过行政手段支持和参与工学结合教学模式改革的推广活动,促进订单办学产教结合深入持久的开展;最后,政府要加强对企业和学校的监督,确保工学结合教学模式改革健康发展。

随着区域经济的发展,各地对人才的需求产生了新的变化,这给地方高校的人才培养方式带来了深刻的影响。区域资源具有异质性,使得区域经济具有特异性,每个产业带所需要的高技能人才各不相同,具有各自的区域经济产业特色①。与一些发展较为成熟的经济发达地区相比,江西的区域经济发展还有很大的差距,这种不足首先体现在人力资源的开发培养上。为更好地适应新形势下区域经济的发展需求,目前,江西师范大学、南昌大学和江西财经大学等在人才培养、校企合作方面,都开展了一系列有益的实践,为我们提供了不少成功范例。但是面对快速发展的形势,江西地方高校人才培养的数量、质量以及结构性的问题日益突出,迫切需要进一步加大调整力度,培养大量与区域产业关联的各级各类人才,概括起来为以下三类:

(1)管理型人才。主要面向管理岗位,要求其知识结构趋向复合型人才培养。要求将管理科学、环境科学、经济学等多个相关学科知识融会贯通,既有经济头脑又具生态理念,一方面要引领区域经济社会快速并持久的发展,另一方面也要肩负起维护生态平衡,保护生态环境的重大使命。

(2)技术型人才。主要面向技术岗位,要求其知识结构趋向专业型人才培养。江西区域经济在下一步发展中将进入推进工业化、城镇化的加速期,这一阶段将大幅增加能源资源的需求与消耗,相关的节能减排任务更为艰巨,在环境保护方面承担着前所未有的压力。解决的办法在于优化组合诸如生态旅游、光电、新能源、优质农产品生产等区域性优势产业,调整提升诸如汽车、钢铁、化工等传统产业的结构。这些工作的开展,要求多种行业、专业技术人才的协同创新。

(3)操作型人才。主要面向操作岗位,要求其知识结构趋向应用型人才培养。产业、行业、企业的发展过程中对操作型人才的需求是刚性的。对于该类人才,应突出对其实践能力的培养。为了满足区域经济建设的切实需要,地方高校应当根据市场需要调整专业设置或改造现有专业,为当地培养各类应用型专业人才,尤其是工程技术类应用型人才。在培养方式上也可以与企业、市场进一步接轨,加强生产实践性,也可以采取并拓展与企业合作培养的方式。

---

① 中共江西省委教育工委宣传部:《鄱阳湖教育高峰论坛文集》,江西高校出版社 2010 年版,第 78 页。

地方高校肩负着培养适应区域经济发展所需人才的重任。地方高校办学的主要任务是为当地培养社会经济文化建设急需的经济、科技、教育、文化应用型人才①。地方高校只有做好应用型人才的培养转型，优化人力资本，才能提升服务区域经济建设的效能。

三、专业结构转型，实现市场对接

从概念上看，高校专业结构，"是指高校各种学科专业尤其是普通本科学科专业在专业种类、专业规模、专业层次和专业质量内涵等方面所构成的比例关系和组成方式。"②判断一所大学办得是否成功，一个显著的标志是看其专业结构设置是否合理，看它能否切实融入市场并推动经济社会的发展。

自 20 世纪 80 年代以来，我国共进行了三次大规模的专业目录调整，这三次调整的根本出发点就是要适应国家和地方社会经济发展对高等学校专业的现实需求③。有学者认为，在过去的专业目录调整中，可以明显看到新兴的交叉学科专业发展较快；专业发展与信息、生命科学结合成为趋向；能源动力、资源环境、社会经济等成为重要领域；人文社会科学类专业，尤其是应用文科类专业增长迅速等特点，这些特点都反映了当时社会和发展的需要④。徐魁鸿的撰文则从另一角度出发，指出最近十年愈演愈烈的大学生就业难问题集中反映了高等学校专业结构设置与现实企业需求之间存在的结构性失衡问题⑤。当前，要融入"一带一路"倡议，实现建设"鄱阳湖生态经济区"这一重大战略构想，更需要进一步

①　叶南海：《地方高校培养一专多能新型人才的思考》，《韶关大学学报》（社会科学版）2000 年第 10 期。
②　中共江西省委教育工委宣传部：《鄱阳湖教育高峰论坛文集》，江西高校出版社 2010 年版，第 55 页。
③　胡平：《经济结构战略性调整对高等学校专业结构设置的影响》，《中国高教研究》2011 年第 7 期。
④　李彬：《高校学科专业结构与大学生就业问题研究——以江苏省为例》，《清华大学教育研究》2010 年第 4 期。
⑤　徐魁鸿：《金融危机对我国高等教育的若干影响及思考》，《教育研究》2009 年第 6 期。

调整江西地方高校学科专业结构,以满足江西区域经济建设对人才的需求。

根据《普通高等学校本科专业目录(2012 年)》,我国的本科专业共设 12 个学科门类,下设 92 个专业类,506 种专业。从江西省普通高校的专业设置和专业布点来看,呈现出以下特点①:

1. 文重理轻,文理失衡。江西省本科院校所设置的本科专业学科覆盖面较广,包含 11 个学科门类。其中文科就占有 6 门:哲学、法学、管理学、教育学、历史学、文学等,文科之外有经济学、理学、工学、农学、医学等。相比之下,工科覆盖率较低。从文科性质的学科门类看,其二级学科覆盖率均为 100%。而 16 个工学类的专业中,全部二级学科的覆盖率仅为 57%,远低于文科性质的学科类专业,这与江西当前经济社会发展的现实需求是不相匹配的。

2. 多而不均,布点失当。江西省有 20 多所本科院校,共有本科专业 853 个,每个本科院校的本科专业平均为 42.65 个。数量并不算少,但其学科分布还不够合理。这主要体现在专业分布之间的不均衡上,理学、工学和农学类专业的平均布点数比较少,尤其是农学类,仅有 21 个专业,这和江西省的省情是很不相符的。

3. 有而不全,存而不兴。江西高校专业设置存在的另一突出问题是,目录内专业不全,目录外专业发展缓慢。就江西省 20 多所本科院校所做的统计来看,现有目录内专业的种类数是 157 个,目录外专业的种类数为 26 个,合计专业种类总数是 183 个,相比全国已有的目录内专业总数。江西省合计专业总数仅占到全国已有目录的 60.9%,明显不够齐全,主要是工学、农学类二级学科的覆盖率较低。同时,在新兴专业的发展上较为滞后,全国已有目录外专业总数 167 个,江西高校目录外专业种类数仅占到 15.7%,这个数字是非常尴尬的,也显示出江西高校在前沿发展上的不足。

4. 盲目设置,低效重复。专业设置经常出现低质量的重复建设,规模效益较

---

① 数据来源:《江西统计年鉴(2014)》。

差。高校之间在专业设置上存在一定的随意性和盲目性,主要原因在于一些高校盲目求全求大,缺少对社会就业结构的整体发展趋势的把握,有的专业布点过多,市场需求已趋于饱和。如计算机类,专业点就达50多个,英语专业44个点,汉语言文学专业30个点,美术类专业近30个点①。贪大求全难以办出特色,专业低水平重复的现象,也会影响到优势专业的规模效应。

5.拓展不足,创新乏力。江西高校对新兴应用型专业的开拓不足,无法满足区域经济建设对新兴专业的人才需求。全国目录外专业种类数为167个,江西高校目前的专业设置目录外专业种类数只有26个,布点数也仅为50个②。生物化工、信息科学、通信工程等专业的发展与周边省份相比,较为滞后。在大力发展应用型人才的新兴专业方面,江西地方高校应加强自身建设,努力拓展。不仅如此,高校有些已开设的专业名称上似乎是新兴专业,但在课程体系等实质内容上与传统专业并无太多差别。

因此,地方高等学校专业结构的设置,应该体现区域经济社会对人才各方面的要求。

首先,应该设置具有自身特色的专业结构。设置专业结构既要立足于学校既有的历史传统、现有的硬软件资源以及师资和生源情况,又要思考学校目前所处的竞争环境以结合自身短、中、长期的发展定位和竞争战略,还应该考虑到整个区域经济将来的发展走向。通过优胜劣汰,优化重组,凝练特色,加强"一流"学科建设,避免重复建设。

其次,应该大力发展新兴和应用型专业。要瞄准国内外学科专业建设的前沿,从实际出发,营造地方高校学科专业的制高点,构建相关的学科专业群,使之成为代表性的学科专业。如一些前沿学科就可围绕以推进长江经济带、原中央

---

① 中共江西省委教育工委宣传部:《鄱阳湖教育高峰论坛文集》,江西高校出版社2010年版,第57页。

② 中共江西省委教育工委宣传部:《鄱阳湖教育高峰论坛文集》,江西高校出版社2010年版,第57页。

苏区振兴发展、鄱阳湖生态经济区战略为契机,创建和发展实践平台,开展战略研究和应用对策研究。即使暂时还不具备太强的科研实力,也可以在服务中发展教育,凭借来自政府和企业、社会的政策、物力、财力等多方面支持,为新兴学科的发展注入强大后劲。同时,还要提倡和鼓励跨专业、跨学科的协作和创新,培育复合型专业,以市场需求为导向,依据区域建设对人才需求的结构和变化,发展与之配套的目录外专业,在保证数量供应的同时提升专业质量。

最后,应该努力整合和改造传统专业。对于传统专业的发展不应悲观,如胡平所言,并非所有的传统专业都走入了"绝境",有些传统专业仍有发展潜力与拓展空间,只是需要进行整合和改造提升①。比如一些新技术和新材料,完全可以应用于很多传统产品和材料的制造工艺中,与之相对应的,很多传统专业方向也需要进行整合和改造,使之能够在新的经济结构中发挥应有的作用。对此,依据江西省中长期经济社会发展目标和产业结构调整的实际情况,深入研究全省支柱产业和高新技术产业对各专业、各层次人才需求状况,及时改造现有的传统学科与专业,调整现有的人才培养规模、层次及类型结构,积极培养与江西省经济社会发展紧密相关的机械制造、电子信息、材料科学、生物制药、化学与化工、生态环保、交通运输、现代农业、法学、经济、管理等领域的高素质专业人才②。

四、科技服务转型,促进成果转化

近几年来,我国高校的科研工作正在逐渐向社会需求靠拢,不断加强与现实经济发展需要密切衔接的应用性研究,这也是高校服务社会这一职能的体现,是高校实现自身社会价值的重要途径。现代科学成为高校教学与科研的主要内容后,生产知识、科学研究已成为高等教育的重要职能,这种新的大学教师观使创

---

① 胡平:《经济结构战略性调整对高等学校专业结构设置的影响》,《中国高教研究》2011年第7期。
② 中共江西省委教育工委宣传部:《鄱阳湖教育高峰论坛文集》,江西高校出版社2010年版,第61页。

造性的研究和发现逐渐被确立为衡量教授水平的主要标准,科学研究的职能在大学中得以发展①。

(一) 实证研究为地方高校科技服务指明方向

结合实证调查结果,我们可以从以下三方面了解地方高校如何有的放矢地发挥其科技服务的职能。

第一,继续加大科技创新投入。实证研究结果表明,伴随着每年的资金和人员投入的增多,高校、企业、科研院所的科技效率都在不断提高,高校的科技效率相较于企业和科研院所,始终处于更为有效的状态,这足以证明高校在知识与科技方面对区域经济的贡献是较大的。而无效的决策单元,大多处于规模报酬递增状态。这也说明,相对于目前的科研能力,应当增加对企业和科研院所的投入,壮大规模,提高效率。

同时,就江西地方高校的科技创新活动在 2001 年—2015 年间的效率进行统计分析,从统计结果看,高校的状况总体是令人满意的,这与地方高校服务区域经济有关。但由于 DEA 模型研究的效率是相对效率,如果把江西高校选取的决策单元跟周边省份高校作比较,就有可能是非 DEA 有效。R&D 经费/GDP 比重是衡量区域科技创新投入的重要指标,此项指标江西仅为 0.92% 左右,在全国处于较低水平②。这说明,江西高校的科技创新投入还要加大力度,成果应用和成果转化率有待提高。

针对以上调查结果,一方面,高校应积极争取地方政府和企业的支持,增加科技经费投入;另一方面,地方高校应加大自身科技创新的经费支出。在投入增加的情况下,地方高校应不断创造出更多的科技成果,增加科技成果获奖项数,提高科技成果的转化率。

第二,优化科技生产规模结构。2001 年—2015 年这 15 年间有 4 年(2001

---

① 贺小飞:《高等教育区域服务职能研究》,北京出版社 2008 年版,第 16 页。
② 胡凯、毛定文、蔡波:《中部六省科技创新绩效评价》,《江西农业大学学报》(社会科学版)2012 年第 2 期。

年、2002年、2009年、2015年)科技效率达到了DEA有效,有效率仅为26.67%。大部分年份未达到DEA有效,究其原因主要是规模效率低下,从而导致科技活动效率相对无效,也就是说科技生产规模结构不合理。2004年、2005年、2007年这3年处于规模效益递增阶段,这期间扩大规模,有利于综合效率的提高,而2005年、2006年、2008年、2010年、2011年、2012年、2013年这7年处于规模效益递减阶段,该期间高校应考虑规模效益,及时调整管理手段和模式,对现有资源充分利用,减少投入的浪费,才能提高综合效率。因此,江西高校需要进一步优化科技生产规模结构,促使科技产出与科技投入的增长速度相适应。

第三,有效促进科技与经济结合。江西区域经济建设必须依靠技术创新,必须加强区域企业在创新成果转化中的主体作用。从技术效率层面看,2001年—2015年江西地方高校科技活动技术效率的均值为0.790,小于1,说明总体上江西地方高校科技活动的技术效率非DEA有效。DEA有效的年份共有4个DMU,分别为2001年、2002年、2009年、2015年,这四年的科技活动投入产出比较合适。还有11年效率值在0.530—0.846之间。这表明江西地方高校科技活动效率总体水平偏低,究其原因主要是因为在科技筹集经费和科技经费支出上存在大量冗余,科技活动人员存在少数冗余,或者在专利授权数和出版科技专著数产出上存在大量不足。这说明了江西地方高校的创新绩效还有较大的提升空间,不仅要善于借助自身的优势资源,而且还要努力促进科技产业发展,与经济结合和企业结合,提高科技创新成果的转化效率。

(二) 促进高校科技成果转化的途径

实现高校科技服务转型,提高高校科技创新成果的转化效率途径很多,主要概括如下三点:

首先,深化协同创新,创办新型科研团队。学科联盟、协同创新是国内外高校服务区域经济的宝贵经验,在大力提倡科技服务创新的今天,地方高校更应充分发挥自身的技术和智力资源,成为地方孕育科学技术、推动科研创新的基地。每年全国各地的地方高校都会涌现出众多占据科技前沿的新成果、新创造,无论是对地方还是对全国而言,这都是一笔巨大的财富。地方高校应立足地方,以科技支撑区域经济建设的实际问题为导向,突破学界壁垒,进行交叉学科优化组合,构建新型科研团队,深化协同创新。地方高校应将教师前期的科研业绩与后期的知识产权都纳入绩效考核之中,形成科学、公平、规范的考评体系,深化分配机制的改革。

其次,积极推广新技术,提供科技咨询与服务。地方高校要将科研成果请出书斋和实验室,真正成为企业的生产技术或应用策略。地方高校应展其所长,开展形式多样、对象多元的咨询服务工作,并签订技术服务合同。如定期举办科研成果发布会,畅通科研成果信息渠道,建立网上技术市场,鼓励社会资源通过投资、参股等方式,参与组建科技成果推广应用的经济实体,提升科研成果转化率。乡镇企业的技术水平较低,在产品设计、技术引进与升级、营销管理等方面,都需要借助高校教师和专业人员的指导。江西农业大学近年来在这方面取得了较好成绩,通过推广科技成果下乡,促进了农村的经济发展,帮助农民脱贫致富。

最后,大力兴办科技园,创办高新技术产业。相对于区域其他机构地方高校的优势,主要体现在人才、技术和信息的占有量与先进性上,高新技术产业对这三方面有着高度依赖。区域高新技术产业的发展,不能缺失地方高校人才、技术和信息的支撑。地方高校找准自身的区位优势,合理地运用校内校外资源,与地方企业展开科技创新联盟,在人才培养、技术开发、信息咨询和项目攻关诸方面,为企业提供技术和人才支撑。同时还应鼓励地方高校与企业共建科研平台,在科技研发和实验测试方面把高校的人才、技术和企业的资金、设备结合起来,促进资源优化组合,实现信息共享,并在此基础上推动地方和高校、企业兴办"科技园"。此外,还要打破校企界限,寻求更具开放性的合作方式。推动高校教师进地方、入企业、到社区,鼓励企业人才入校园,强化、深化人才资源交流机制,促进多方人才资源互补互利,鼓励大学生创新创业,为区域经济建设发挥聪明才智。

五、办学模式转型,发展民办教育

江西是民办教育的大省和强省,自古私学发达。从孔子开私学之风起,其弟子澹台灭明就游学南昌,结草为堂,授徒讲学。尤其唐宋以后,江西的书院更是蓬勃兴起,历代保留下来的书院 1000 余所,数量居全国之首。改革开放 40 年来,江西传承本省辉煌历史,兴办各级各类民办职业学校,取得了令人瞩目的成就。

目前,全省共有民办高校 16 所,占全省普通高校总数的五分之一。民办高等学校整体实力位列全国第一方阵,不仅培养了大批多种层次多种类型的高素质技术技能型人才,还培养和锻炼了一支思想解放、理念新颖、管理严格的民办高校校长和教育管理者队伍,走出了一条以人为本、市场化运作、内涵式发展的办学路子。

当前,民办高等教育改革已经进入深水区和攻坚区,如何趟过改革发展的深水区,为区域经济建设做出更大贡献,这是我们所面临的新的机遇和挑战。

(一) 转变观念,抢抓民办教育良好机遇

一直以来,人们对发展民办高等教育的认识上存在一定偏差。有的地方和有关部门对发展民办高校在教育事业发展中的性质、地位和作用缺乏深刻认识,甚至把民办大学与公办大学对立起来。有的政府决策者怕改革、不敢担当,导致政策制定滞后,扶持优惠政策难以落实。一些政府部门对民办大学不但不支持,反而采用一些歧视性政策,不少家长也不愿将孩子送至民办高校就读,仿佛进了民办大学就低人一等。发展民办教育,首先要转变观念,要正确认识和把握形势,从思想认识上达成"教育只分质量不分身份"的共识,让民办学校能沐浴国家政策的阳光。

从国家层面来看,发展民办教育的政策要更加明确。当前,国家根据经济结构的调整和产业转型升级的需要,提出要加快高校转型发展,建立现代职业教育体系,建设中国自己的应用技术型大学。作为职业教育的重要力量,民办高校在转型升级过程中担负着重要职责。《国务院关于鼓励社会力量兴办教育促进民办教育健康发展的若干意见》(国发[2016]81号文件)指出,民办教育有效增加了教育服务供给,为推动教育现代化、促进经济社会发展作出了积极贡献,已经成为社会主义教育事业的重要组成部分。并提出要以实行分类管理为突破口,创新体制机制,完善扶持政策,加强规范管理,提高办学质量,进一步调动社会力量兴办教育的积极性,促进民办教育持续健康发展。

从江西省来看,民办高校的发展目标更加明确:到2020年初步形成系统完备、科学规范、运行有效的民办教育治理体系和有利于民办教育健康持续发展的制度环境和社会氛围,民办教育结构趋于合理。其中民办高等教育在省级科学研究平台、重点学科建设以及研究生教育等方面取得突破,建成一批国家级省级示范性高职民办院校和优质特色民办高校,力争3至5所民办高等学校办学水平在全国同类民办高等学校中名列前茅[①]。

综上所述,党和政府为民办教育的发展指明了政策方向,民办教育迎来了新一轮快速发展的春天。各地各有关部门要正确认识和把握形势,更新观念,抢抓机遇,加快民办高等教育重要领域和关键环节的改革步伐,以改革推动发展,提高民办高校服务区域经济的能力。

（二）投资主体多元,深化办学体制改革

为了更好地发挥民办高校的体制机制优势,增强其办学活力,需要进一步深化办学体制改革。民办学校要设立章程,充分发挥学校章程在规范内部管理中的重要作用,建立现代学校制度。支持行业、企业等投资主体多元化,尽快摆脱家族式作坊管理,摒弃家族式、家长式、经验式的管理模式。如探索发展股份制混合所有制;允许以资本、知识、技术、管理等要素参与办学,并享有相应权利;探索建立公益融资机制,鼓励金融机构为民办学校提供形式多样的融资服务等。用市场机制激发民办高校活力,放宽准入条件。投资主体多元

---

① 朱虹:《论江西民办教育的改革发展》,《教育学术月刊》2014年第7期。

化,既可以使民办高校更好地实现民主决策与科学发展,又可以使独立学院摆脱对母体学校的过分依赖。总之,必须站在科教兴赣和人才强省的战略高度,以更大的政治勇气和智慧深化民办教育办学体制改革,鼓励和引导更多社会资本投入发展民办教育。

（三）"错位"发展,在品牌特色上求突破

办学特色和人才培养质量是学校的生命线,学校有特色、专业有特点、学生有特长应该是现代职业教育的总目标。虽然,江西民办高等教育已经取得了一些令人瞩目的成绩,探索了一些值得推广应用的经验,但总体来看,民办高校相互之间、民办学校与公办学校之间,同质化倾向还比较严重,办学特色不够鲜明,整体质量不高。而市场需求的多样化,要求我们各级各类民办学校必须提供个性化的教育服务。要在打造品牌上下功夫,通过打造自己家的品牌学科和品牌专业树立自己的名校品牌。民办学校应有强烈的品牌意识,要充分利用自身体制外的优势,诸如管理相对自主,应对市场更为快捷灵活等,走创特色、提质量、塑品牌的内涵式发展道路。

民办高校和独立学院的举办者、决策者和管理者要审时度势,主动适应职业教育发展的新形势,不要片面追求"高大全",要选择公办学校尚未形成强势的人才培养领域,以此作为切入点,深入挖掘教育市场,走与公办学校错位发展、特色发展之路。

第三节　拓展地方高校服务区域经济建设的途径

服务区域经济建设是地方高校的固有属性,近年来,研究高校服务职能的论文论著并不少见,但是具有突破性的创新成果并不多。结合前文的理论分析以及国内外一些地方高校宝贵经验,笔者认为地方高校服务区域经济建设需要从以下三个方面加以拓展。

一、推动区域特色新型智库建设

如果说第一批现代意义上的智库出现在 20 世纪初的美国与英国的话,那么自 2013 年习近平就加强中国特色新型智库建设作出批示,以及 2014 年《关于加强中国特色新型智库建设的意见》实施以来,我国迎来了智库建设的春天。十九大报告中也明确指出:"加快构建中国特色哲学社会科学,加强中国特色新型智库建设。"在建设中国特色新型智库的背景下,汇集了社会科学事业主力军的地方高校是智库建设中的一支重要力量。2014 年,教育部印发了《中国特色新型高校智库建设推进计划》,明确提出高校智库应当发挥战略研究、政策建言、人才培养、舆论引导、公共外交的重要功能。因此,地方高校服务区域经济建设应该抓住新型智库建设的发展机遇,充分发挥人才、学科和智力等优势资源,瞄准区域经济建设的需要,开展战略实施研究和应用对策研究,大力培育区域新的经济增长点。

(一) 推进特色新型地方高校智库顶层设计

总的来看,目前全国高校智库建设尚处于探索起步阶段。以江西为例,2015 年,江西出台了《关于加强江西新型智库建设的意见》。2017 年,印发了《关于加快推进江西新型智库建设的实施方案》。近年来,全省高校先后建立了 55 个特色智库,在参与党委政府、企业、社会重大决策、咨政建言中发挥了重要作用。2017 年 3 月,江西正式组建成立了百家高校智库联盟,通过在高校智库间建立长期、全面、稳定的战略合作关系,充分发挥高校学科和人才优势,汇聚高校智慧,从而提升全省高校智库研究水平和决策服务能力,更好地服务经济社会发展①。目前,江西有各类人文社科研究平台 400 余个,全国性的有高校人文社科重点研究基地,全省的有 2011 协同创新中心、高校人文社科重点研究基地、软科学研究基地、哲学社会科学重点研究基地等。这些平台都将成为地方高校智库

---

① 廖济堂:《江西成立百家高校智库联盟》,《江南都市报》2017 年 3 月 28 日。

建设的重要力量。

在地方高校智库建设进程中,要充分发挥智库建设的应有作用,需要有好的制度安排、体制机制保障和组织模式运行。因此,推进地方高校智库建设,需要加强顶层设计与整体谋划。这就需要根据实际情况,规划和引领地方高校特色新型智库建设的顶层设计,并安排好遴选、立项、考核、评估等具体环节。通过加强主攻方向的顶层设计、宏观管理与政策指导,对高校智库建设进行政策牵引和目标引导,明确地方高校智库的建设任务和发展方向,实施"错位"建设,发挥"级差"特色。在区域内外组建高校智库联盟,形成智库自律与合作机制,共同承接解决综合性或复杂性的区域经济建设问题。

（二）打造区域特色新型地方高校智库平台

在 2018 年 10 月的首届江西智库峰会上,江西省省长易炼红提出,江西要把新型智库建设摆在突出重要位置,围绕高质量发展、生态文明、军民融合、科技创新、乡村振兴、中医药、脱贫攻坚、文化强省等全省经济社会发展的重点领域和重大战略,致力于打造有活力、有特色、有影响的"智库赣军"①。近年来,一批服务江西经济社会发展的高校智库正在建设之中并初见成效。比如,南昌大学的江西发展研究院、江西师范大学江西经济发展研究院、江西财经大学江西经济发展与改革研究院、江西农业大学新农村发展研究院,等等。此外,由江西财经大学、南昌大学、江西农业大学等高校的专家学者撰写的咨询报告也不断地获得地方领导批示或被机关部门采纳。

特别是,江西有三个教育部人文社会科学重点研究基地:南昌大学中国中部经济社会发展研究中心、赣南师范大学中国共产党革命精神与文化资源研究中心、井冈山大学中国共产党革命精神与文化资源研究中心。这三个重点研究基地以应用服务对策为导向和重大现实问题为主攻方向,深入研究事关本省乃至全国经济社会发展的战略性问题。这三大研究基地已成为服务区域经济建设的

---

① 中国新闻网:《江西举办首届智库峰会 国内外智库专家共话赣鄱发展》,http://www.jx.chinanews.com。

新型智库和创新平台。比如,南昌大学的"中部经济研究中心"提出了"中部崛起"战略,并为实施提供了重要的决策依据,还连年出版发行了"中部竞争力蓝皮书"丛书,建立了我国第一个中部经济社会发展网络数据库——"中国中部经济社会发展数据库"。除此重点研究基地外,江西还有 39 个省级重点基地,成为地方高校服务区域经济的重要智库,成为服务区域经济社会的智力支撑和决策咨询平台。

人才兴则事业兴,队伍强则事业旺。我们还应该看到,当前江西高校智库建设仍存在队伍较为分散、应用对策成果不突出等问题。建议优化智库人才选拔培育机制,打造区域特色新型高校智库团队,凝聚整合智库队伍,不断推出被采纳的研究成果。

一是建立地方政府、企事业单位与地方高校之间的人才互动机制。地方高校智库人才既可以出校挂职,校外专家也可以入校驻库研究。二是加强地方高校教师分类管理,设立社会服务型教师岗,打通校内考核绩评机制,对从事区域经济服务的教师,在绩效考核、职称评定、申报项目等方面实行政策倾斜。帮助他们解决工作上的困难,吸引他们服务区域经济,创造凝聚智库队伍的条件。三是启动江西高校智库人才支持计划,加强高校对战略研究人才选拔和青年智库才俊培养。围绕江西"发展升级、小康提速、绿色崛起、实干兴赣"发展战略的宏观经济政策、产业升级、公共卫生与食品药品安全、区域发展战略、生态文明与绿色化、城镇化建设、智慧城市建设、创新创业、"互联网+"等方向领域,建设特色专业化智库团队。

（三）加强智库决策咨询服务的针对性和实效性

智库是思想库、智囊团,是产生思想产品、产生智慧的人才库,它具有促进经济发展、社会进步的功能。对智库来说,高级智能型人才尤为珍贵。智能型人才与技能型人才的区别在于,技能型人才主要强调的是动手能力,而智能型人才则主要强调的是动脑能力。依靠大脑挣钱可谓是智能时代的显著特征,美国之所以经济发达,这与美国人靠智能人才挣钱密不可分。曾有研究表明,当前智库形成的产品主要有三类:第一类是参鉴类研究报告,核心是梳理总结国外的经验做法及其对中国的启示。第二类是分析类研究报告,首先要把事实说清楚,其次是把问题分析透彻。第三类是政策类研究报告①。上述三类研究成果,其功能或最终目的都是为决策咨询服务的,也就是日常说的"出点子"。地方高校要加大智力服务的力度,提升整体质量,就要加强智库的内涵研究和服务管理,讲究对策研究的针对性和实效性。

一是及时跟进国家、地方政府的重大动向,以此为引导,扎实做好省情、区情调研工作。高校的调查研究不同于一般新闻媒体的社会调查访问,高校智库人才应该通过社会现实的表象,运用社会科学基本原理、方法,分析研究其内在问题、走向趋势以及潜在问题,以改革发展重大战略问题为研究中心,开展战略谋划和综合研究,为区域经济建设提供针对、有效的应用对策报告。不仅能完成服务地方决策的任务,也完全有可能在国家层面作出特有的理论贡献。

二是结合地方历史、地方文化及社会特色来深入开展"接地气"的研究。以地方政府或企事业单位期盼解决的问题为导向,加强基层一线的调查研究,建立社会科学实验室,通过田野调查和大数据分析,抓住问题的内在实质,保证调查研究报告的信效度,将复杂道理变成简洁明了的对策呈现,让地方高校智库的"对策报告"变为"政策措施"。

二、推进区域校际学科优势联盟

地方高校既缺乏名牌效应,又缺乏资金支持。地方高校的特点决定了其特色办学与区域服务范围明确。高等学校的各种功能都是在学科中展开的,学科建设作为地方高校的一项战略性建设,在服务区域经济建设新时期,亟待进一步提升质量和水平,需要学科联合发展、协同创新与资源整合。学科联盟是一定区

---

① 罗峰:《新型智库建设应关注的三个问题》,《学习时报》2015年1月5日。

域内高校学科资源整合优化、共享互补、开放合作、联合发展,促进区域学科资源效益最大化、学科实力快速提升的有效模式和主要途径①。地方高校学科联盟需要围绕教育规划发展目标和区域经济建设需要,以提升学科综合实力为核心,引领和推动地方高校服务区域经济可持续发展,提升地方高校服务区域经济建设的竞争力和影响力。

（一）联合打造学科高地开展人才培养

建设学科联盟是深化教育综合改革的重要抓手,打造学科高地是地方高校学科联盟的主要任务,而地方高校服务区域经济建设,开展人才联合培养是新时期人才结构提出的新要求。

开展学科联盟就是要促进本科生、研究生在学科联盟成员之间跨校交流与培养。建立学分互认、课程互选、师生互访等机制,推进教学、科研、学位点资源共享,建立服务社会人才联合培养基地。联合开展教材建设与教改研究,实现精品课程资源的协同开发与共享,联合组织本科生、研究生开展实习实践、毕业设计等活动。

江西是农业大省,以农业院校或农科专业为例。目前,江西高等农林院校有江西农业大学、江西环境工程职业学院（原赣州林校）、江西农业工程职业学院,还有上饶师范学院、赣南师范大学等地方高校开设的农林与生科专业。南昌大学的水产养殖技术,江西农大的杂交水稻制种栽培技术、脐橙新品种研发、农业机械化与自动化,赣南师范学院的柑橘种植技术等,对促进农业科技成果转化和地方高新技术的产业化都发挥了重要的作用。但从农业人才的培养来看,目前还远远满足不了现实需求。据江西省农业厅资料显示,1957 年全省各类科技人员 1.8 万人,其中农业科技人员 0.38 万人,占 21.2%。到 2000 年,全省各类科技人员发展到 69.35 万人,比 1957 年增长了 37.5 倍,而同期农业科技人员只增

---

① 江西省教育厅:《关于推进我省高校学科联盟建设的指导意见》（赣教研字［2015］11 号）,2015 年 9 月 1 日。

长了 4.1 倍,占全省各类科技人员总数的比重下降至 2.8%①。在农业技术队伍中,传统技术人才较多,新型复合型人才较少;种植业中,做培育、耕作、栽培的技术人员少,适应现代农业发展的高技术人才更少。由于新型人才缺乏,新品种、新技术难以推广,农产品的市场竞争力难以提高,影响了农业的发展和对外输出。

农业发展靠科技,科技进步靠人才。江西农业院校若能以全面合作和深度协同为机制建设学科联盟,将有利于打造互利共赢特色学科,共同促进优势学科;有利于校际间教学、科研、人才培养的有机结合,合理配置有限资源,实现资源共享。培养农科创新型人才,一是开展校际合作,如省内高校优势学科合作培养或国内外同类院校联合培养。二是利用学科优势与区域资源紧密融合,构建学科与专业、企业和农户有机融合的人才培养模式,形成学科专业一体化。强调教学以区域社会需求为导向,科研成为人才培养的重要环节,学生参与导师科研项目,在学校科研成果推广中让公司和农户从中获利,反哺地方高校学科建设,形成人才培养的良性循环。

(二) 协同推进科学研究共促团队建设

共同促进学科队伍建设是地方高校学科联盟的基础和支撑。形成教师跨校指导学生、授课和培训体验等制度,学科教师招聘与外训采取协同合作,外联内引学科高尖端人员,推进学科团队共享互补资源。建设学科联盟有利于强强联合、整体提升,形成高水平的学科创新团队,联合申报重大项目、平台和科研成果,提升地方高校学科建设质量和水平。

建立有效机制,采取各种措施开展学科联盟,有利于开放资源,整合力量,优势互补,提高统筹协调能力,促进交叉和新兴学科建设,构建优势学科专业群,打造地方高校学科高地,实现学科突破。比如,促进国家以及省部级重点实验室、工程中心等优势科研平台在联盟内实现开放;以联盟学科间的优势领域为支撑,

---

① 李华、陈飞平:《江西农业科技推广人才应用机制研究》,《天津农业科学》2011 年第 10 期。

联合共建研究中心和重点实验室;联合申报重大科研项目、重大科研平台和重大科研成果;鼓励和支持联盟学科所属教师,深入而广泛地开展科技攻关与学术交流,共同举办各级各类高层次名师讲坛与学术讲座,提高联盟成员间的学术水平。

（三）联动扩大对外开放开展联合服务

学科联盟是依据《高等教育法》等法律法规开展各类活动,研究、讨论、决定联盟重大事项,相互促进,提供应用型咨询决策服务。各地方高校要对学科联盟工作在资金、人员、条件等方面给予切实支持。教育主管部门要营造有利的政策环境和条件促进联盟、扶持发展,协调解决建设过程中的问题和困难,推动地方高校重点学科领域联盟的构建,在重大科研项目、重大科研平台、重大科研成果的申报以及其他教育资源配置等方面给予大力支持。

学科联盟要积极创造条件,充分利用各自社会优势资源,加强学科专业与行业企业、学术组织和社会机构的开放合作;加强与相关相近学科联盟的交流,推动区域协作;主动与国际知名高校一流学科联盟,加强国际交流与合作,不断提升地方高校学科水平。学科联盟间可以建立高端智库和开放式咨询机构,聚焦国家及区域改革与发展中的重大战略主题,为区域经济建设战略提供智力支持和决策服务;围绕区域急需解决的重大理论与实践问题,坚持产学研合作,联合开展核心理论研究和关键技术开发;联合推动国家级大学科技园建设,完善地方高校技术市场,促进高科技成果转化,增强联盟学科融入和服务区域经济、科技和社会发展的能力。

三、加快区域文化产业开发进程

习近平指出,中华优秀传统文化是我们最深厚的文化软实力,应使之成为涵养社会主义核心价值观的重要源泉。地方优秀传统文化是助推区域经济建设的又一抓手。江西的地方文化丰富多彩,江西地方高校不仅要主动服务区域经济建设,还要积极承担研究、保护和开发利用地方文化的历史使命。

（一）促进区域书院文化产业进程

书院是我国古代特有的一种文化教育组织，它源于唐朝，自中唐时期兴起，历宋元明至清末衰亡，历时千载，在世界教育发展史上独具特色。书院对我国古代人才培养、学术研究、风气引领以及社会治理，都曾起过巨大的推动作用。书院文化是中华民族优秀传统文化的重要组成部分，是现代文化教育活动的主要借鉴。

据不完全统计，自唐代以来江西古代书院有1027所，为全国之最，是书院数量最多的省份，以"起步早、数量多、规划全、影响大"而在中国书院史上有着重要影响①。目前，虽然江西师范大学、九江学院、上饶师范学院、南昌师范学院等地方高校都设立了书院研究机构，但只有少数高校和少量研究人员，而且研究水平不高。由于经费奇缺，资金投入缺乏，书院文化保护与开发利用的力度不大，其文化资源还没有转化为具有吸引力和竞争力的文化产业。

首先，采取地方高校管理模式，加快融合书院文化的体制改革。通过地方高校这个平台进行书院各种功能综合利用，有利于做好书院文化研究、保护和利用工作，有利于书院保护理念的转变，有利于书院管理体制和运行机制的改革，有利于书院保护模式和利用途径的创新。从书院的历史看，只有走教育、研究、保护、利用相结合的道路，才最有可能恢复书院的生机，才有可能最大程度发挥书院文化的现代价值。岳麓书院与湖南大学、嵩阳书院与郑州大学的深度融合，就是地方高校管理模式的积极尝试。为此，我们建议改革当前部分书院管理体制，在有利于书院文化发展，有利于恢复书院生命力，有利于最大程度发挥书院价值的原则下，对现有书院采取地方高校管理模式，或与地方政府共同参与的管理模式。建议将庐山白鹿洞书院成建制划归九江学院，将上饶信江书院划归上饶师范学院管理。参照湖南岳麓书院、河南嵩山书院模式，分别由九江学院、上饶师范学院按照各自的专业布局，组建九江学院白鹿洞书院、上饶师范学院信江书

---

① 陈绵水：《关于江西书院文化研究、保护与利用现状的调研报告》，政协江西省委员会办公厅（建议），赣协办字［2015］24号。

院,吸引书院研究人员和合作单位专门从事书院文化研究工作,凝聚研究方向,促进人才培养、学术研究、保护利用的深度融合,改变当前江西省书院研究力度不强、功能发挥不足、开发效果不佳的局面,形成书院研究、保护与利用良性发展格局。

其次,依托地方高校,加大书院人才培养力度。人才的素质决定书院文化保护与开发的质量和水平。可以依托地方高校,建立一批文博人员继续教育基地,培养文物保护规划、文物修复鉴定、陈列创意设计和国际交流合作等方面的专门人才,尤其要加强对书院研究方向的硕博研究生培养,迅速补充研究队伍,形成稳固工作团队,从而使紧缺人才得到补充、青年骨干稳步成长。同时,地方高校还要对现有的书院专业人员进行在职培训,不断提高其研究水平。

最后,深入研究开发,加快书院文化产业转化。地方高校大力推进文化产业化进程,对服务区域经济建设具有重要的推动作用。内生经济增长理论认为,决定区域经济增长的主要因素是人力资本与知识和信息资源,它们对区域发展起主导作用。地方高校为促进书院文化向产业转化提供人才资源和技术支撑。技术创新是知识转化为生产力的中介,书院文化资源需要依托地方高校的技术支持与创新来促进。深入研究书院文化资源的旅游产品开发,加快书院文化产业转化,如设计书院文化书籍、风光明信片等"书院主题文化游"产品,推出国内、国外不同层次学生"书院节假日国学游"活动,促进书院文化资源向产品转化。主要途径有:

一是设计文化旅游精品线。将书院的"古色"与区域的"红色""绿色"融合,让人们在这里修身养性,陶冶情操。如将白鹭洲书院与井冈山等连接;将鹅湖书院、象山书院与三清山、武夷山、婺源和龙虎山等连接;将白鹿洞书院与九江县的陶渊明纪念馆,星子、德安的陶渊明故里连接起来,精心设计书院文化旅游精品线路。二是开发书院文化产品。既要把书院文化精品通过旅游产品来展示和宣传,又要借助于物产销售和文化娱乐活动来普及书院文化知识,引导人们亲近书院。三是举办会展、论坛,将书院讲学与区域经济文化特色相结合。譬如,在庐山白鹿洞书院、铅山鹅湖书院举办哲学、史学、文学、艺术论坛;在吉安举办红色文化论坛;在景德镇举办陶瓷文化论坛;在鹰潭举办道家文化论坛等。四是加大对外宣传的力度。在"江西风景独好"的旅游宣传片中增加书院文化的元素,宣传展示江西书院文化的独特魅力。

(二) 借助天时地利壮大"丝绸文化"产业

江西是陶瓷文化的发源地,也是茶文化的重地,江西地方高校应高度重视本地特有的与丝绸文化相连的历史文化,在"一带一路"倡议的大背景下,借助天时地利做大做强丝绸文化。

千年古镇的江西景德镇,在中国陶瓷史和世界陶瓷史上占据极其重要的地位,在几千年的文化传承和发展中,创造出丰富多彩的艺术珍品及陶瓷文化,有许多弥足珍贵的文化遗产,在世界上是独一无二、不可取代的。今天的景德镇,已成为全国 24 个文化名城、四大古镇(广东佛山镇、江西景德镇、湖北汉口镇、河南朱仙镇)之一,陶瓷产业已经成为景德镇市八大支柱产业,并得以优先发展。以陶瓷为业的外来"景漂族"达 10 万人,陶瓷文化创意产业潜力无限。景德镇陶瓷学院等地方高校,更应立足当代、继承传统、面向世界、求变创新。应在古窑文化、陶瓷绘画、陶瓷书法、陶瓷雕塑、陶瓷装饰、陶瓷产业集群、陶瓷文化创意产业等研究上下足功夫,做足文章,让中国传统文化精粹之一的景德镇陶瓷文化重振辉煌,全面融入中国现代社会,融入当代世界艺术潮流。

而作为丝绸之路茶文化的一个缩影,铅山河口古镇也迎来了新时期大发展的良机。2015 年第四届万里茶道与城市发展中蒙俄市长峰会在铅山召开,古镇文化、河红茶文化、制茶技艺、万里茶道的历史痕迹、连四纸、鹅湖书院等铅山丰富的人文资源等待我们深入挖掘、大力宣传。上饶师范学院等地方高校应以此为契机,为地方政府和企业出谋划策,通过开设论坛讲座,举办茶文化节,开展学校茶文化教育等活动,弘扬传承中国古老典雅的茶文化。组织专家学者开展系列专题研究,如茶与文学、茶与养生、茶文化与旅游研究,还有茶文化审美研究、禅宗文化与茶文化研究、少数民族茶文化研究、古今中外的茶文化比较研究、茶文化创意产业园模式研究,等等,探索中华茶文化形成与发展的漫长历史以及自身的内涵与外延的演变规律,探究古老茶文化对当今人们生活的积极影响,寻求茶文化产业的发展商机,为振兴茶文化产业提供智力支持和技术支持。

高校在传承创新古老的丝绸文化方面大有可为。江西地方高校应借助"一带一路"倡议背景下中国文化对外输出的"天时",借助自身丝绸文化资源丰富的"地利",乘势而为,推进跨国文化交流,收获产业经济利益及其所带来的文化价值,为区域经济建设增强软实力。

小　结

总而言之,在区域经济建设的战略中,地方高校占据着重要的地位,也将发挥重大的作用。国内的部分高校尤其是沿海发达地区的地方高校,近年来在服务区域经济建设方面已经取得了较大的突破和经验,社会服务职能得到了更加充分的发挥和体现,在为区域经济建设做出贡献的同时,地方高校自身也得到了极大发展。这一些都为江西地方高校更好地服务区域经济建设提供了现实而重要的借鉴。

为实现"政府—高校—企业"之间的良性互动,应创新"政府—高校—企业"三方互利共赢的联动机制,创建政府对高校创新的扶持机制,完善企业与高校的合作机制。在"政府—高校—企业"的合作机制下,政府、高校、企业既是相互独立的,又是在创新中相互促进的。以内生经济增长理论作为理论基础,谋划地方高校为区域经济建设服务这个重要课题,地方高校便能自主地把自己与地方经济、文化产业建设紧密结合在一起,履行地方高校为区域培养人才、提供科技服务等职能。这样一来,内生经济增长理论中所提到的知识、人才资本等新的经济要素,便能以高校为中心聚焦,使高校成为内生经济增长的驱动中心。这一系统机制的建立和健全,关乎整个区域经济建设的成败,是一个多方参与、全社会关注的系统工程。

互动共赢模式是校企合作创新最佳选择。在校企合作这一重要环节上,应立足区域经济建设的现实与需求,充分借鉴已有模式,因地制宜、因校制宜、因企制宜地采取具有充分弹性的互动合作方式,有步骤分阶段地开展工作,使校企合作为区域经济建设增活力、蓄活水,在不同阶段体现其在整个区域经济建设中的战略价值和意义所在。地方政府要发挥其管理和引导作用,合理加大资金投入,强化和利用校企双方的智力资源,实现科研创新和知识创新的高效产出。

地方高校服务转型是一个巨大的系统工程,包括办学理念、学科专业设置、人才培养模式、师资队伍建设以及学校内部管理体制机制转型等,实现地方高校从被动适应型向主动服务型的合理转型,提升地方高校服务区域经济建设的能力,应当从合理转型增强服务效能、科学培养优化人力资本和创新绩效促进科技转化等几方面入手。一是办学定位转型,明确服务方向;二是人才培养转型,优化人力资本;三是专业结构转型,实现市场对接;四是科技服务转型,促进成果转化;五是办学模式转型,发展民办教育。

拓展地方高校服务区域经济建设的途径,首先,推动区域特色新型智库建设。加强新型智库的顶层设计,建立地方政府、企事业部门与地方高校间的人才互动机制,打造区域特色新型地方高校智库平台。及时跟进国家、地方政府的重大动向,并以此为引导,扎实做好省情、区情调研工作。结合地方历史、地方文化、社会特色,以地方政府或企事业单位希望解决的问题为导向,深入开展接地气的研究,以此加强智库决策咨询服务的针对性和实效性。其次,推进区域校际学科优势联盟。建设学科联盟是深化教育综合改革的重要抓手,打造学科高地是地方高校学科联盟的主要任务。建立服务社会人才联合培养基地,建立学分互认、课程互选、师生互访等机制,推进教学、科研、学位点资源共享。联合开展教材建设与教改研究,实现精品课程资源的协同开发与共享等。最后,加快区域文化保护利用进程。尤其要结合江西和江西地方高校特色,突出特色文化建设,大力保护和开发古老的书院文化和丝绸文化,做活旅游文化,加大文化创意研究力度,加快文化产业化进程。

结论与展望

　　积极促进区域经济建设的协调快速发展,是全面建成小康社会和实现中国梦的内在要求。而地方高校如何充分利用自身优势,为区域经济建设提供强有力的人才支撑、技术支撑和文化支撑,与区域经济社会发展实现高度融合、良性互动和共生共荣,不仅是高校自身的基本职能与社会责任的重要体现,更是其未来发展的立命之本。

　　地方高校服务区域经济建设不只是为其培养一大批有文化、懂技术、会经营的建设者和应用型人才,还需要调动全社会各方的力量,共同关心、支持和参与,在教育支援、智力贡献和科技推广等方面给予全方位的支持,才能保证区域经济建设的可持续发展、科学发展和又好又快发展。本研究正是以地方高校为切入点,首先阐明了地方高校的基本职能,而后在分析地方政府、地方高校与地方企业三者的基本职能及其关系链的基础上,通过对地方高校服务区域经济的理论溯源,系统探究了江西地方高校服务区域经济建设的内容、条件、目标、原则和实现途径等问题。与此同时,本研究也深入分析和总结了国内外地方高校服务区域经济研究的成功经验,以此来反观江西地方高校和区域经济建设之间的关系。

最后,通过数据和模型等实证研究,"形而下"解析江西地方高校人才资本对区域经济增长的贡献率,以及江西地方高校对区域经济科技创新的绩效评价,以此讨论了江西地方高校服务区域经济的机制与举措问题。

通过各种理论阐释与实践分析,本研究认为,在区域经济建设中,地方高校的主动参与,既是其社会职责和历史使命,也是完善地方高校社会职能、体现社会价值和促进自身发展的重要途径;地方高校为区域经济服务,既是满足经济社会发展的需要,也是高校寻求自身发展的需要。地方高校的发展与区域经济建设具有共生性的关系,只有遵循互利共赢原则,才能保证二者之间形成良好的合作张力。因此,地方高校谋求服务区域经济建设的新模式,是丰富区域经济建设的有效途径,也是在新的历史条件下,地方高校为区域经济建设寻求互利共赢的实际需要。由此针对性地思考了江西地方高校服务区域经济建设的合理化建议,地方高校在建设地方经济建设和发展战略中,只有把握区域需要,发挥地区优势,突出地方特色,才能生存发展和壮大。同时,区域经济在此过程中也才能又好又快地获得持续发展和推进。

江西地方高校经过30多年的发展,已经取得了一定的成绩,但在服务区域经济建设方面,既拥有省外高校所不具备的人缘和地缘优势,也存在着服务意识较为薄弱、服务能力相对欠缺和服务机制尚不健全的劣势。区域经济建设是一个由政府、高校、企业构成的系统工程,这一系统机制的建立和健全,必须因地、因校、因企地采取具有互动合作的方式,正视影响互动合作的外部和内部因素。本研究正视了这个问题,以地方高校服务区域经济建设为研究视角,以江西地方高校服务区域经济建设为具体内容,通过各种数据和模型的支撑,深入剖析了江西地方高校在服务区域经济建设中存在的各种优势、劣势、机遇和挑战等问题。根据这些问题,有针对性地讨论了江西地方高校服务区域经济建设的具体策略,为地方高校转变办学思路、调整办学定位、师资能力转型、服务区域经济战略推进,构建地方高校服务区域经济建设的长效机制,加快服务区域经济社会的步伐,无疑具有重要的政策价值和实践意义。

对于地方高校服务区域经济建设来说,本研究无疑是一次有意义的尝试。在实践和方法上将视觉系统地伸向地方高校,把地方高校发展与普通本科高校向应用技术型高校转型改革结合起来进行考察。在这一重大的高教改革背景下,本研究积极探索地方高校如何调整办学定位和专业结构、优化人才培养方案、承担服务地方使命,实现地方高校与区域经济社会发展高度融合、良性互动和共生共荣。毫无疑问,地方高校转型发展既是经济发展方式转变、产业结构转型升级的迫切要求,是贯彻落实国务院关于加快发展现代职业教育部署,也是加快教育综合改革、建设现代教育体系的重大举措,解决新增劳动力就业结构性矛盾的紧迫要求。这对于掌握地方高校服务区域经济建设的基本现实,了解政府、学校、企业在高校服务区域经济社会发展体系中的地位、作用与影响等,都具有相应的理论意义和现实意义,也必然对探寻地方高校服务区域经济建设的机制和举措提供经验与帮助。

当然,由于各种原因所限,本研究自然还存在一些未尽之处,尤其是在"可持续发展"这个命题上,有待日后更进一步的挖掘,譬如地方政府如何创造外部条件为地方高校服务区域经济社会建设提供可持续服务? 地方高校能否主动把自身发展与服务区域经济社会、服务区域经济建设相结合? 特别是地方高校与区域经济建设能否形成互动可持续服务机制? 等等。

总之,地方高校服务区域经济建设是一个系统性的工程。随着《国家中长期教育改革与发展规划纲要(2010—2020 年)》的实施和教育改革的深入,地方高校发展与普通本科高校向应用技术型高校转型的推进,地方高校服务区域经济建设的理论和实践需要更多专家学者的关注和探究。

主要参考文献

一、中文部分

（一）著作

[1]彼得·F.德鲁克等:《知识管理》,杨开峰译,中国人民大学出版社2000年版。

[2]陈解放:《合作教育的理论及其在中国的实践》,上海交通大学出版社2006年版。

[3]陈劲:《新形势下产学研战略联盟创新与发展研究》,中国人民大学出版社2009年版。

[4]陈新亮:《地方高校增强服务社会职能研究》,湖南人民出版社2014年版。

[5]邓大松:《保险经营管理学》,西南财经大学出版社2001年版。

[6]邓大松:《社会保障问题研究》,武汉大学出版社2001年版。

[7]房剑森:《高等教育发展论》,广西师范大学出版社2001年版。

[8]佛雷德里克·温斯洛·泰勒:《科学管理原理》,马风才译,机械工业出版社2013年版。

[9]付晓东:《循环经济与区域经济》,经济日报出版社2007年版。

[10]葛守勤、周式中:《美国州立大学与地方经济发展》,西北大学出版社1993年版。

[11]龚放:《大学教育的转型与变革》,中国海洋大学出版社2006年版。

[12]龚裕:《大学绩效管理研究》,中国科学技术出版社2013年版。

[13]郭建如:《声望、产权与管理:中国大学的校企之谜》,社会科学文献出版社2010年版。

［14］郭建生、赵卫平、徐文平：《创建教学服务型大学理论与实践》，吉林大学出版社 2012 年版。

［15］国家教育行政学院：《高等教育论纲》，南开大学出版社 2003 年版。

［16］韩延明等：《改革视野中的大学教育》，中国海洋大学出版社 2006 年版。

［17］和飞：《地方大学办学理念研究》，高等教育出版社 2005 年版。

［18］贺小飞：《高等教育区域服务职能研究》，北京出版社 2007 年版。

［19］侯景新、尹卫红：《区域经济分析方法》，商务印书馆 2004 年版。

［20］胡卓君：《地方高校内部管理创新》，浙江大学出版社 2006 年版。

［21］华长慧等：《高等教育服务经济社会的新视野：服务型区域教育体系的理论与实践研究》，高等教育出版社 2013 年版。

［22］黄国勤：《江西绿色农业》，中国环境科学出版社 2012 年版。

［23］黄俊杰：《全球化时代的大学通识教育》，北京大学出版社 2006 年版。

［24］黄新建、陈晓玲：《鄱阳湖区域生态经济发展模式研究》，科学出版社 2012 年版。

［25］黄新建、甘筱青、戴淑燕：《鄱阳湖综合开发战略研究》，江西人民出版社 2007 年版。

［26］［加］约翰·范德格拉夫：《学术权力：七国高等教育管理体制比较》，王承绪等译，浙江教育出版社 2001 年版。

［27］经济合作与发展组织：《高等教育与区域：立足本地　制胜全球》，清华大学教育研究院译，教育科学出版社 2012 年版。

［28］康宁：《中国高等教育资源配置转型程度指标体系研究》，教育科学出版社 2010 年版。

［29］李文利：《从稀缺走向充足——高等教育的需求与供给研究》，教育科学出版社 2008 年版。

［30］李周等：《产业生态经济：理论与实践·鄱阳湖生态经济区绿色发展探索》，社会科学文献出版社 2011 年版。

［31］廖进球：《鄱阳湖生态经济与产业发展研究》，中国环境科学出版社 2011 年版。

［32］刘尔琦等：《高科技企业整体式模式》，中国宇航出版社 2003 年版。

［33］刘国瑞：《区域高等教育可持续发展论纲》，辽宁人民出版社 2006 年版。

［34］刘海峰、史静寰：《高等教育史》，高等教育出版社 2010 年版。

［35］刘青、鄢帮有等：《鄱阳湖湿地生态修复理论与实践》，科学出版社 2012 年版。

［36］刘少雪：《书院改制与中国高等教育近代化》，上海交通大学出版社 2004 年版。

［37］柳国梁等：《服务型区域教育体系的地方高校转型研究》，高等教育出版社 2014 年版。

［38］陆朝梁：《江西农业经济六十年》，江西人民出版社 2012 年版。

［39］陆彤霞：《水产业》，化学工业出版社 2005 年版。

［40］罗良针、张阳：《省域高等教育体系结构调整研究》，江西人民出版社 2014 年版。

［41］《马克思恩格斯选集》第 1 卷，人民出版社 1995 年版。

[42]马晓春、牛欣欣:《创业型大学:地方大学变革的新图景》,山东人民出版社2013年版。

[43]查尔斯·维斯特:《一流大学 卓越校长》,蓝劲松译,北京大学出版社2008年版。

[44]美·贝恩:《如何成为卓越的大学教师》,明廷雄、彭汉良译,北京大学出版社2007年版。

[45]迈克尔·D.科恩、詹姆斯·G.马奇:《大学校长及其领导艺术:美国大学校长研究》,郝瑜主译,中国海洋大学出版社2006年版。

[46]迈克尔·夏托克:《高等教育的结构和管理》,王义端译,华东师范大学出版社1987年版。

[47]约翰·S.布鲁贝克:《高等教育哲学》,王承绪等译,浙江教育出版社1987年版。

[48]孟庆红:《区域经济学概论》,经济科学出版社2003年版。

[49]南昌大学中国中部经济社会发展研究中心:《中国中部经济社会竞争力报告》,社会科学文献出版社2012年版。

[50]南昌大学中国中部经济社会发展研究中心:《中国中部经济社会竞争力报告》,社会科学文献出版社2013年版。

[51]农业部市场与经济信息司:《中国农产品市场报告》,经济管理出版社2012年版。

[52]潘懋元、王伟廉:《高等教育学》,福建教育出版社1995年版。

[53]彭玉芳等:《中心城市高校的理论与实践》,机械工业出版社1995年版。

[54]钱津:《国际金融危机对现代经济学的挑战》,经济科学出版社2009年版。

[55]秦国柱:《中国新大学运动》,福建教育出版社1996年版。

[56]曲绍卫等:《经济视野中的高等教育》,中国海洋大学出版社2006年版。

[57][日]铃木元:《大学的国际交流合作》,吕文妙、吉田庆子译,中央广播电视大学出版社2008年版。

[58]滕大春:《美国教育史》,人民教育出版社1994年版。

[59]王保华、张婕主编:《高等教育地方化——地级城市发展高等教育研究》,人民教育出版社2005年版。

[60]王培根:《高等教育经济学》,经济管理出版社2004年版。

[61]王萍涛、肖红伟、徐晓东:《地方高校大学生就业指导》,北京大学出版社2007年版。

[62]王万山、黄建军等:《鄱阳湖生态经济区开放型经济研究》,江西人民出版社2008年版。

[63]王晓鸿:《鄱阳湖湿地生态系统评估》,科学出版社2004年版。

[64]王玉丰:《中国新建本科院校转型发展研究——基于自组织理论的分析范式》,教育科学出版社2011年版。

[65]王玉昆:《教育经济学》,华文出版社1998年版。

[66]魏陆、吕守军:《公共经济学》,上海交通大学出版社2010年版。

[67]文魁:《应用经济学前沿(Ⅲ)》,首都经济贸易大学出版社2012年版。

[68]吴开俊:《公立高校"转制"路径选择与制度安排》,中国社会科学出版社 2007 年版。

[69]吴志强:《鄱阳湖水系四大家鱼资源及其与环境的关系研究》,科学出版社 2012 年版。

[70]徐鸿钧等:《高等教育服务经济社会的国际经验:基于对欧美五国的历史考察》,高等教育出版社 2014 年版。

[71]徐同文:《区域大学的使命》,教育科学出版社 2004 年版。

[72]徐晓林、田穗生:《行政学原理(第二版)》,华中科技大学出版社 2004 年版。

[73]许智宏等:《中国高等教育发展的目标定位与大学特色的形成和发展战略——大学校长视野中的大学教育》,中国人民大学出版社 2004 年版。

[74]杨福家:《中国当代教育家文存:杨福家卷》,华东师范大学出版社 2006 年版。

[75]杨学义:《"外·特·精"办学之路——建设特色型大学的思考与探索》,外语教学与研究出版社 2011 年版。

[76]叶茂林:《教育发展与经济增长》,社会科学文献出版社 2005 年版。

[77][英]迈克尔·夏托克:《成功大学的管理之道》,范怡红译,北京大学出版社 2006 年版。

[78]虞国庆:《魅力江西:江西省情教育读本》,江西人民出版社 2010 年版。

[79]张德时:《地方高校教育信息化建设与应用创新》,东南大学出版社 2010 年版。

[80]张立荣:《中外行政制度比较》,商务印书馆 2002 年版。

[81]张利国:《鄱阳湖生态经济区生态农业与农村发展研究》,中国环境科学出版社 2011 年版。

[82]张男星等:《高等学校绩效评价论》,教育科学出版社 2012 年版。

[83]张男星等:《中国高等教育发展报告》,教育科学出版社 2013 年版。

[84]张苏:《高等教育与经济发展关系的实证研究》,中国古籍出版社 2013 年版。

[85]张维迎:《大学的逻辑》,北京大学出版社 2005 年版。

[86]张业成等:《减轻地质灾害与可持续发展(前言)》,中国科学技术出版社 1999 年版。

[87]张烨:《中国高等教育发展路径研究》,人民出版社 2012 年版。

[88]张振助:《高等教育与区域互动发展论》,广西师范大学出版社 2004 年版。

[89]赵曼、吕国营:《社会医疗保险中的道德风险》,中国劳动社会保障出版社 2007 年版。

[90]中共江西省委教育工委宣传部编:《鄱阳湖教育高峰论坛文集》,江西高校出版社 2010 年版。

[91]中国科学院可持续发展战略研究组、江西省山江湖开发治理委员会办公室:《江西省可持续发展报告》,江西科学技术出版社 2012 年版。

[92]中国现代化战略研究课题组:《中国现代化报告》,北京大学出版社 2007 年版。

[93]周绍森、尹继东等:《江西在中部地区崛起方略》,江西人民出版社 2002 年版。

[94]朱涛:《地方品牌理念与设计视角:以三峡区域为例高校服务区域实践》,天津大学

出版社 2014 年版。

[95]朱有志编:《中部蓝皮书:中国中部地区发展报告(2012—2013)》,社会科学文献出版社 2012 年版。

[96]诸葛彪、戴正:《新教师最需要什么》,南京大学出版社 2011 年版。

（二）期刊

[1]包丽颖、安钰峰:《高等教育专业结构的现状与调整方向》,《中国高教研究》2009 年第 10 期。

[2]毕会英:《政府在大学技术转移中的职能定位》,《科技管理研究》2006 年第 1 期。

[3]蔡克勇:《社会历史发展的重要趋势——论加强校企合作的重要性和紧迫性》,《高等教育研究》1997 年第 6 期。

[4]蔡翔、王文平、李远远:《三螺旋创新理论的主要贡献、待解决问题及对中国的启示》,《技术经济与管理研究》2010 年第 1 期。

[5]蔡袁强:《地方大学的使命:服务区域经济社会发展——以温州大学为例》,《教育研究》2012 年第 2 期。

[6]柴勇:《地方高校应服务区域经济发展》,《天津市经理学院学报》2014 年第 1 期。

[7]陈晓阳等:《地方高校服务区域经济发展的战略选择及实践》,《中国高等教育》2012 年第 15 期。

[8]陈运平、陈林心:《我国中部六省高校科技创新能力比较研究》,《科技进步与对策》2009 年第 1 期。

[9]陈至发:《农村人力资本供求非均衡性对农民增收的影响与对策》,《农业经济》2004 年第 1 期。

[10]单佳平:《高校服务区域经济推进校地合作的探索》,《中国高等教育》2007 年第 12 期。

[11]邓大松、黄清峰:《中国生态城镇化的现状评估与战略选择》,《环境保护》2013 年第 9 期。

[12]邓大松、丁怡:《国际社会保障管理模式比较及对中国的启示》,《社会保障研究》2012 年第 6 期。

[13]邓向荣、刘乃辉、周密:《中国政府科技投入绩效的考察报告:基于国家级六项科技计划投入效率与问题的研究》,《经济与管理研究》2005 年第 6 期。

[14]冯晓江等:《地方高校服务区域经济社会发展的理论与实践——以延安大学为例》,《延安大学学报》2013 年第 6 期。

[15]扶涛:《索罗对经济增长理论的贡献》,《中国新技术新产品》2009 年第 22 期。

[16]傅修延:《生态文明与地域文化视阈中的鄱文化》,《江西社会科学》2008 年第 8 期。

[17]高丽萍:《构建高校继续教育新模式——基于校企联合办学的深度结合》,《中国劳动关系学院学报》2012 年第 2 期。

[18]龚国光:《鄱文化与赣文化辨析》,《江西社会科学》1998 年第 9 期。

[19]郭连军:《地方普通高校发展的比较优势》,《辽宁教育研究》2005 年第 9 期。

[20]胡凯、毛定文、蔡波:《中部六省科技创新绩效评价》,《江西农业大学学报》(社会科学版)2012 年第 2 期。

[21]胡平:《经济结构战略性调整对高等学校专业结构设置的影响》,《中国高教研究》2011 年第 7 期。

[22]蒋正明、张书凤、李国昊、田红云:《我国科技人才对经济增长贡献率的实证研究》,《统计与决策》2011 年第 12 期。

[23]课题组:《中国高等教育产业化发展探索》,《经济学家》1999 年第 5 期。

[24]李彬:《高校学科专业结构与大学生就业问题研究——以江苏省为例》,《清华大学教育研究》2010 年第 4 期。

[25]李斌:《高校科技成果产业化筛选评价指标探讨》,《中国高校科技与产业化》2010 年第 8 期。

[26]李广琼、黄少年:《高校校企合作模式的可持续发展策略研究》,《信息技术与课程整合》2010 年第 29 期。

[27]李和平:《强化高校服务意识 发挥政府主导作用 努力推动产学研合作》,《中国高校科技》2007 年第 1 期。

[28]李莉、毛加强:《基于 BCC 模型的中国西部地区科技创新绩效分析》,《统计与信息论坛》2011 年第 5 期。

[29]李梅芳、刘国新、刘璐:《企业与高校参与产学研合作的实证比较研究:合作内容、水平与模式》,《研究与发展管理》2011 年第 4 期。

[30]李新荣:《地方高校社会服务的特点及其实现策略》,《社会科学战线》2007 年第 3 期。

[31]凌宏彬、范伟军、梁祥君:《强化服务职能 助推安徽崛起——进一步推进安徽省高校服务经济社会发展调研报告》,《中国高校科技与产业化》2008 年第 6 期。

[32]柳和生、程肇基:《地方院校如何以学科建设促进人才强校》,《中国高等教育》2006 年第 12 期。

[33]鲁林岳:《服务区域经济建设:地方高校发展与转型的价值导向与追求——以浙江省经济发展特色与高校建设为个案》,《中国高教研究》2009 年第 1 期。

[34]吕国营:《第二种人力资本——兼论医患关系的和谐》,《财政研究》2010 年第 11 期。

[35]梅军:《高校科技创新平台服务区域经济建设的探索与思考——以江西高校为例》,《江西理工大学学报》2013 年第 2 期。

[36]梅姝娥、仲伟俊:《我国高校科技成果转化障碍因素分析》,《科学学与科学技术管理》2008 年第 3 期。

[37][美]亨利·埃茨科维兹:《大学—产业—政府三螺旋创新模式——亨利·埃茨科维兹〈三螺旋〉评介》,周春彦译,《自然辩证法研究》2006 年第 4 期。

［38］孟卫东、佟林杰：《我国三螺旋创新理论研究综述》，《燕山大学学报》（哲学社会科学版）2013 年第 12 期。

［39］穆晓霞、牛冲槐：《基于灰色聚类的人才聚集效应评价研究——以我国中部六省为例》，《科技管理研究》2014 年第 1 期。

［40］秦其文：《地方高校服务社会主义新农村建设研究》，《中国农业教育》2009 年第 4 期。

［41］申培轩、陈世俊：《论高等教育适应农村发展的理论基础》，《武汉大学学报》（人文科学版）2006 年第 5 期。

［42］施定国、徐海洪、刘凤朝：《政府科技投入对高校科技支出及专利产出的影响》，《科技进步与对策》2009 年第 23 期。

［43］孙明哲：《使用六普数据对中国未来人口规模趋势的预测——兼论未来 50 年中国人口规模衰减的程度》，《北京社会科学》2014 年第 5 期。

［44］陶冶：《美国的大学创业教育对我国产学研合作的启示》，《科技管理研究》2010 年第 10 期。

［45］王东京：《地方高校服务社会主义新农村建设的对策》，《江苏高教》2008 年第 5 期。

［46］王慧、李阳萍：《基于多元方差分析的我国中部六省新型工业化水平差异性研究》，《科技管理研究》2013 年第 11 期。

［47］王立新：《服务区域社会经济是地方高校的必然选择》，《中国高等教育》2007 年第 11 期。

［48］王楠、毛清华、冯斌：《地方高校服务区域经济的模式创新研究——基于燕山大学的案例》，《生产力研究》2011 年第 3 期。

［49］王思斌：《社会发展与经济发展的关系》，《中国人口资源与环境》1995 年第 5 期。

［50］王旭东：《论地方高校社会服务职能的拓展》，《中国高教研究》2007 年第 8 期。

［51］王亚英、邓群钊：《基于投入产出视角的江西省技术创新绩效评价》，《科技管理研究》2013 年第 1 期。

［52］吴昌林、李海晶：《江西高校人才培养与地方经济发展的思考》，《华东交通大学学报》2007 年第 6 期。

［53］吴淑芳：《地方高校服务区域经济社会发展的实践思考》，《延安大学学报》2010 年第 2 期。

［54］吴文清：《地方高校学科建设与区域经济转型适配性研究》，《清华大学教育研究》2013 年第 1 期。

［55］向运华、赵雪：《中美公共支出绩效评估比较研究——以行政文化的角度》，《当代经济》2011 年第 8 期。

［56］谢和平：《开放合作：现代大学崛起的必由之路》，《中国高等教育》2007 年第 4 期。

［57］徐魁鸿：《金融危机对我国高等教育的若干影响及思考》，《教育研究》2009 年第 6 期。

［58］徐挺、李成标:《中部六省农业现代化综合能力的评价与比较分析》,《湖北农业科学》2013 年第 22 期。

［59］徐元俊:《地方高校服务地方经济建设的策略与途径探索》,《河北经贸大学学报》(综合版)2012 年第 3 期。

［60］杨晓玲、刘菊华:《推动江西高校服务社会、产学研合作的对策思考》,《江西财经大学学报》2006 年第 6 期。

［61］姚成都:《中国高校服务区域经济社会发展的思考》,《中国石油大学学报》(社会科学版)2010 年第 4 期。

［62］殷俊、李晓鹤:《人力资本、社会资本与失地农民的城市融入问题——以武汉市为例》,《农村经济》2014 年第 12 期。

［63］原长弘、王瑞琪、李阳、孙会娟:《政府支持对高校知识创新影响的实证探析》,《科学学与科学技术管理》2014 年第 2 期。

［64］张立荣:《当代中国行政制度改革的评析与前瞻》,《政治学研究》2002 年第 2 期。

［65］张利国:《鄱阳湖生态经济区农村贫困现状及政策思路》,《江西财经大学学报》2011 年第 4 期。

［66］张奇林:《美国的慈善立法及其启示》,《法学评论》2007 年第 4 期。

［67］张胜利:《地方高校服务地方经济社会的"道"与"行"》,《湖南社会科学》2011 年第 6 期。

［68］张小蒂:《论市场化与环境保护的兼容性》,《管理世界》2003 年第 2 期。

［69］张晓霞:《江西人口预测及发展趋势分析》,《江西社会科学》2012 年第 10 期。

［70］张艳艳、赵海军:《基于数据包络分析的科技创新绩效评价》,《天津师范大学学报》(自然科学版)2008 年第 7 期。

［71］张友长:《南昌大学为江西经济建设和社会发展服务》,《瞭望》2007 年第 42 期。

［72］张真柱等:《地方高校服务经济转型升级的困惑与对策——基于浙江省高校的实证研究》,《宁波大学学报》(教育科学版)2012 年第 7 期。

［73］赵炳起:《教育分层与地方高校的发展》,《教育评论》2007 年第 1 期。

［74］周春彦:《三螺旋创新模式的理论探讨》,《东北大学学报》(社会科学版)2008 年第 7 期。

［75］周绍森、储节旺:《地方高校如何走出误区科学定位》,《中国高等教育》2004 年第 2 期。

［76］周旭清、王思民:《地方高校服务区域经济发展的新思考》,《教育学术月刊》2011 年第 1 期。

［77］周长城、徐鹏:《"新绿色革命"与城市治理体系的创新——丹麦可持续发展经验对中国的启示》,《人民论坛·学术前沿》2014 年第 22 期。

［78］朱虹:《论江西民办教育的改革发展》,《教育学术月刊》2014 年第 7 期。

（三）学位论文

[1]曹赛先:《高等学校分类的理论与实践》,华中科技大学博士学位论文 2004 年。

[2]曾卫明:《高校科技创新团队自组织演化研究》,哈尔滨工程大学博士学位论文 2008 年。

[3]陈锐:《现代增长理论视角下的中国经济增长动力研究》,中共中央党校博士学位论文 2013 年。

[4]陈运平:《高校科技创新体系、能力及其对经济增长的贡献研究:以江西省为例》,南昌大学博士学位论文 2007 年。

[5]董友:《地方高校科技创新协同机制与政府宏观管理研究》,河北工业大学博士学位论文 2007 年。

[6]范明:《理论基础与国外江苏省高等教育与经济协调发展研究》,河海大学博士学位论文 2003 年。

[7]高燕楠:《高校科技创新效率及影响因素的实证研究》,南开大学硕士学位论文 2010 年。

[8]耿迪:《高校科技创新能力评价研究》,武汉理工大学博士学位论文 2013 年。

[9]胡丽娟:《安徽大学服务地方经济社会发展研究》,安徽大学硕士学位论文 2013 年。

[10]黄晓颖:《基于三螺旋理论的区域创新模式的研究》,大连理工大学硕士学位论文 2013 年。

[11]金明浩:《高校科技创新中的知识产权制度研究——以专利制度为中心》,华中科技大学博士学位论文 2007 年。

[12]李达轩:《论地方高校的建设和发展》,华中科技大学博士学位论文 2004 年。

[13]李文星:《地方政府间跨区域经济合作研究》,四川大学博士学位论文 2004 年。

[14]吕京:《西部地方高校服务新农村建设研究——以绵阳市四所高校为例》,华东师范大学博士学位论文 2011 年。

[15]马立杰:《DEA 理论及应用研究》,山东大学博士学位论文 2007 年。

[16]尚举:《我国中部六省工业 R&D 投入产出效率分析》,合肥工业大学硕士学位论文 2012 年。

[17]苏航:《DEA 交叉效率评价模型研究》,吉林大学博士学位论文 2013 年。

[18]孙加森:《数据包络分析(DEA)的交叉效率理论方法与应用研究》,中国科学技术大学博士学位论文 2014 年。

[19]孙立成:《江苏省人才资本对经济增长的贡献及其发展研究》,南京财经大学硕士学位论文 2006 年。

[20]孙希波:《理论基础与国外黑龙江省高等教育与经济协调发展研究》,哈尔滨工程大学管理学博士学位论文 2006 年。

[21]伍晶:《长株潭高校服务地方经济建设的核心竞争力研究》,湘潭大学硕士学位论文 2012 年。

［22］谢晓波：《地方政府竞争与区域经济协调发展——以中国转型经济为背景的分析》，浙江大学博士学位论文 2006 年。

［23］杨莹：《美国高校服务区域经济发展的实现途径和保障措施》，武汉工程大学硕士学位论文 2013 年。

［24］姚贵宝：《地方标准及其与区域经济的相关性研究》，东北林业大学博士学位论文 2008 年。

［25］叶兰：《基于三螺旋模式的区域创新研究》，西南财经大学硕士学位论文 2011 年。

［26］叶芃：《地方高校定位研究》，华中科技大学博士学位论文 2005 年。

［27］张明：《产业升级与经济增长理论研究》，山西财经大学博士学位论文 2013 年。

［28］张廷：《社会资本视角下的地方高校协同创新研究》，华中科技大学博士学位论文 2013 年。

［29］张亚杰：《高校科技创新能力评价研究》，武汉理工大学博士学位论文 2010 年。

［30］周伟：《基于 DEA 方法的研究型大学科研绩效实证研究》，天津大学博士学位论文 2010 年。

［31］朱向群：《推进地方高校服务地方经济社会发展的对策研究》，湘潭大学硕士学位论文 2008 年。

二、外文部分

［1］A.A.Payne & A.Siow，"Does Federal Research Funding Increase University Research Output?"，*Advances in Economic Analysis & Policy*，2003，Vol.3 Issue 1.

［2］Alan Shipman，*The Market Revolution and its Limits：A Price for Everything*，London：Rouledge，1999.

［3］Andrew J.Nelson，"Putting University Research in Context：Assessing Alternative Measures of Production and Diffusion at Stanford"，*Research Policy*，May 2012，Vol.41 Issue 4.

［4］C.W.Clark，Mathematical Bio-economics，New York：Wiley Inter-science Publication，1990.

［5］Christopher J.Lucas，*Crisis in the Academy：Rethinking Higher Education in America*，New York：St.Martin's Press，1996.

［6］D.Bok，"What's Wrong with Our Universities？"，*Harvard Magazine*，May／June1990.

［7］David Mahony，"Establishing the University as the Sole Provider of Higher Education：the Australian Experience"，*Studies in Higher Education*，1992，Vol.17 Issue2.

［8］Dennis Hayes，Robin Wynyard et al.，*The McDonaldization of Higher Education*，Bergin & Garvey，2002.

［9］Derek Bok，*Higher Learning*，Massachusetts：Harvard University Press，1986.

［10］Dr. Dimitrios Buhalis，"Marketing the Competitive Destination of the Future"，*Tourism Management*，2000，Issue 21.

[11] Dwight Waldo, *The Research Function of University Bureaus and Institutes for Government Related Research: Report* 1960, Gyan Books Pvt.Ltd, 2013.

[12] E.Canestrill & P.Costa, "Tourism Carry Capacity: Fuzzy Approach", *Annals of Tourism Research*, 1999, Issue 2.

[13] Geoffrey Mildred, "Launching the Unified National System: What Happened in South Australia", *Higher Education*, July 2002, Vol.44 Issue1.

[14] Georges Haour, *From Science to Business: How Firms Create Value by Partnering with Universities*, Palgrave Macmillan, 2010.

[15] James III.Coaxum, *Classifying Historically Black Colleges and Universities: A Missing Link in Research*, Vanderbilt University, 1999.

[16] JRB Ritchie, G.L.Crouch, Competitiveness in International Tourism: A Framework for Understanding and Analysis, *Proceedings of the 43rd Congress of the Association International Experts Scientific Tourism on Competitiveness of Long Haul Tourist Destinations*, St.Carlos de Bariloche, Argentina, 1993.

[17] Justin Thorens, Role and Mission of the University at the Dawn of the 21st Century, *Higher Education Policy*, Dec.1996, Vol.9 Issue 4.

[18] L. J. Furman & M. E. Porter & S. Stern, "The Determinants of National Innovative Capacity", *Research Policy*, 2002, Vol.31 Issue 6.

[19] Mark S.Henry, David I.Barkley & Yibin Zhang, "Industry Clusters in the TVA Region: Do They Affect Development of Rural Areas?", *TVA Rural Studies Contractor Paper*, 1997.

[20] Michael Allen, *The Goals of Universities*, Open University Press, 1988.

[21] Nancy L. Zimpher, *Universities and Colleges as Economic Drivers: Measuring Higher Education's Role in Economic Development*, State University of York Press, 2012.

[22] N.Leiper, "The Framework of Tourism: Towards a Definition of Tourism, Tourist and the Tourist Industry", *Annals of Tourism Research*, 1979, Vol.6 Issue3.

[23] Patricia M.McDonough & Anthony Lising & Antonio Marybeth Walpole & Leonor Xochitl Perez, "College Rankings: Democratized College Knowledge for Whom?", *Research in Higher Education*, Oct.1998, Vol.39 Issue5.

[24] Peter B.Doeringer & David G.Terkla, "Business Strategy and Gross-Industry Clusters", *Economic Development Quarterly*, 1999, Vol.9 Issue 3.

[25] Sally Baker & Brian J.Brown, *Rethinking Universities: The Social Functions of Higher Education*, Continuum International Publishing Group Ltd, 2007.

[26] Sarath Divisekera, "A Model of Demand for International Tourism", *Annals of Tourism Research*, 2003, Vol.30 Issue1.

[27] Somik V.Lall & G.C.Rodrigo, "Perspectives on the Sources of Heterogeneity in Indian Industry", *World Development*, Elsevier, 2001, Vol.29 Issue 12.

［28］T.Becher & M.Kogan,*Process and Structure in Higher Education*,Routledge,1992.

［29］Ulrich Teichler,"Mass Higher Education and the Need for New Responses",*Tertiary Education and Management*,March 2001,Vol.7 Issue1.

［30］V.L.Meek et al.,"Understanding Diversity and Differentiation in Higher Education: An Overview",*Higher Education Policy*,2000,Vol.13 Issue1.

［31］Warren D.Huff,"Colleges and Universities: Survival in the Information Age",*Computers and Geosciences*,2000,Vol.26 Issue 6.

［32］W.W.Brickman & S.A.Lehrer,*Century of Higher Education*,Greenwood Press,1962.

［33］Yamada Reiko,"University Reform in the Post-Massification Era in Japan: Analysis of Government Education Policy for the 21st Century",*Higher Education Policy*,2001,Vol.14,Issue 4.

后　记

　　2012 年到 2015 年,四个年头,一千多个日夜,博士论文一直萦绕我心。直到2015年 11 月 24 日,珞珈山间,东湖之畔,终得顺利通过答辩,如约而至的快慰充盈心间。在此基础上,2016 年到 2018 年的又三年,反复对博士论文进行斟酌、修改与调整,寒来暑往,春去秋归,就连寒舍阳台花盆内那株不知名的野草,也都已从嫩绿幼苗成长为傲然拔立的生灵。终于,这本书稿如愿付梓。再看那一束醉人的绿,初冬暖阳正从南面窗台处流淌而来,悄然洒在花盆的叶瓣上,令人感到美好、欣喜和温暖。

　　是啊,总会有那么一缕阳光照耀绿叶,总会有那么一滴露珠滋润小草。

　　此时此刻,要深深感谢我的导师——武汉大学邓大松教授,从博士论文的最初选题、开题、初稿直至最后的修改定稿,无不包含着导师的心血。尽管邓老师身兼数职,每天忙于教学科研、学科建设、社保研究中心等工作,但每当我这名天资愚钝的弟子向其“求教”,尤其是论文几次面临较大的修改问题时,他都能及时耐心地答疑解惑,指点迷津,让我获益匪浅。

　　在我求学成长的路途中,相继得到了赵修义先生、谢维和先生、袁本涛先生的教诲,得到了张奇林教授、张星久教授、邱力生教授的点拨。同时,武汉大学研究生院王建波教授、孙晶老师和公管学院马栋老师、黄玉珺师妹等人,都给予过我诸多的关心和帮助,点点滴滴珍藏于心,永生难忘。

　　在博士论文调研与写作过程中,还得到了一些前辈、友人和同仁的热情帮助。清华大学樊富珉博导、华东师范大学余玉花博导、中国中部经济社会发展研究中心傅春博导、江西省科技厅沈卫研究员、江西省社会科学院朱林研究员、江西省社会科学界联合会刘志飞博士、上饶师范学院何笑博士、贾凌昌博士、吴红涛博士、王丽耘博士、余焕焕博士、许婴和杨继林老师,万志明、周琦同学都给予了不少帮助。尤其是攻读博士期间,本人就职学校的领导所给予的鼓励、关心、理解与帮助。先后工作过的文学与新闻传播学院、科研与学科建设处的同事们,团结和睦,努力工作,让我得以安心求学。在此,特向你们表达我真诚的感谢和崇高的敬意!

　　特别要感谢我的家人对我学业和生活上的理解、支持和分担。爱人谢旭慧教授、儿子程正野"导演",妻贤子孝不断鼓励着我前行。拥有你们的爱,我这个"老童生"才能走到今天。父亲离开我已二十二载,母亲也八十有五了,每次邀请母亲来家小住的时候,因为忙碌,也没腾出更多时间陪她。每每下班回家,已是掌灯时分,打开家门,常见母亲一人独坐在沙发上,或发呆,或打盹,电视在一旁开着。我心怀歉意地说:"妈,我天天忙,您的媳妇和孙子也都忙,让您一个人在家,我……。"往往还没等我说完,母亲便打断我:"没事,有事做才好呢,你们都放心去做自己的事吧!"如果没有父母的含辛茹苦,就不可能有我今天的学成而归。每每想起,心中既愧疚,又感恩。得此家人,夫复何求!

　　在书稿的编辑出版过程中,华东师范大学党委常务副书记、副校长任友群教授、博士生导师在百忙之中,数次阅读书稿,欣然为本书作序,特此致谢!张立、王淼编辑为本书出版付出辛勤的劳动,在此一并感谢!

　　2018年即将过去,岁月流金,时光穿行,虽书稿得以付梓,但种种原因所限,难免有诸多疏漏及不周之处,敬请方家指正,以勉后学!

程肇基

2018 年 12 月 12 日

于茅家岭下上饶师范学院 21 栋 604 室